CHINA FINANCIAL SECURITY REPORT

中国金融安全报告

2018

金融安全协同创新中心 ◎ 著
西南财经大学中国金融研究中心

中国金融出版社

责任编辑：张菊香
责任校对：刘　明
责任印制：程　颖

图书在版编目（CIP）数据

中国金融安全报告.2018/金融安全协同创新中心，西南财经大学中国金融研究中心
著.—北京：中国金融出版社，2018.11

ISBN 978 – 7 – 5049 – 9840 – 8

Ⅰ.①中…　Ⅱ.①金…②西…　Ⅲ.①金融风险—风险管理—研究报告—中国—2018
Ⅳ.①F832.1

中国版本图书馆 CIP 数据核字（2018）第 247532 号

出版
发行　中国金融出版社

社址　北京市丰台区益泽路 2 号
市场开发部　（010）63266347，63805472，63439533（传真）
网上书店　http：//www.chinafph.com　（010）63286832，63365686（传真）
读者服务部　（010）66070833，62568380
邮编　100071
经销　新华书店
印刷　北京市松源印刷有限公司
尺寸　185 毫米×260 毫米
印张　11.75
字数　252 千
版次　2018 年 11 月第 1 版
印次　2018 年 11 月第 1 次印刷
定价　40.00 元
ISBN 978 – 7 – 5049 – 9840 – 8
如出现印装错误本社负责调换　联系电话（010）63263947
编辑部邮箱：jiaocaiyibu@126.com

编 委 会

自 序

经过长期的培育、组建与探索，2012 年 8 月 25 日，由西南财经大学倡议并牵头，中国人民大学、武汉大学、审计署、中国银行业监督管理委员会等联合发起成立了"金融安全协同创新中心"。本着"深度融合、动态开放、优势互补、资源共享、持续发展"的建设原则，中心紧密结合国家金融安全领域的重大战略需求和学术前沿发展，提供高水平研究成果，推动高层次拔尖创新人才培养，提升国内金融学科实力，为中国金融业的科学发展提供智力支持。

习近平总书记在十八届中共中央政治局第四十次集体学习会议上强调"切实把维护金融安全作为治国理政的一件大事"，并在全国金融工作会议上提出"防止发生系统性金融风险是金融工作的永恒主题"。在中央财经委第一次会议上还提出"以结构性去杠杆为基本思路，地方政府和企业特别是国有企业要尽快把杠杆降下来"。为此，维护金融安全，是关系我国经济社会发展全局的一件带有战略性、根本性的大事。当前，国际国内形势正在发生着深刻的变化。从国际形势来看，第三次工业革命极大地推动了人类社会经济、政治、文化领域的变革，在世界政治多极化、经济全球化和社会信息化三大趋势的推动下，国际政治经济形势更加复杂，大国博弈更加剧烈。从国内形势来看，中国经济发展进入了新的阶段，但结构性问题仍然突出，中等收入陷阱的隐患犹存，金融体系建设还不完善，金融市场的运行机制还不健全，伴随国内经济转型所形成的系统性金融风险和区域性金融风险因素也在不断累积，这一系列因素造成了中国的金融安全形势仍然严峻。也正因为如此，如何评估我国金融风险及金融安全状态，并及时预警金融危机就显得尤为重要。

《中国金融安全报告》是金融安全协同创新中心自成立以来所开展的一项重要研究工作，自 2014 年始，每年度持续跟踪发布。报告的核心内容为编制中国金融安全指数，对中国金融安全状态进行评估，并对中国未来金融安全隐患进行分析。

在报告编制过程中，金融安全协同创新中心的十几位研究员在反复论证报告框架的基础上，分赴国内几十家重要金融机构和监管部门开展调研，在获得了大量一手信息并深刻理解各个金融领域的实际安全状况之后，开始该报告的撰写工作。期间，举行讨论会不下十几场，报告几易其稿，最终形成大家目前所看到的该报告的正式版本。

《中国金融安全报告》是一项浩大的工程，也是一项伟大的事业。它的诞生，得到了西南财经大学及协同单位的鼎力支持，也离不开业界同仁的无私帮助，在此表示感谢。我们也会将《中国金融安全报告》的编制工作长期坚持下去，协心戮力，不负众望。

目　录

第一章 金融安全评估概述

第一节 金融安全的概念及内涵

通常人们在遇到危险或感到有威胁时才会想到安全问题，所以安全概念最基本的特征就是与威胁和危险相关联。在汉语里安全的习惯用法是指一种状态，它有三个含义：没有危险、不受威胁、不出事故。按照韦伯词典关于英语 security 相关词条的解释，一方面指安全的状态，即免于危险，没有恐惧；另一方面还有维护安全的含义。二者的基本意思均为不存在威胁和危险。现实主义代表性人物阿诺德·沃尔弗斯（Arnold Wolfers）在《冲突与合作》中指出，安全在客观的意义上表明对所获得价值不存在威胁，在主观的意义上表明不存在价值会受到攻击的恐惧。可见两种文化中的意思几近相同。如果将这一定义进一步分解，它应该包含这样几种构成要素：一是安全既是一种客观存在的生存状态，又是一种主观的心理反应，后者以前者的存在为基础；二是安全是一种特定的社会关系，而非孤立存在的单个形态，是主体与自然、社会发生关系的结果，离开了具体的社会活动，就无所谓安全与非安全之分；三是安全是一种实践活动，是一种有目的的自觉行为。

在国外的研究中，较少使用金融安全的概念，而更多地使用了经济安全、金融稳定、金融危机、金融主权、金融稳健等一系列相关的概念。国外对经济安全的界定存在颇多分歧，为此 Mangold（1990）认为没有必要为经济安全下一个明确的定义，因为经济安全与国家利益紧密相关，界定过于宽泛，没有实际意义；界定过于狭窄，又易于忽略一些重要的议题。美国国际关系学家 Krause 和 Nye（1975）对经济安全的定义具有代表性：经济福利不受被严重剥夺的威胁。在少数几篇研究金融领域战略性安全的文献中，西方学者将金融的安全视为经济安全的核心组成部分，例如，亨廷顿列举了西方文明控制世界的 14 个战略要点，控制国际银行体系、控制硬通货、掌握国际资本市场分别列第一、第二和第五项，金融安全问题居于最重要的战略地位。Stiglitz 和 Greenwald（2003）对宏观金融运行的安全性问题作如下定义：第一，金融机构破产的重要性是第一位的，因此，宏观金融决策必须考虑对破产概率的影响。第二，面对危机，特别是在重组金融体系时，国家必须考虑重组对信用流的影响，即重组对整体社会资金运行必将产生某种影响。第三，多市场的一般均衡效应与单一市场的局部均衡效应存在差别，有必要对银行重组的经济和金融效应做全面的前瞻性分析，最大可能地提高金融体系的稳定性。Stiglitz 和 Greenwald 的观点给我们的启示是，金融安全的第一要素是金融机构的破产概率与危机救助。

在 1997 年亚洲金融危机之后，很多国内学者开始关注和研究金融安全问题，并从不同角度给金融安全概念进行界定。王元龙（1998）和梁勇（1999）分别从金融的实质角度和国际关系学角度对金融安全概念进行了界定。王元龙（1998）从金融实质角度出发，认为所谓金融安全，就是货币资金融通的安全，凡与货币流通及信用直接相关的经济活动都属于金融安全的范畴。一国国际收支和资本流动的各个方面，无论是对外贸易，还是利用外商直接投资、借用外债等，都属于金融安全的范畴，其状况直接影响着金融安全。梁勇（1999）从国际关系学角度出发，认为金融安全是对"核心金融价值"的维护，包括维护价值的实际能力与对此能力的信心。"核心金融价值"是金融本身的"核心价值"，主要表现为金融财富安全、金融制度的维持和金融体系的稳定、正常运行与发展。各种经济问题首先在金融领域中积累，到金融体系无法容纳这些问题时，它们便剧烈地释放出来。金融安全程度的高低取决于国家防范和控制金融风险的能力与市场对这种能力的感觉与态度。因此，国家金融安全是指一国能够抵御内外冲击保持金融制度和金融体系正常运行和发展，即使受到冲击也能保持本国金融及经济不受重大损害，如金融财富不大量流失，金融制度与金融体系基本保持正常运行和发展的状态，维护这种状态的能力和对这种状态与维护能力的信心与主观感受，以及拥有这种状态和能力所获得的政治、军事与经济的安全。

张幼文（1999）认为，金融安全不等于经济安全，但金融安全是经济安全的必要条件。一方面，由于金融在现代市场经济中的命脉地位，由金融系统产生的问题可能迅速成为整体经济的问题；另一方面，由于金融全球化的发展，世界局部金融问题迅速转化为全球性金融问题，从而使金融安全成为经济安全的核心。刘沛（2001）认为，金融安全是指一国经济在独立发展道路上金融运行的动态稳定状况，在此基础上从七个方面对金融稳定状态进行了说明。在前人研究基础上，王元龙（2004）对金融安全进行了重新界定，金融安全简而言之就是货币资金融通的安全，是指在金融全球化条件下，一国在其金融发展过程中具备抵御国内外各种威胁、侵袭的能力，确保金融体系、金融主权不受侵害，使金融体系保持正常运行与发展的一种态势。刘锡良（2004）认为，从金融功能正常履行的角度来认识，可以将金融安全分为微观、中观和宏观三个层次，金融安全的主体是一国的金融系统；金融安全包括金融资产的安全、金融机构的安全和金融发展的安全。陆磊（2006）认为，对于我国这样的金融转型国家，国家金融安全还存在着更为复杂的内容，往往需要从一般均衡的角度加以认识。

国内外研究表明，金融安全是经济安全的核心组成部分，经济安全的含义更多地和经济危机、国家主权相联系，因此，在金融安全的研究中，学者们更多地借鉴经济安全的研究成果。尽管国内学者在金融安全界定上作出了努力，但这些概念过于抽象，对其内涵和外延界定也颇多争议，导致后续研究变得较为困难。为此，我们需对一些近似概念进行界定与梳理。

第一，金融稳定与金融稳健。中国人民银行认为金融稳定是金融体系处于能够有效发挥其关键功能的状态（中国金融稳定报告，2005）。在这种状态下，宏观经济健康运行，货币和财政政策稳健有效，金融生态环境不断改善，金融机构、金融市场和金融基础设施能够发挥资源配置、风险管理、支付结算等关键功能，而且在受到内外部因素冲击时，金融体系整体上仍然能够平稳运行。刘锡良（2004）认为，金融稳定是指金融体系不发生大的动荡、可以正常行使其功能；金融稳定并不必然表示安全，但不稳定就会爆发金融危机，可见金融安全的概念要包括金融稳定。王元龙（2004）认为金融安全是一种动态均衡状态，而这种状态往往表现为金融稳定发展。金融稳定侧重于金融的稳定发展，不发生较大的金融动荡，强调的是静态概念；而金融安全侧重于强调一种动态的金融发展态势，包括对宏观经济体制、经济结构调整变化的动态适应。对金融稳健性的界定，远未达成共识。Andrew Crockett（国际清算银行和金融稳健性论坛）把金融稳健性定义为没有不稳健性。国外一般从金融不稳健的角度对其进行定义。Roger Ferguson（美国联邦储备体系的董事会）判断或者界定金融不稳健的标准为：某些重要金融资产的价格似乎与其基础有很大脱离，或者国内的和国际的市场功能与信贷的可获得性都存在明显的扭曲，结果是总支出与经济的生产能力出现明显的偏离（或即将偏离）。IMF 的金融部门评估规划（FSAPs）对金融稳健指标进行了界定，Evans 等（2000）以及 Sundararajan 等（2002）在 FSAP 的工作和 IMF 的监督指令的背景下，发展了一套金融稳健指标，并推动各国政府在对金融部门外部分析中采用这些指标（IMF，2003）。他们领导的研究小组开发出了一个核心指标集和鼓励指标集，但是至今没有开发出一个衡量金融稳健性的综合指标。可见，金融稳健与金融稳定概念比较接近，前者侧重手段，后者侧重目的，精准界定其差异尚需斟酌；金融安全是一个动态的概念，比金融稳定的外延更为广泛，更能反映一国金融体系的真实运行状况。

第二，风险、危机、主权与金融安全。风险是指能用数值概率表示的随机性，侧重于不确定性和不确定性引起的不利后果（参见《新帕尔格雷夫经济学大辞典》关于风险的相关词条）。金融当局关注的焦点是负面风险而非最可能的前景，他们试图弄清楚影响稳定的潜在威胁（英格兰银行第 17 期《金融稳定报告》）。中国人民银行《中国金融稳定报告（2005）》强调金融体系的整体稳定及其关键功能的正常发挥，注重防止金融风险跨行业、跨市场、跨地区传染，核心是防范系统性风险。"系统性风险"则是指一个事件在一连串的机构和市场构成的系统中引起一系列连续损失的可能性（Kaufman，1995）。单个的金融风险并不足以使一个国家的金融体系受到很大损害，只有当单个风险迅速扩大及转移扩散演变成全局性和战略性风险，对金融体系的功能发挥造成重大影响时才能威胁到金融安全，金融危机是危害金融安全的最主要途径（刘锡良，2004）。总体而言，金融风险与金融安全密切相关，金融风险的产生构成对金融安全的威胁，金融风险的积累和爆发造成对金融安全的损害，对金融风险的防范就是对金融安全的维护。但是，金融风险与金融安全又相互区别。金融风险主要从金融结果的不确定性的角度来探讨风险产生和防范问题，金融安全则主要从保持金融体系运行与发展的角度来探讨威胁与侵袭来自何方及如何消除。在西方经济学中，对金融危机的含义有多种表述，但最具代表性的是《新帕尔格雷夫经济学大辞典》中对金融危机的定义："全部或大部分金融指标——短期利率、资产（证券、房地产、土地）价格、商业破产数和金融机构倒闭数的急剧、短暂和超周期的恶化。"金融危机的特征是基于预期资产价格下降而大量抛出不动产或长期金融资产。金融危机一般具体表现为货币危机、债务危机与银行危机。实际上，金融危机是指一个国家的金融领域已经发生了严重的混乱和动荡，并在事实上对该国银行体系、货币金融市场、对外贸易、国际收支乃至整个国民经济造成了灾难性的影响。金融安全的反义词是金融不安全，但绝不是金融危机的爆发。金融危机根源于金融风险的集聚，是危害金融安全的极端表现，是金融不安全状况累积的爆发结果。总体来说，金融安全体现为一国金融体系的稳定运行状态，关键在于核心金融价值的维护，取决于一国政府维护或控制金融体系的能力和金融机构的竞争能力。单个的金融风险不足以影响到一国金融体系的正常运行，只有当单个风险迅速扩大、转移和扩散演变成系统性风险，才能对金融体系造成重大影响，进而威胁到金融安全。金融危机是危害金融安全的极端表现，而金融主权则是国家维护金融安全的重要基础。

我们认为金融安全是一个现实命题，它既包含经济方面也包含政治方面。在分析金融安全问题的时候，我们应该坚持"以国家为中心"的现实的分析视角，特别是在涉及国家主权的部分，不能舍弃现实主义的分析手段；然而在规范要素上，中国学者则应该以中共中央提出的"互信、互利、平等、协作"为核心内容的"新安全观"为基本价值取向。中共中央提出的"新安全观"是与"和谐世界"的主张一脉相承的，讨论的是人类社会终极走向，因此它带有理想主义的色彩。新安全观要彰显的是一种大国"有容乃大"的气质和肚量，但它并不与"国家中心"的分析视角矛盾，因为金融安全的提出本来就是以一国为基本研究单位的。2014年4月15日，习近平主持召开中央国家安全委员会第一次会议，提出构建集政治安全、国土安全、军事安全、经济安全、文化安全、社会安全、科技安全、信息安全、生态安全、资源安全、核安全等于一体的国家安全体系。为此，本书在研究过程中秉承了上述"新金融安全观"的思维模式。

基于这样的认识，本书尝试性地给出金融安全的定义。金融安全是一个高度综合的概念，与金融危机、金融主权密切相关。它体现为一国金融体系的稳定运行状态，关键在于核心金融价值的维护，根本取决于一国政府维护和控制金融体系的能力。

第二节　金融安全报告文献述评

瑞典央行认为金融稳定报告的目的是识别金融体系的潜在风险，评估金融体系抵御风险的能力。金融稳定分析的内容是金融体系抵御不可预见冲击的能力，这些冲击一般是对金融性公司和金融基础设施构成影响，其中的金融基础设施是进行支付和金融产品交易必不可少的。金融系统的稳定主要依靠构成系统的机构、体系和管理安排。因为金融系统也影响或被宏观经济环境影响，不稳定的影响或冲击可能来自其内部或外部，能相互作用引发一个比局部影响总和要大得多的整体影响。欧洲中央银行认为金融稳定的定义宽泛而复杂，并非仅指防范和化解金融危机一个方面。金融稳定概念包括积极主动维稳定义，即保障金融系统中的一切常规业务能够在现期及可预见的将来始终安全正常运作。金融体系的稳定要求其中的各主体部门——金融机构、金融市场及金融支撑系统等——能够协同应对来自负面的干扰。金融体系的功能是连接储蓄与投资，安全有效率地重新配置资源，科学准确地进行风险评估和产品定价，以及有效地管理金融风险。此外，金融稳定还包括前瞻性要求，预防资本配置的低效和风险定价的失准对金融体系未来稳定形成威胁，进而影响到整体经济的稳定。为全面描述金融系统的稳定状况，必须做好三项工作：第一，对金融体系各主体部门（金融机构、金融市场、基础设施）的健康状况进行个体和整体的评估；第二，对风险点、薄弱点及诱因进行甄别；第三，对金融系统应对危机的能力进行评价，并由整体评估的结论决定是否采取应对措施。需要明确的是，关注风险点、薄弱点及诱因并非以预测货币政策的成效为目的，而是为了找出那些潜藏的金融风险源加以防范，尽管它们离真实爆发尚有时日。

Delisle Worrell（2004）提出了一整套的金融部门量化评估方法并分析了其应用领域。他指出学术界量化方法主要用于测算以下三个问题：金融部门稳定性、风险暴露和对冲击的脆弱性。第一，金融稳健指标的运用：一是作为判断工具，用于对市场变化趋势、主要扰动和其他因素的判断；二是构建信号模型，用于评估金融系统的脆弱性、金融危机发生的可能性以及建立一套早期预警系统。第二，压力测试，测试金融部门对极端事件的可能性和敏感程度，以及危机在各个金融部门中的传导机制，用于衡量金融机构在危机中存活下来的能力。第三，基于模型的金融预测，衡量危机发生的可能性。为此，一个整体的金融系统评估方法应综合阐述以下四个问题：一是构建单个金融部门风险的早期预警系统；二是建立一个对金融部门进行风险预测的框架；三是阐述进行压力测试的步骤；四是考虑在银行间的风险传染基础上如何对模型进行修正。

世界银行与 IMF（2005）编制的金融部门评估手册中认为，广义的金融体系稳定意味着既无大规模的金融机构倒闭、金融体系中介功能也未发生严重混乱。金融稳定可以视为金融体系在一个稳定区间内长时间安全运转的状态，当逼近区间边界时即面临不稳定，在越过区间边界时即出现了不稳定。金融稳定分析旨在识别危及金融体系稳定的因素，并据此制定适当的政策措施。其重点关注的内容是金融体系的风险敞口、风险缓冲能力及其相互联系，进而评估金融体系稳健性和脆弱性，并关注对金融稳健具有决定性影响的经济、监管和制度等因素。金融稳定的分析框架以宏观审慎监测为核心，以金融市场监测、宏观财务关系分析、宏观经济状况监测为补充。第一，宏观审慎监测旨在评估金融体系的健康状况及其对潜在冲击的脆弱性，侧重于研究国内金融体系受宏观经济冲击后的脆弱性；第二，金融市场监测有助于评估金融部门受某一特定冲击或组合性冲击时面临的主要风险，一般采用 EWS 模型，对金融体系带来极大冲击的可能性进行前瞻性评估；第三，宏观财务关系分析力图了解引发冲击的风险敞口如何通过金融体系传递到宏观经济，评估金融部门对宏观经济状况的冲击效果，所需要的数据包括各部门的资产负债表、私营部门获得融资的指标；第四，宏观经济状况监测主要是监测金融体系对宏观经济状况的总体影响，特别是对债务可持续性的影响。

全球金融稳定报告侧重于三个领域：第一，从货币和金融状况、风险偏好等七个领域对全球金融稳定状况作出综合评估；第二，对当前存在重大风险的银行进行专题分析；第三，提供相应政策建议。它基于货币和金融状况、风险偏好、宏观经济风险、新兴市场风险、信用风险、市场和流动性风险等七个维度对全球金融稳定状况作出评价。

中国人民银行《中国金融稳定报告》基本遵循了《金融部门评估》的框架，内容包括宏观经济描述、银行业、证券业、保险业、金融市场、政府、企业和住户财务分析、当前在宏观审慎管理上的政策推进，基本侧重于行业的总体财务数据分析，缺少各部门的关联分析。

叶永刚在《中国与全球金融风险报告》中，采用或有权益分析法，分公共部门、上市金融部门、上市企业部门、家户部门、综合指数比较，并在此基础上分东部、东北部、中部、西部，按省分别对风险进行分析。李孟刚在《中国金融产业安全报告》中基于金融业细分对金融产业安全做出了评估和预警。上海财经大学《中国金融安全报告》侧重于风险专题的研究与探讨。

第三节　本报告框架与评估方法

一、基本框架

本报告拟从经济和政治两个视角，从金融机构、金融市场、经济运行三个层次，从静态风险和动态发展两个维度，全面评估我国金融安全状态以及维护金融安全的能力。

第一，金融安全评估包括经济和政治两个视角。金融安全问题是一个综合国际政治、经济、文化诸方面的重大课题，它一方面与系统性风险、金融危机等命题相关，另一方面涉及资源配置的权力、金融自主权等方面的内容。本报告从经济与政治两个视角来对金融安全问题进行解析。经济视角重点评估金融稳健性，分析个体风险、系统性风险、金融危机的潜在可能性与威胁。政治视角重点评估金融自主权，分析在金融开放的过程中如何维护自己的主权，把握开放的进程，进而在全球政治经济新秩序重构中分享最大化收益。具体来讲，金融自主权可以定义为一国享有独立自主地处理一切对内对外金融事务的权力，即表现为国家对金融体系的控制权与主导权，主要包括货币自主权、大宗商品定价权和国际金融话语权等内容。

第二，金融安全评估包括金融体系、经济运行、国际传染三个层次。我们试图在双重转型的特殊约束条件下，研究金融安全在不同层面上的相互转换与分担机制。金融体系的金融安全主要探讨经济风险如何集中于金融体系，研究金融机构个体风险如何向系统性风险转换及金融机构、金融市场之间的风险传染机制。经济层面的金融安全主要探讨金融系统性风险与经济系统风险的分担与转换机制，研究金融系统性风险向金融危机、经济危机转化的临界条件与路径。国际传染层次主要研究全球经济体在经济金融层面的溢出效应。

第三，金融安全评估包括静态风险评估与动态发展评估两个维度。前者从时间维度来监测我国金融安全的即时状态，重点描述"风险的结果"，即当前的金融风险处于一种什么样的状态；后者从动态角度描述我国维护金融安全的能力，重点描述"潜在的风险"，即从发展的眼光看有哪些因素会潜在地危害金融稳定。

总体来看，金融安全的评估框架具体如表1-1所示。

表1-1　　　　　　　　　　金融安全评估框架

一级指标	二级指标	三级指标
金融稳健性	金融机构安全评估	银行业、证券业、保险业
	金融市场安全评估	股票市场、债券市场、衍生品市场
	房地产市场安全评估	房价收入比、库存消费周期、房价与GDP比率
	金融风险传染评估	金融机构风险传染、金融市场风险传染
	经济运行安全评估	总体经济、经济部门
	全球主要经济体溢出效应评估	实体经济溢出效应、金融市场溢出效应
金融自主权	货币自主权	货币替代率、货币政策独立性、货币国际化
	大宗商品定价权	动态比价指标
	国际金融事务话语权	国际金融组织投票权、政治全球化指数、持有美国国债占比

二、指数体系构建方法

金融安全指数合成可采用线性综合评价模型：$Y_i = \sum_{j=1}^{m} w_j X_{ij}(i=1,2,\cdots,n;j=1,2,\cdots,m)$。式中 X_{ij} 为第 i 个被评价对象第 j 项指标观测值，w_j 为评价指标 X_j 的权重系数，Y_i 为第 i 个被评价对象的综合值。从这个模型来看，影响综合评价结果可靠性的因素包括所选取的指标 X_j 及各指标的权数 w_j。

（一）指标筛选

除专家指标主观筛选法之外，国内学者对综合评价中筛选指标提出的方法主要集中在统计和数学方法上。

1. 主观筛选法：德尔菲（Delphi）法。在评价指标的筛选中，德尔菲法经常被提到。

这是一种向专家发函、征求意见的调研方法，即评价者在所设计的调查表中列出一系列评价指标，分别征询专家的意见，然后进行统计处理，并向专家反馈结果，经过几轮咨询后，专家的意见趋于一致，从而确定出具体的评价指标体系。这种方法的优缺点都很明显，缺点就是主观性太强，缺乏客观标准，并且成本耗时高。

2. 客观筛选法。一是基于相关性分析的指标筛选方法，在筛选指标时应尽量降低入选指标之间的相关性，而相关性分析就是通过对各个评价指标间予以相关程度的分析，删除一些相关系数较大的评价指标，以期削弱重复使用评价指标所反映的信息对最终评价结果造成的负面影响。具体包括极大不相关法（又名复相关系数法）、互补相关新指标生成法等。二是基于区分度的指标筛选方法，区分度是表示指标之间的差异程度，区分度越大，表明指标的特性越大，越具有对被评价对象特征差异的鉴别能力。一般采用的方法有条件广义方差极小法、最小均方差法、极小极大离差法。三是基于回归分析的指标筛选方法，包括偏最小二乘回归法、逐步回归法等。四是基于代表性分析的指标筛选方法，包括主成分分析法、聚类分析法等。

就上述的主、客观指标筛选法而言，专家筛选法缺乏客观性，从而降低了由此构建的评价指标体系的科学性；而上述统计方法运用于指标筛选虽都有其合理的理论依据，但由于在金融安全评价的实践中，这些方法往往只考虑了数据本身的特征，未进行经济理论的分析，这通常将造成各类评价指标分布严重的不均衡，而且指标体系的经济意义难以解释。例如某类经济意义非常重要的指标没有入选，而其他类别的指标却非常集中，这样的指标体系用于综合评价欠缺科学性和说服力。由此来看，综合评价指标的筛选完全依靠主观方法或者客观的统计学方法都是不科学的，单纯的主观方法选择综合评价指标，往往主观随意性太强，不同的专家对代表性指标和重要性指标的看法不同，难以协调统一，而且选出的指标之间很容易存在较大的相关性或者指标的鉴别力不强。而单纯运用统计学方法也会造成前述的种种问题。所以，金融安全评估指标的筛选必须采用主客观相结合的方法，要在对金融安全理论本质认识的基础上，结合适当的统计学方法来进行筛选。

（二）指标的无量纲化处理

为了方便对指标进行加总及比较，我们需对指标进行无量纲化处理，本报告处理的方法如下。

1. 指标的同向化处理，我们均将指标处理结果变为值越大金融指数越安全。

（1）对于极小型指标 X：一般而言，在对极小型指标的原始数据进行趋势性变换时，采用下述的方式将极小型指标转化为极大型指标：①对绝对数极小型指标使用倒数法，即令 $X^* = 1/X(X > 0)$；②对相对数极小型指标使用差值法，即令 $X^* = 1 - X$。如果该相对数极小型指标具有一个阈值（即该指标 X 有一个允许上界 M），则也可采用令 $X^* = M - X$ 的方式来使其转化为极大型指标。

（2）对于区间型指标 X，令 $X = \begin{cases} 1 - \dfrac{q_1 - X}{\max(q_1 - m, M - q_2)}, X < q_1 \\ 1, q_1 \leq X \leq q_2 \\ 1 - \dfrac{X - q_2}{\max(q_1 - m, M - q_2)}, x > q_2 \end{cases}$，式中 $[q_1, q_2]$

为指标 X 的最佳稳定区间，m 为指标 X 的一个允许下界，M 为指标 X 的一个允许上界。我们采用的惯例为最优区间为 X 的均值加减 0.3 个标准差。

2. 指标的无量纲化处理。功效系数法的基本思路是先确定每个评价指标的满意值 M_j 和不容许值 m_j，令 $X'_{ij} = 60 + \dfrac{X_{ij} - m_j}{M_j - m_j} \times 40$。这种转化能够反映出各评价指标的数值大小，可充分地体现各评价单位之间的差距，且单项评价指标值一般在 60～100。但须在事前确定两个对比标准，评价的参照系——满意值和不容许值，因此操作难度较大。许多综合评价问题理论上没有明确的满意值和不容许值，实际操作时一般有如下的变通处理：（1）以历史上的最优值、最差值来代替；（2）在评价总体中分别取最优、最差的若干项数据的平均数来代替。我们进行指数处理的方法为：M 为满意值，可以采用中国历史最优值或者 OECD 最优值的 10% 分位或 20% 分位；m 为不容许值，可以采用危机国家最差值的 10% 分位或 20% 分位或者中国的历史最差值。

（三）指数权重的赋予

任何评价体系都无法避免地遇到指标赋权这一难题，而多指标综合评价中指标权数的合理性、准确性直接影响评价结果的可靠性。指标权数的确定在评价指标体系中，各个评价指标在综合评价结果中的地位和作用是不一样的。鉴于此，为了使评价的结论更具有客观性和可信性，原则上就要求，应该对每一个评价指标赋以不同的权重。尽管指标权重的确定在综合评价中的意义显著，但是如何给评价指标赋权，却是一件比较困难的事情。目前，指标的赋权法有主观赋权法、客观赋权法以及建立在这两者基础之上的组合赋权三类方法。

主观赋权法是研究者根据其主观价值判断来确定各指标权数的一类方法。这类方法主要有专家赋权法、层次分析法等。各指标权重的大小取决于各专家自身的知识结构，个人喜好。客观赋权法是利用数理统计的方法将各指标值经过分析处理后得出权数的一类方法。根据数理依据，这类方法又分为熵值法、变异系数法、主成分分析法等。这类方法根据样本指标值本身的特点来进行赋权，具有较好的规范性。但其容易受到样本数据的影响，不同的样本会根据同一方法得出不同的权数。

由于权重的客观赋值方法依赖于各指标对应的历史数据，现囿于历史数据的可得性及其与金融安全理论的关联性缺乏深入论证，我们无法在事前运用客观法或组合赋权法对指标予以赋权。为此，基于文献及我们以前的理论实证研究结论，我们召集了数十位专家对权重进行了讨论并最后赋予权重。最后，我们也采用了层次分析法等对权重进行了鲁棒性测试，对金融安全指数的分位排序并不会造成影响。

（四）金融安全指数的经济学含义

金融安全指数合成后，金融安全指数越大表示越安全，一般而言，第一，低于 60 分是危机区间，对应颜色为红色；第二，60～70 分是危险区域，对应颜色为橙色；第三，70～80 分为风险级别可控，对应颜色为蓝色；第四，80 分以上，安全，对应颜色为绿色。

第四节　我国金融安全评估结论

一、金融安全总体情况（2001—2017 年）

（一）金融安全总体可控，2017 年整体金融安全情况向好

1. 我国金融安全总体可控，从表 1－2 我们可以看出，我国金融稳健性指数大多数年份均保持在 80 的较好水平，与此同时，我国金融自主权情况不断改善。但需要警惕的是，我国金融安全指数自 2013 年以来不断走低，存在较大的金融安全隐患。但 2017 年金融稳健指数和金融安全指数均有较大幅度的提升，这表明我国金融安全状况有向好的趋势。

2. 我国金融安全状态可以粗略分为三个阶段：第一个阶段为 2001—2006 年，由于我国经济的快速发展、金融机构运营质量的提升及金融市场的发展，我国金融安全指数总体保持在较好水平，指数维持在 70～80 的区间内。第二个阶段为次贷危机时期，即 2007—2009 年，由于外部环境导致的经济恶化，我国金融安全指数开始从 2006 年的 78.25 恶化到 2009 年的 74.55。第三个阶段为转型阵痛期，即 2010 年至今，2010 年由于外部经济的稳定与我国大规模刺激政策的推出，我国金融安全状况迅速好转，但我国经济增长模式变化带来的经济增长速度下滑、长期刺激政策带来的高杠杆率与金融机构稳健性下降，导致我国金融安全指数出现趋势性下降的隐患，从 2010 年的 78.21 下降至 2016 年的 73.83，到达历史最低位。但 2017 年我国继续深入推进"三去一降一补"战略，其中包括积极稳妥去杠杆，这在很大程度上降低了金融的系统性风险。故 2017 年我国的金融稳健性以及金融安全性均有所好转，金融安全性指数回升至 75.84。

3. 从金融安全的两个视角来看，我国金融稳健性指数运行周期及趋势与金融安全总体指数基本一致，成为制约我国金融安全状况的关键因素。同时，我国金融自主权在 2001—2013 年平稳上升，从 2001 年的 60.90 上升到 2013 年的 70.40，自 2013 年起，截至 2017 年，金融自主权逐渐降至 66.20。

表 1 - 2　　　　　　　　　　　中国金融安全指数

年份	金融机构安全指数	金融市场安全指数	房地产市场安全指数	金融风险传染	经济运行安全指数	主要经济体溢出效应评估	金融自主权评估	金融稳健性指数	金融安全指数
2001	81.48	85.00	76.71	98.39	76.53	78.31	60.90	81.74	77.57
2002	79.16	85.18	80.61	99.19	76.32	75.23	61.30	80.95	77.02
2003	81.74	85.23	78.88	98.67	79.62	92.60	62.10	84.16	79.75
2004	78.21	89.87	78.99	97.56	80.54	88.28	61.20	82.86	78.53
2005	74.54	89.99	80.51	94.48	82.67	93.31	63.60	82.18	78.46
2006	76.62	77.41	81.87	88.38	84.46	89.53	66.20	81.26	78.25
2007	83.69	72.91	81.61	83.76	86.72	86.41	64.80	83.29	79.59
2008	78.04	89.55	85.45	75.46	81.12	73.16	65.50	79.80	76.94
2009	78.69	76.97	76.12	72.26	75.22	70.78	68.20	76.13	74.55
2010	79.72	77.18	84.15	72.68	83.27	93.24	66.00	81.27	78.21
2011	84.52	85.20	85.10	72.23	80.91	82.88	68.70	82.53	79.77
2012	82.72	81.12	83.91	64.98	78.61	82.68	66.80	80.08	77.42
2013	81.65	82.98	82.55	73.92	78.00	84.12	70.40	80.62	78.57
2014	78.84	84.96	82.48	80.96	75.95	81.69	69.40	79.73	77.67
2015	79.17	64.66	77.58	76.05	74.98	81.91	69.80	76.68	75.31
2016	76.91	72.72	77.76	69.76	74.27	79.93	66.60	75.64	73.83
2017	79.16	78.38	82.47	76.60	72.26	83.87	66.20	78.25	75.84

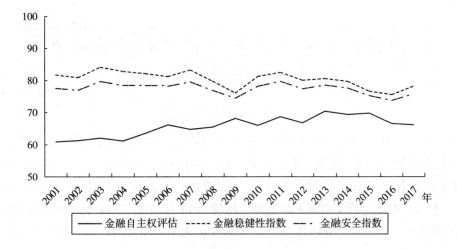

图 1 - 1　我国金融安全总体情况

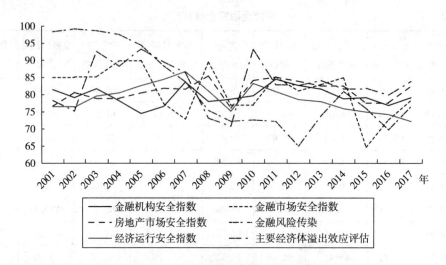

图1-2　我国金融安全分项情况

（二）银行业、保险业和证券业稳健程度均呈上升态势

其具体数据见图1-3。

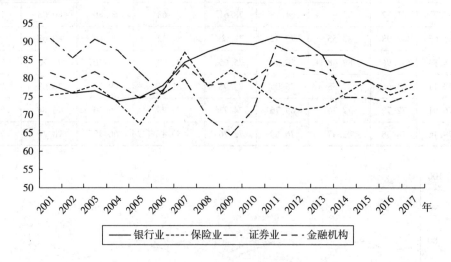

图1-3　金融机构安全指数

1. 中国银行业情况好转。从我国上市银行业风险程度的总体表现看，与全样本的银行业风险程度趋势大致相同，说明上市银行对全样本有较强的代表性。同样地，自2001年开始，我国上市银行业的风险状况表现出持续改善趋势，并在2011年达到阶段性的峰值（93.65）。但是，在此之后又出现下降趋势，尽管2013年情况有所好转，但2014年又接着下滑，至2017年，总体评价分值甚至低于2008年的水平，显示银行业风险程度又出现上升苗头，应当引起决策者对银行市场风险的注意和警惕。

从分项指标来看：（1）体现综合风险的Z值于2004年达到最低值，随后开始上升。2004年之后，Z值总体表现出升高的趋势，而从2009年开始，Z值有较为明显的波动。我们根据 Z 值的构成，发现其波动受到资产回报率（ROA）和平均资本充足率（EA）的共同影响，2017 年中国银行业的资产回报率略有上升，而上市银行的杠杆率也略有上升，反映出该年中国银行业盈利水平有所上升，但上市银行的杠杆风险也在上升，Z 值相较 2016 年都有所提高。（2）不良贷款率的趋势变化显得更为明显，反映出持续改善的过程，从 2001 年中国银行业平均不良贷款率高达约 14.02%，逐年减少到 2011 年平均不足 1%，体现出我国银行业改革中呆坏账剥离对银行风险的显著改善，以及银行对不良贷款风险控制水平的逐步提高。但是，2011—2016 年我国银行业的平均不良贷款率呈现轻微的上升趋势，到 2016 年为 1.66%，反映出银行贷款风险可能由于经济下行的压力而增大，到 2017 年不良贷款率有所改善，下降为 0.88%。

2. 中国证券业安全状况呈周期性。从我国证券业安全程度的总体趋势看，自 2000 年开始，我国证券业的安全状况表现出周期性的变化，在 2000—2003 年、2009—2011 年这两个区间呈现上升趋势，在 2003—2009 年、2011—2016 年这两个区间呈现下降的趋势，而 2017 年上升进入新的周期。从总体表现来看，安全指数在 2009 年达到历史最低水平（64.37），在此之后逐年上升，2011 年达到相对高点 88.87，之后又继续恶化直到 2017 年有缓和趋势。2017 年评分分值上升至 75.74，处于周期性上升，显示证券行业安全程度在经历几年低谷后开始逐步提高，但总体水平仍不高，需要决策者对证券市场风险保持警惕。

Z 值从 2003 年后逐渐下降，于 2009 年达到最低值。之后，Z 值总体表现出逐年升高的趋势，这种稳定程度的改善在 2011 年达到一个阶段的最高值，而此后 Z 值逐渐下降，反映出稳定程度有所恶化。2017 年，Z 值较前一年有小幅上升，相比 2016 年上升 2.72。我们根据 Z 值的构成，发现其上涨受到资本充足率（CAR）小幅上升影响，该指标 2017 年较前几年上升，反映出 2017 年以来证券杠杆风险得到改善。进一步地，我们考察资本充足率水平，发现该指标总体上表现出先下降后升高的趋势，特别是在 2009—2012 年从 0.16 上升到 0.41，反映出证券公司对于负债的依赖程度下降，而使用自有资本提供信贷的能力上升。但是，2012 年后证券资本充足程度呈逐年下降趋势，并且在 2015 年下降至 0.24 的阶段性低点。虽然 2017 年相对于 2015 年有连续回升，但从整体上看仍然显示证券行业负债水平处在一个相对的高位。总体上看，资本收益率自 2005 年跌入谷底以来呈上升趋势，在 2007 年达到历史相对高点后迅速回落，2009 年有所平缓以后又继续下滑。在 2011 年达到阶段性低点后开始呈现上升态势，但 2017 年证券行业 6% 的平均资本收益率相比于前两年有下降趋势，说明我国证券行业在 2017 年盈利情况一般。

3. 保险业情况有所复苏。2017 年保险业安全情况较上年相比有所上升，从我国保险业安全程度的总体表现看，自 2000 年开始，我国保险业的安全状况表现出逐渐恶化趋势，直到 2006 年情况才有所改善。并在 2007 年达到阶段性的高峰（87.14）。在此之后又呈整体向下的走势，2012 年达到相对低点（71.32），之后情况又逐步改善。2017 年评分分值再次上升至 77.72，显示了近几年来保险行业安全程度的相对稳定。

从分指标来看，行业稳定指数和发展指数呈现出极为类似的走势：两个指标均自 2003 年开始下滑，至 2005 年开始反弹，直至 2007 年和 2008 年达到相对高点，随后又开始下滑，因为行业发展进入困境，行业稳定水平持续下降，于是 2012 年达到相对低点。直到 2013 年，情况才初步好转。2014 年，发展形势继续向好。2015 年，两个指标均稳中有升。而 2017 年稳定指数虽略有提高，但是发展指数有小幅下降，部分细分指标出现极端变化，导致总体安全指数相比前一年仅有小幅上升。

（三）金融市场安全状况延续上升趋势

如图 1－4 所示，2007 年金融市场安全综合指数达到低点，这主要与当时股票市场的巨幅波动相关；在 2007 年时点上，债券市场变化幅度不大，但股票市场的安全性显著下降，进而导致金融市场安全综合指数趋于下降，金融安全性降低。与此同时，2015 年金融市场安全综合指数相对于其他年份下降明显，且与 2007 年情形又有所不同。在 2015 年，股票市场风险、债券市场风险、衍生品市场风险都趋于增大，导致金融市场安全综合指数总体下降，金融安全性下降趋势明显；2015 年，股票市场历经暴涨暴跌行情，衍生品市场和债券市场受到股票市场巨幅波动拖累。面对来自舆论的压力，中国金融期货交易所于 8 月 26 日起实行新的交易规则，调整股指期货日内开仓限制标准、提高股指期货各合约持仓交易保证金标准、大幅提高股指期货平仓手续费标准、加强股指期货市场长期未交易账户管理等，导致股指期货的交易量流动性骤降，金融安全性明显下降，三大市场的表现导致金融市场安全综合指数大幅降低，金融安全性骤降。而在 2016 年，随着相关监管措施陆续出台并发挥功效，股票市场风险以及衍生品市场风险继续降低，金融安全性上升。但债券市场继续走强，相关债券收益率走低，债券市场继续牛市行情，导致债券市场金融安全性下降。不过综合来看，得益于相关监管措施的陆续到位，金融市场整体安全性在 2016 年有所上升。2017 年全年，整体市场呈下行状态，加之金融监管力度和范围进一步加强和扩大，且债券市场规模大

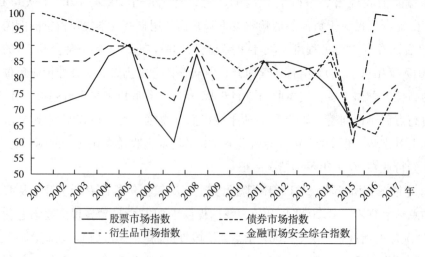

图 1－4　金融市场安全指数

幅下降，股票市场、债券市场、衍生品市场安全性均有所上升或基本保持高位水平，变化幅度极小，从而使得金融市场整体安全性总体呈现出提升趋势。

（四）房地产市场安全状况有所回升

如图 1-5 所示，与 2008 年相比，2009 年房地产市场安全性大幅下滑的原因可以归为以下三点：第一，房价风险大幅上涨，相应的房价收入比指数和房价增长率/GDP 增长率指数分别从 2008 年的 92、100 下降至 2009 年的 60、60；第二，投资性购房需求激生，需求过旺，相应的商品房销售额增长率/社会商品零售总额增长率指数从 100 降至 63.34；第三，个人房贷激增，催生房地产泡沫，加剧房地产信贷风险，相应的个人住房贷款增长率/人均收入增长率指数从 100 大幅下降至 61.39。

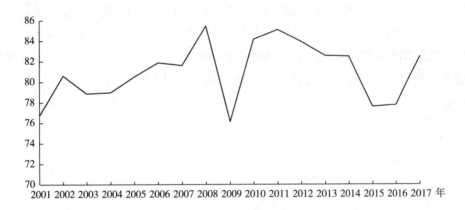

图 1-5 房地产市场安全指数

2011—2014 年，我国房地产市场具体存在以下几方面风险：第一，库存压力逐年上升，相应指数从 92.25 下降至 64.56；第二，房地产投资风险，具体表现为房地产投资额在 GDP 中的占比过高，相应指数从 69.42 下降至 60；房地产投入多绩效下降，相应指数从 77.70 降至 65.95；第三，金融机构对房地产业的资金支持程度不断增大，越来越多的资金涌入房地产市场，催生资产泡沫，加剧信贷风险。与 2015 年相比，2016 年房地产市场安全水平略微下降，2016 年房地产投资增速仍呈下滑态势，短期来看，原因有两个：一是整体库存高企的情况仍然存在，2016 年全国商品房销售面积和销售金额均创新高，消化了一、二线和部分三、四线城市的库存，绝大多数三、四线库存水平依然处于高位，不甚景气的销售前景必然对增加投资产生负面影响；二是近年来我国全力去库存，各地土地供应大幅削减，与 2016 年的 77.76 相比，2017 年房地产市场安全水平明显上升至 82.47，这主要由于 2017 年我国限售政策推出，有效抑制了房价的快速上涨，导致房价的上涨速度小于收入的上涨速度，房价收入比下降，进而房价收入比安全指数上升。该指数的上升进一步说明房地产投机性需求得到进一步抑制；重点城市在严厉政策管控下，市场趋于稳定，销售面积同比增幅不断回落，成交规模明显缩减，一线城市降温最为显著。

（五）金融风险传染性逐年增加，安全程度呈下降态势

如图1－6所示，除2012年及2014年出现拐点外，基于风险传染性的中国金融安全指数在2001—2016年基本呈逐年降低的趋势，但2017年的结果显示这一恶化趋势有扭转迹象，金融安全指数略有提高，这一结论同金融机构安全指数和金融市场安全指数的趋势相一致。纵观最近几年国内的金融安全形势，自2008年国际金融危机后虽有波动，但整体安全形势有所好转，基本呈现U形走势。自2014年之后经历了金融机构改革、利率市场化、股市动荡及世界经济局势不稳定等，一系列内部和外部冲击使得我国整体金融安全形势在逐年恶化。特别是在2016年有国内股市熔断、债市暴跌、楼市暴涨及国外英国脱欧等大事件的发生，导致市场剧烈波动和资本外流，从而使得两分类指数持续下降。2017年，在"严监管"和"控风险"的监管理念下，监管部门对实体、地产、金融机构、地方融资等风险管控卓有成效，使得内部金融安全指数和外部金融安全指数提高，反映出我国金融机构和金融市场的安全情况均出现进一步好转；另外考虑到2017年可获得的数据不全，部分数据以上市金融机构数据代替，因此结果可能存在误差，但整体趋势仍然显示出我国的整体金融安全形势趋于好转。

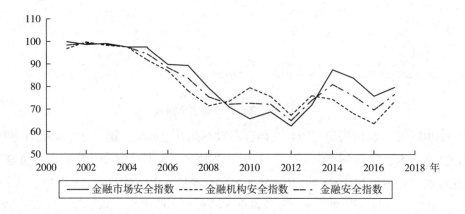

图1－6　金融风险传染安全指数

（六）经济运行中存在一定金融安全隐患，安全指数近年来持续下降

如图1－7所示，2001年以来，我国经济运行安全评估状况大致可以分为四个阶段：一是2001—2007年，我国加入世贸组织以来，经济活力与发展动力进一步释放，经济长期发展动力与短期驱动因素逐年向好，经济运行安全指数从2001年的76.53上升至2007年的86.72；二是次贷危机后，我国经济运行开始恶化，金融安全指数从2007年的86.72下降到2009年的75.22；三是次贷危机后的恢复时期，由于大规模刺激政策的影响，我国经济迅速好转，金融安全指数从2009年的75.22上升至2010年的83.27；四是转型阵痛期导致我国经济运行恶化，从2010年的83.27迅速下降到2017年的72.26，相比于2016年的74.27，2017年我国经济运行安全指数进一步恶化。

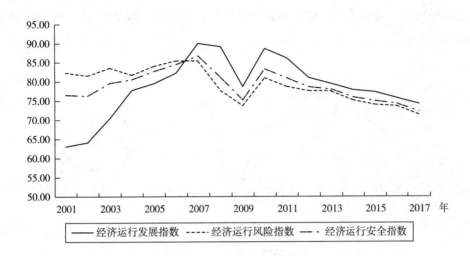

图 1-7 经济运行安全指数

相比于 2016 年，我国经济运行安全状况虽然整体有所好转，但是风险依然存在，安全问题依然严峻，主要体现在以下几方面：第一，总杠杆率风险进一步加剧，总杠杆率指数从 2016 年的 63.58 下降至 2017 年的 60.00，全社会杆杠率结构性矛盾凸显；第二，住户部门债务水平持续上升，居民偿债能力下降，导致住户部门风险加剧；第三，通胀通缩风险快速恶化，通胀通缩风险指数从 2016 年的 95.19 跌至 2017 年的 82.07；第四，经济周期波动风险进一步加剧，金融周期波动风险指数从 2016 年的 86.76 下跌至 2017 年的 80.41。

（七）国际金融市场环境有所改善

金融安全指数从 2003—2007 年的 85 以上骤降到 2008 年的 73.16，并在 2009 年持续下跌至 70.78，达到评估期间的最低值，这意味着次贷危机在海外产生的负面冲击对我国经济造成巨大影响，溢出效应恶化了我国金融市场的总体风险水平；而在 2009 年之后，随着各国强刺激措施的出台，美日欧等经济体逐渐复苏，特别是在 2010 年我国金融安全指数重回 90 以上的水平，说明各国应对危机的政策有一定的效果，这对于稳定世界经济预期产生了积极作用，同时也改善了我国周遭的国际环境，虽然在 2011 年又有所回落，但之后保持在 80 左右的水平，金融安全指数逐渐趋于稳定。并且，在 2016 年金融安全指数有所下滑的情况下，发现 2017 年金融安全指数又有所回升且高于 2014—2015 年的水平，原因在于世界其他经济体的经济复苏与繁荣，尤其是美国和欧元区，对于中国金融安全状况有推动作用。2017 年自特朗普上台后，美国的经济有了明显的复苏与繁荣。首先，美国进行了税收改革，这次改革是美国 30 年来最大的减税，推动了就业、经济增长、货币增长以及资本市场的发展。而在欧元区，欧元涨势迅猛，欧洲央行按兵不动，先对宽松货币政策辅以月度购债规模削减。2017 年，欧元区经济快速强劲增长，多家投行一致看好欧元后市。虽然经济转型压力和 2015 年股灾对金融市场改革带来的不确定性恶化了我国整体金融的安全状况，使得 2016 年我国金融安全指数有所下降，但是 2017 年全球经济状况的繁荣给我国创造了良好的国际金融市场环境，提高了我国整体金融安全状况，总而言之较 2016 年，我国金融安全形势有所改善。

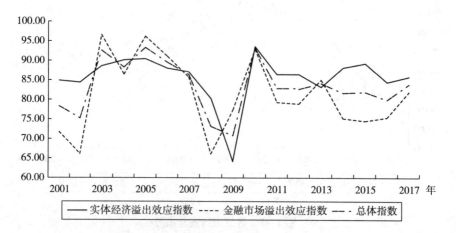

图 1-8 主要经济体溢出效应指数

（八）金融自主权近两年出现小幅回落

金融自主权指数详细情况如图 1-9 所示。

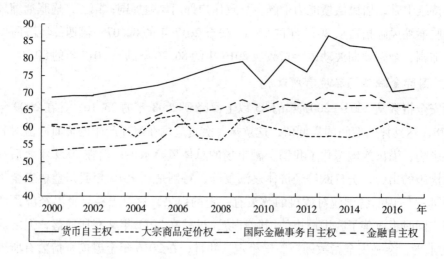

图 1-9 金融自主权指数

1. 当前我国货币主权风险总体可控。2000 年以来，我国货币替代率整体不断减小，体现了居民持有人民币的信心不断增加，货币政策在调控上的独立性总体在 70 分左右波动，体现了我国货币政策调控仍然能以我国宏观经济形势为主要依据，但是也受到一些美国货币政策的影响。人民币的国际影响力有所提高，但国际化程度仍不足。2017 年相比 2016 年，外币替代率指标基本保持不变，货币政策独立性维持小幅降低趋势，人民币国际化指数有所提高。

2. 大宗商品定价权仍然较弱。我国多种大宗商品均面临着定价权缺失的局面，整体上我国大宗商品定价权现状不容乐观。而现货市场和期货市场发展的诸多不足也制约着我国增强自身国际大宗商品定价权的步伐。从动态比价指标上看，自 2000 年以来我国大宗商品定价权得分呈现周期性波动，但波动幅度放缓，2017 年比 2016 年降低了 2.2 分，这主要源于市场不景气，国际大宗商品价格的下跌，我国的定价权仍然较弱。

3. 国际金融话语权继续提升但与我国经济整体实力严重不称。虽然我国目前 GDP 按购买力平价算，已排名世界第一，而且是美国国债的最大债主，并且政治影响力也在提升，但我国在国际金融事务中的话语权并不乐观。尤其是目前重要的三大国际金融组织——国际货币基金组织（IMF）、世界银行、国际清算银行（BIS）中，我国的话语权得分都不高，IMF 和世行基本上还是以美国为主导的机构，我国的利益诉求还无法从现有的投票权中得到体现。但从亚洲基础投资银行的发起和成立、人民币被 IMF 纳入特别提款权（SDR）以及二十国集团（G20）领导人峰会在杭州举行等方面可以看出，我国在 2017 年中有诸多推进国际金融话语权的行动。

二、当前我国金融安全的主要隐患

与 2016 年相比，我国当前金融风险隐患主要体现在以下方面：第一，我国金融机构安全指数从 2016 年的 78.07 上升到 2017 年的 80.61，但面对市场监管的逐步趋严，金融机构仍面临不小的挑战。第二，房地产市场安全指数从 2016 年的 76.22 上升到 2017 年的 81.13，体现了国家在房地产市场的一系列调控政策初见成效，但房地产市场不景气可能给地方政府还债能力造成压力，这一风险不容小觑。第三，金融风险传染指数从 2016 年的 69.76 上升到 2017 年的 76.60，但 2017 年金融机构间风险传染结果表明机构间的相互依赖程度比 2016 年略有增加，金融机构间相互依赖指数表示金融机构间同业拆借业务的相对比重，比重越大则机构间相互依赖越严重。第四，主要经济体溢出效应指数从 2016 年的 79.93 上升至 2017 年的 83.87，但美国加息预期增强、欧洲政治局势动荡等不稳定国际局势对我国金融安全仍有可能带来不利影响。第五，较 2016 年而言，经济运行安全指数在 2017 年持续恶化，全社会杠杆率持续上升给我国经济转型带来巨大压力，去杠杆给中国经济带来的一系列问题仍然严峻。第六，金融自主权评估指数基本持平，但整体而言我国金融自主权在国际上仍处于不利地位。

（一）银行、证券、保险行业潜在风险分析

1. 我国银行行业潜在风险分析。2017 年我国银行业流动性有所下降，同时非利息收入占比也有恶化趋势，而上市银行的不良贷款率有所升高，上市银行的资产回报率和资本回报率近年来呈现下降态势。这些都是我国银行业在 2017 年凸显的风险，需要在 2018 年警惕进一步恶化。目前，我国银行业所面对的主要风险在以下几个方面。

流动性风险的上升，有可能在未来形成系统性风险并危及金融稳定，商业银行需提升流动性风险管理能力，完善流动性风险管理体系，优化资产负债结构。第一，从资产端考虑，可从提高效率和优化结构两方面着手：一方面，减少"僵尸企业"贷款等无效资金的占用，提升资金使用效率；另一方面，进一步压缩同业业务，提升贷款占比，如加大对普惠金融领域的信贷投放。第二，从负债端考虑，应积极争取一般性存款，特别是要向零售客户发力，提升零售存款占比；同时，还可通过发行债券、资产证券化等方式来获取长期资金，进而提高可用的稳定资金来源。第三，还要及时做好流动性指标的监测。根据业务规模、性质、复杂程度及风险状况，采用适当的监测和预警指标，明确每一个指标的监测频度、预警限额，监测资产流动性的变化特别是可能引发流动性风险的特定情景或事件，前瞻性地分析和预判其对流动性风险的影响。

从非利息净收入看，占比较大的手续费及佣金收入在"降费让利"的大背景下有所下降，加上监管新规对银行理财业务的规模扩张产生约束，投资收益类非利息收入下降，两者共同导致非利息收入增速放缓乃至下降。

利润率的下降虽然在近两年内有所缓和，但下降的趋势仍然比较明显，2015年以来的多次降息，使得息差缩小，伴随资产质量下行和不良率上升的压力，银行利润率出现了增速放缓甚至下滑。

上市银行不良贷款率的上升，对应的是银行资产质量的下降，表面来看，全体银行业的资产质量较好，但实际来看这种认识是有误区的：其一，当前中国银行业的不良资产规模庞大，高于世界金融发达国家的平均水平；而且，银行机构还存在隐藏不良资产的情况。其二，中国四大银行及股份制银行等主要的商业银行均已上市，基于股东考核及监管考核的双重压力，难免出现一些不良资产分类不清，会计科目处理及将不良资产移到表外等违规现象，以降低不良资产率规避金融监管。其三，中国银行业的表外理财资金数额巨大，借助信托、基金、券商等通道实行变相放贷业务，这类业务风险与传统信贷风险并无差异，这类影子银行的不良资产规模也加剧了风险。

2. 我国证券行业潜在风险分析。第一，上市券商分化严重。上市券商业绩持续分化，集中度不断提高。从2017年上市券商经营数据来看，22家已披露年报的上市券商合计实现归母净利润755.1亿元，同比增长2.4%，好于行业-8.5%的净利润同比表现。2017年证券行业中共有11家券商实现净利润同比正增长，其中营业收入排名前五位的公司共实现营业收入1 380亿元，占整个行业营业收入的48.5%，同时前五位的公司共实现净利润508.3亿元，占整个行业净利润的53.3%。行业龙头凭借大规模的客户基础和充足的资金来源，或将进一步拉大行业分化，成为行业的主要驱动力，而中小券商的盈利能力将会受到巨大挑战。

第二，证券行业收入结构变化。目前，行业龙头的业务结构均趋向多元化和均衡化，且资管业务的比例在逐年提升，且高于中小券商。2017年证券业的各项业务分化严重，自营业务和资管业务有所上升，但传统的经纪业务和投行业务有较大幅度的下降。2017年，证券行业分业务收入居于前三位的依次为自营、经纪和投行，占总营业收入的比重分别为

28%、27%和16%，经纪业务占比首次跌至第二位。主要是由于两市成交金额持续缩水，传统的经纪业务市场竞争环境激烈，佣金率下降对经纪业务也造成一定负面影响。另一个原因在于2017年权益市场回暖，整体的自营投资环境要比2016年更好，因此大部分券商在权益资产配置规模同比提升，因而导致经纪业务占比下降。随着自营业务投资方向倾向多元化，资管业务进入优胜劣汰的发展阶段，传统的经纪业务面临的竞争日趋激烈，可能会导致以传统业务为主的券商面临收入结构转型的风险。

第三，金融监管加强。监管趋严，使金融市场的整体流动性趋紧。2017年整个金融行业的监管十分严厉，从财政部和"一行三会"房补法律法规的数量和强度都可以看出，而且监管的措施实施已经得到一定的效果。2017年证监会发布了6条法令和15号公告，包含投资、证券机构和基金等各个方面的监管。其中控制风险类的法律法规占比较高，2017年7月出台的投资者适当性管理办法，要求低风险承受能力者不能进行高级别的风险投资。在2018年资管新规落地在即，预计会包含明确净值化管理，打破刚性兑付，消除多层嵌套等多个方面。资管新规的即将落地表明了中央在严格执行去杠杆措施，并不断规范金融行业的发展，改善投资融资环境，但这会造成市场流动性下降，可能会造成交易金额进一步下滑的风险。

3. 我国保险行业潜在风险分析。第一，行业增速放缓。从不同的业务分析，健康险业务增速名义上有所放缓，但实际上保障型的健康险保持了高速增长。产险业务增速环比也略有下降，但总体保持稳定。寿险业务受到中短存续期产品监管政策持续影响，增速环比持续下降，产品规模逐步收缩，寿险给付支出情况有所改善，全年出现负增长。虽然原保费增速保持了相对稳定，但同比增速仍在2017年呈现出比较明显的下滑态势。尤其是万能险和投连险，经历了2016年增速的显著下降后，在2017年进入中短存续期产品过渡期的第二年，此类保费收入增速继续出现阶梯式下滑。总体来看，2017年以来在强监管政策的有力推动下，保险行业持续推进保险回归保障本源，行业转型加剧，保费增速有所放缓，资产收益也受到影响。伴随准备金计提拐点显现，预计2018年行业利润空间会有一定程度释放，但仍需注意转型带来的风险。

第二，业绩结构分化加剧。龙头和转型险企业业绩和分化加剧。平安保险和太平洋保险较早聚焦期缴、聚焦个险，转型明显比另两家公司更深化。从个险新单占比和个险保费占比来看，平安个险新单占比为85.2%，平安、太平洋保险个险保费占比分别为85.1%、87.8%。对比另外两家，新华、国寿的个险新单占比分别为76.8%、50.4%，个险保费占比分别为80%、69.1%，可以看出明显低于前两家。除此之外，目前保险行业的资产配置结构分化现象较为明显，但比较一致的趋势是以债券资产为主，降低定期存款比例，提升非标资产和权益类资产的配置比例，从而取得较高的投资收益。未来二级市场板块轮动加快，利率走势分歧较大，未来保险企业的投资收益或将出现剧烈分化。

此外还应注意资本市场的不确定性，利率大幅度波动影响业绩等风险。目前来看，行业处于以健康险为代表的保障型产品的优质产能扩张周期，以万能险为代表的落后产能的淘汰期。因此，行业转型中的风险也将成为新时期保险监管的重点。

（二）金融市场潜在违约风险分析

目前我国经济增长呈现出明显放缓趋势，加之金融监管日趋严厉，整体的金融环境将极有可能会导致信用风险整体上扬。考虑到 2018 年大量存量信用债以及短期融资债将到期，加之金融监管趋势日益加强，整体融资环境将继续保持收紧趋势，从而有可能造成信用风险的整体抬升。

基于我国目前的债券市场违约状况，深入分析其内在风险，可以将其归结为以下几点。

环保限产政策常态化引发风险，将加速煤炭、钢铁及化工等行业内部风险分化。钢铁、煤炭、化工、有色等行业为环保高压限产政策的重点领域。而环保限产政策在提高行业集中度以及减少落后产能方面收效明显的同时，不可忽略众多环保不达标、产能低、技术落后的民营、中小企业。该类企业极易在环保限产高压下引发信用风险。

随着投资者保护条款如交叉违约以及事先约束等条款的应用增多，条款违约现象或增加。条款增设使得风险事件处置机制的合法化，也使得部分仅发生短暂的财务困难或流动性周转压力的发行人在违反保护条款时如不能获得债权人豁免，或将使风险进一步扩大。此外，交叉保护条款的应用还可能使得信贷市场、交易所市场以及银行间市场风险联动效应进一步增强，扩大信用风险的传染效应。

2018 年房企公司债以及 ABS 产品将进入兑付高峰期，整体市场兑付压力增大。且房企公司债中以私募债为主，而私募发行人在公司治理和信息披露等方面的规范程度欠缺，加之房企现金收入 2017 年增速呈现放缓趋势，产生房地产资金链断裂可能性，因此，需集中关注其兑付风险。

连环信用风险也亟须关注。2017 年，部分违约主体发生连环违约现象，而其经营状况或资金周转能力难以在短期内明显改善，加之存续债陆续到期，上述违约主体继续发生连环违约的风险进一步加大。

总体来说，未来信用债违约风险很可能加大，并且在货币政策略有收紧的背景下，利率中枢上行，信用溢价也会相应上升。

（三）房地产行业潜在风险——资金链断裂危机

当前我国房地产市场的安全隐患风险来源于未来供求两端不对等，需求端风险主要来源于三、四线城市购房高需求，虽然 2017 年限售政策有效抑制了部分投机性购房需求，一、二线城市房价有所下降，但三、四线城市投机性购房需求处于较高水平；供给端风险主要来源于供给端的资金链断裂风险。一方面，房地产市场供给方从信贷市场借入大量现金，新购买土地面积不断增加，未来房地产供给将不断增加；另一方面，由于政策等因素影响，房地产市场需求方不断减少贷款额，需求降低。未来供需不对等，房地产供给方融资困难程度增加，从而导致房地产供给方资金链紧张，长此以往，房地产企业将无法回收资金，负债无法偿还，将带来市场危机，增加信贷危机。

（四）金融风险传染性不断增强，系统性风险加剧

第一，信用风险过度集聚于银行体系，金融结构不合理。尽管金融机构间相互依赖程度和网络结构稳定性在 2017 年有所提升，但网络结构依然存在依赖于少数重要性节点的现象，特别是银行在系统重要性金融机构中占比较高，银行在金融机构网络中的加权中心度远超其他机构，居于主导地位，从而使得我国金融机构的网络结构稳定度较差，机构间存在较大的风险传染的可能性。而随着近些年银行信贷业务的发展，信用风险向银行体系过度累积的几率增大。

第二，同业拆借期限、额度受限，金融机构流动性风险日益凸显。2017 年金融机构间风险传染结果表明机构间的相互依赖程度比 2016 年略有增加，金融机构间相互依赖指数表示金融机构间同业拆借业务的相对比重，比重越大则机构间相互依赖越严重，风险传染的可能性越大。而商业银行存款业务竞争日趋激烈，存款增速持续放缓，同时贷款结构中中长期贷款占比越来越高，使得商业银行的流动性风险有所上升。不少银行利用短期同业和理财资金对接期限较长、流动性差的非标准化债权资产，资金期限过度错配。同时，证券公司、基金公司资产管理规模快速扩大，但一直缺乏有效的融资渠道，同业资金拆借的期限、额度也受到严格限制，流动性风险进一步累积，大大增加了金融机构间风险传染的效率和规模。

第三，跨境资本流动风险增大，金融市场不确定性加大。本文以国内金融市场中各子市场的风险传染指数加权平均得到内部市场传染指数，以国内金融市场中各子市场同国外金融市场各子市场之间的风险传染指数加权平均得到外部市场传染指数；由以上结果可得 2017 年金融内部市场安全性较 2016 年略有升高，但外部市场安全程度有所下降。其中国外股票市场与国内各市场、国外外汇市场与国内股票、外汇市场、国外期货市场与国内期货、股票市场之间的风险传染程度在 2017 年均有提升，因此跨境资本流动风险以及国际重大事件例如"美国税改""比特币狂潮"等事件无疑会增加我国金融市场的不确定性；同时美欧量化宽松政策走向以及退出的时间、进度和方式等因素，将对我国国际收支和跨境资本流动管理产生影响。未来货物跨境贸易收支的不确定性、境外直接投资的趋向变化、对人民币预期变化等因素，也将直接影响跨境资本流动，如上问题产生的国际金融风险跨境传染问题不容忽视。

第四，风险传染效率提高，风险交叉传染依旧。本文研究发现国内股票市场与债券市场、期货市场、外汇市场之间的传染效应均具有时变特征，风险传染加剧持续时间有减少的趋势，即风险传染的效率近年来有所提高。同时各金融子市场之间大多存在显著的传染效应，中国内地与香港地区股市之间也存在显著的风险传染关系。考虑金融风险传染的内在机理，其中经济层面的关联性是金融风险传染的基础，银行信贷、证券投资和资金流动等方面存在关联性，投资者的情绪及其非理性行为在风险传染中发挥着重要作用，同时信息技术飞速发展也加速了金融风险传染。因此金融风险交叉传染的隐患不容忽视，即不仅需要考虑金

融市场间的风险传染，金融与地产、金融与实体等跨行业、跨部门的风险传染问题同样需要关注。

（五）经济运行中蕴含的金融安全隐患依然存在

第一，首先从短期需求来看，我国经济快速企稳概率依然较低。2017 年内货物和服务净出口贡献度有所回升，但是最终消费支出贡献度和资本形成贡献额率有所下降。其次，我国投资短期内不会大幅上涨。中国经济的回落，很大程度上是因为固定资产投资，私人投资快速下降会导致整个实体经济投资萎缩。2012 年之前的 10 年，私人部门投资平均增速约 20%。2015 年，私人部门投资增速 10.1%，2017 年私人部门投资增速仅有 4.46%，投资意愿低。限购、金融政策紧缩和未来房地产政策不确定性导致房地产开发投资增速出现小幅下滑；在去产能和环保督查作用下，民间投资继续疲弱，短期来看，民间投资大概率保持弱增长格局。最后，从经济增长动力来看，我国经济正面临增长速度换挡期，产业结构调整一定程度上陷入困境。

第二，2017 年全社会杠杆率进一步攀升，结构性矛盾凸显。全社会杠杆率从 2011 年的 1.85 倍一路攀升至 2017 年的 2.70 倍，除此之外住户部门杠杆率、政府部门杠杆率、非金融企业部门杆杠率、金融部门杠杆率均不断上升。全社会居高不下的债务水平，成为我国经济运行中的又一重要安全隐患。从国际比较来看，中国债务问题的结构性矛盾较为突出。从规模总量来看，中国实体经济部门的债务杠杆率并不高，2017 年末中国对内债务总额 223 万亿元，总杠杆率为 269.74%，略高于全球平均 246% 的债务杠杆率，但略低于发达国家平均 279% 的杠杆率。住户部门的杠杆率为 48.98%，大幅低于国际平均水平，但是由于中国住户部门债务大部分来源于住房按揭贷款，中低收入家庭承担了大部分债务，整体偿债能力有限。政府部门的杠杆率为 46.31%，整体水平不高，但是其中地方政府杠杆率 30.01%，占整个政府部门债务的 64.81%，地方政府债务风险依然严峻。近年来，非金融企业部门的杠杆率大幅提高，与 GDP 的比值高达 140.08%，不但显著高于新兴市场 105.9% 的平均水平，也显著高于发达经济体 88.9% 的平均水平。截至 2017 年末，地方政府债务占政府部门总债务的比例为 64.81%，债务规模不断攀升。尽管近年来国家层面出台了一系列的政策，如严禁政府实施隐性担保，但是就本书测算地方政府债务规模的结果来看，上述政策依然没有起到实质性的控制作用，地方债务累积扩大了结构性矛盾，地方政府负债整体上降低了社会投资效率和经济增长质量，扩大了经济发展的结构性矛盾。除此之外，居高不下的地方债务积累了庞大的金融风险，地方政府通过对控股或全资的地方金融机构的行政干预，借款垫付地方债务是转轨时期各地普遍存在的现象，地方债务向金融机构转移导致地方金融机构财务状况恶化，金融风险累积。

第三，人民币运行情况有所好转，但风险依然存在。随着美国经济的逐渐复苏，我国外贸经济于 2013 年回稳，但 2014 年外汇占款增速在动态波动中快速下滑，2016 年增速更是跌至 -17.47%。2017 年外汇占款增速由负转正，9—11 月外汇占款持续小幅增加，下半年人民币对美元汇率整体升值，同期贸易顺差及中美利差走扩等均有助于外汇占款的回升。12月末，外汇占款减少363亿元，结束此前连续三个月的微幅正增长的状况。2017年外汇占款增幅较小，在零附近波动。央行外汇占款增量较小意味着对流动性的贡献较弱，也意味着美联储缩表对中国人民银行资产负债表的影响弱化。虽然美联储已宣布自2017年10月起启动渐进式缩表，且12月再次加息概率也较大，但中国人民银行已于9月11日将持续两年的境内金融机构代客远期售汇业务所需提取的外汇风险准备金率由20%下降为零，央行对未来人民币汇率保持平稳持有信心。结合当前美国的经济和政治形势，未来人民币兑美元汇率将大概率呈双向波动。

（六）国际经济的话语权有待加强

2017年国际金融话语权得分与2016年相比几乎没有变化。虽然我国按照GDP购买力平价计算，已排名世界第一，是全球第二大经济体，并且政治影响力也在提升，但我国在国际金融事务中的话语权并不乐观。尤其是在重要的三大国际金融组织——IMF、世界银行、BIS中，我国的话语权得分都不高。IMF和世行基本上还是以美国为主导的机构，美国在两个组织中都拥有一票否决权，而我国的利益诉求还无法从现有的投票权中得到体现。

我国多种大宗商品均面临着定价权缺失的局面，整体上我国大宗商品定价权现状不容乐观。而现货市场和期货市场发展的诸多不足也制约着我国加快自身国际大宗商品定价权的步伐。

从动态比价指标上看，自2000年以来我国大宗商品定价权得分呈现周期性波动，但波动幅度放缓，2017年比2016年降低了2.2分，这主要源于市场不景气和国际大宗商品价格的下跌，我国的定价权仍然较弱。

第二章　金融机构安全评估

第一节　银行业安全评估

一、评估体系与指数构建

我们分别使用五个不同指标，来反映中国银行市场的稳定水平和发展水平。具体来说，衡量稳定水平的指标包括：

Z 值：作为银行学研究文献中常用的体现金融稳定的指标之一，Z 值的经济学解释为银行距离倒闭的距离。Z 值越高，反映银行倒闭的风险越低。

不良贷款率：不良贷款率被定义为不能按时归还利息和本金的贷款占贷款余额的比率。该比率越高，反映银行面临的资产损失风险越大。

坏账准备金率：银行坏账准备金对贷款余额的比率。一般认为，银行风险上升时，银行拨备的坏账准备金也相应增加。

流动性：该流动性被定义为银行持有的流动资产对总资产的比率。该值越高，反映出银行拥有更多的流动资产用于应对可能出现的银行挤兑压力，因此风险程度越低。

杠杆率：我们使用所有者权益对资产的比率来反映银行的杠杆率。该指标越高，反映银行的杠杆风险越低。同时，很多文献都指出，银行的自有资本率越高时，其向风险更高的客户提供贷款的动机越低，审慎程度越高。

衡量发展水平的指标包括：

资产回报率：即税后利润对总资产的比率。该指标被普遍用于衡量银行的盈利能力，该指标越高，银行的资产利用效果越好，反映银行信贷的有效配置。

资本回报率：即税后利润对银行所有者权益的比率。该指标越高，表明银行资本的利用效率越高。

非利息收入比：该指标衡量银行经营范围（或者说收入渠道）的多样化程度。如果非利息收入升高，显示银行业对传统业务的依赖程度降低，呈现更为稳健的多样化发展。

非存款负债比：该指标体现银行融资对传统储蓄的依赖，该比率上升，意味着银行融资渠道的多样化。对包括我国在内的诸多发展中国家而言，现阶段以上两个指标上升，意味着银行业的发展逐渐从传统存贷款服务向更为多元化的阶段发展，体现发展水平的提高。

赫氏指数（HHI）：该指标为银行市场份额（以银行资产占市场总资产的比率为衡量）平方后加总。HHI 越高，显示银行市场集中程度越高，竞争程度越低。尽管银行学研究文献中也使用其他反映市场竞争程度的指标（如 Panzar – Rosse H 指数、Lerner 指数、Boone 指数等），但 HHI 依然是最常用的反映市场结构和市场竞争的指标之一。我们认为，集中程度越低、竞争程度越高，对我国和其他发展中国家而言，显示银行业发展程度的进步。

表 2 – 1　　　　　　　　　　　银行业安全评估指标定义及标准

项目	指标名称	指标定义	判断标准
银行业稳定水平	Z 值	$[（ROA+EA）/\sigma(ROA)]$	Z 值越高，倒闭风险越低
	不良贷款率	不良贷款/总贷款余额	不良贷款率越低，风险越低
	坏账准备金率	坏账准备金/贷款余额	坏账准备金率越高，风险越高
	流动性	流动资产/总资产	流动性越高，风险越低
	杠杆率	所有者权益/总资产	杠杆率越高，杠杆风险越低
银行业发展水平	资产回报率	税后利润/所有者权益	ROA 越高，资产利用效率越高
	资本回报率	税后利润/所有者权益	ROE 越高，资本利用效率越高
	非利息收入比	非利息收入/营运收入	非利息收入比越高，发展越多样化
	非存款负债比	非存款负债/总负债	非存款负债比越高，发展越多元化
	赫式指数	加总银行市场份额平方	HHI 指数越高，竞争程度越低

二、银行业安全评估：基于全样本的数据分析

我们通过表 2 – 2 报告以上指标在 2001—2017 年的变化。

表 2 – 2　　　　　　　　　　　中国银行业各项金融稳定与发展指标情况

年份	Z 值	不良贷款率（％）	坏账准备金率（％）	流动性（％）	杠杆率（％）	资产回报率（％）	资本回报率（％）	非利息收入比（％）	非存款负债比（％）	HHI
2001	20.92	14.02	2.17	22.54	9.37	0.49	8.84	8.51	18.96	0.16
2002	19.54	12.98	2.17	19.25	7.82	0.40	8.67	11.65	21.43	0.15
2003	18.23	10.13	1.88	17.81	7.52	0.41	9.44	11.66	17.45	0.14
2004	15.36	6.62	2.08	17.71	5.79	0.47	10.81	8.51	15.45	0.12
2005	16.11	5.22	2.06	19.88	5.22	0.59	11.83	8.50	12.74	0.12
2006	17.27	3.56	2.05	19.89	5.85	0.72	12.83	7.70	17.27	0.12
2007	20.86	2.30	2.02	22.80	6.97	0.93	15.89	8.32	19.83	0.11
2008	23.45	1.77	2.25	25.08	7.79	1.13	17.35	8.43	18.18	0.10

续表

年份	Z值	不良贷款率（%）	坏账准备金率（%）	流动性（%）	杠杆率（%）	资产回报率（%）	资本回报率（%）	非利息收入比（%）	非存款负债比（%）	HHI
2009	26.00	1.29	2.15	26.59	9.29	0.92	13.72	9.04	15.28	0.10
2010	24.41	0.91	2.17	29.82	8.00	1.05	15.47	9.60	15.88	0.09
2011	25.86	0.75	2.30	31.44	8.21	1.20	16.88	8.59	18.29	0.08
2012	26.53	0.77	2.41	29.96	8.26	1.11	15.61	8.24	21.11	0.08
2013	25.44	0.99	2.89	25.28	7.30	1.12	15.98	16.36	18.44	0.10
2014	26.96	1.25	3.10	22.13	7.65	1.13	15.44	17.79	19.34	0.09
2015	26.01	1.63	3.32	18.00	7.44	0.92	12.77	20.62	22.61	0.08
2016	25.00	1.66	3.51	14.62	7.09	0.85	12.00	24.74	25.94	0.08
2017	29.68	0.88	3.20	10.68	7.02	0.88	12.83	20.24	28.47	0.07

为了更直观地观察每一分指标在2001—2017年的变化，我们在对指标进行同向化处理后，使用功效系数法对其进行转化，在分别计算银行业稳定水平和银行业发展水平的均值后，我们按70:30的权重算得对银行风险程度的总体评价，分值越高代表安全程度越高、风险水平越低，具体结果如表2-3所示。

表2-3　　　　　　　　　中国银行业各项金融稳定与发展指标评分

项目	银行业稳定水平						银行业发展水平						总体评价
年份	Z值	不良贷款率（%）	坏账准备金率（%）	流动性（%）	杠杆率（%）	均值	资产回报率（%）	资本回报率（%）	非利息收入比（%）	非存款负债比（%）	HHI	均值	
2001	75.54	65.77	92.84	82.85	100.00	83.40	64.58	67.08	63.59	75.81	60.00	66.21	78.24
2002	71.68	68.45	92.81	76.51	84.99	78.89	60.00	66.45	70.62	82.11	65.35	68.91	75.89
2003	68.01	75.81	100.00	73.73	82.18	79.95	60.71	69.43	70.66	71.98	69.92	68.54	76.52
2004	60.00	84.86	95.18	73.54	65.44	75.80	63.43	74.71	63.58	66.89	75.93	68.91	73.74
2005	62.08	88.46	95.71	77.71	60.00	76.79	69.48	78.64	63.57	60.00	77.34	69.81	74.70
2006	65.35	92.75	95.92	77.74	66.08	79.57	75.80	82.53	61.76	71.53	79.34	74.19	77.96
2007	75.36	96.00	96.57	83.35	76.82	85.62	86.62	94.36	63.16	78.02	84.47	81.33	84.33
2008	82.60	97.36	90.83	87.75	84.70	88.65	96.87	100.00	63.40	73.83	86.13	84.04	87.27
2009	89.71	98.62	93.43	90.65	99.16	94.31	85.90	85.99	64.77	66.47	87.88	78.20	89.48
2010	85.27	99.58	92.92	96.88	86.78	92.29	92.72	92.73	66.03	68.00	91.25	82.15	89.24
2011	89.34	100.00	89.77	100.00	88.77	93.58	100.00	98.20	63.75	74.11	93.76	85.96	91.29
2012	91.21	99.94	87.04	97.15	89.26	92.92	95.49	93.30	62.98	81.29	96.01	85.82	90.79
2013	88.16	99.38	75.27	88.13	80.04	86.19	96.11	94.70	81.20	74.50	87.24	86.75	86.36
2014	92.39	98.72	69.95	82.05	83.42	85.31	96.49	92.63	84.40	76.79	90.46	88.15	86.16
2015	89.74	97.74	64.63	74.09	81.41	81.52	86.32	82.30	90.76	85.08	95.88	88.07	83.49
2016	86.92	97.64	60.00	67.58	78.01	78.03	82.73	79.32	100.00	93.55	98.15	90.75	81.85
2017	100.00	99.66	67.63	60.00	77.28	80.91	84.17	82.51	89.90	100.00	100.00	91.32	84.03

从我国银行业风险程度的总体表现看，自 2001 年开始，我国银行业的风险状况表现出持续改善趋势，并在 2011 年达到阶段性的最高值（91.2），但是在此之后又呈现出逐年下降的趋势。尽管 2017 年情况有所好转，但总体评价分值低于 2008 年的水平，显示银行业风险程度又出现上升苗头，应当引起决策者对银行市场风险的注意和警惕。以上评价是我国银行业风险水平相对自身变化的纵向比较。

三、银行业安全评估：基于上市银行数据的分析

下面我们关注我国的上市商业银行。作为我国银行业的代表，截至 2017 年，共有 26 家银行在沪深两个证券交易所上市，其中不仅包括工农中建交五大国有大型商业银行，还包括中信、光大等股份制商业银行，以及北京银行、宁波银行等城市商业银行。作为银行业中资产状况较好的代表，我们对其进行专门的观察和分析，具体情况如表 2-4 和表 2-5 所示。

表 2-4　　　　　　　　　中国上市银行各项金融稳定与发展指标情况

年份	Z 值	不良贷款率（%）	坏账准备金率（%）	流动性（%）	杠杆率（%）	资产回报率（%）	资本回报率（%）	非利息收入比（%）	非存款负债比（%）
2001	15.33	14.90	2.42	22.13	5.46	0.50	11.24	7.67	19.33
2002	13.27	11.61	3.15	20.01	5.17	0.38	10.98	9.85	16.59
2003	13.79	9.35	3.22	18.78	5.66	0.43	12.11	7.59	15.55
2004	11.80	6.44	4.27	18.08	4.94	0.57	14.13	5.48	10.44
2005	15.36	5.12	2.74	21.27	6.66	0.99	9.67	7.97	8.35
2006	16.50	4.69	2.69	22.54	6.64	0.83	7.29	6.93	9.12
2007	20.75	3.54	3.42	23.26	7.06	1.19	19.64	5.80	13.99
2008	22.62	1.72	2.63	25.93	7.51	1.27	18.47	7.82	13.32
2009	20.45	1.34	2.26	25.10	7.03	1.05	18.41	10.09	13.43
2010	21.99	0.89	2.27	23.27	7.58	1.36	20.19	10.39	14.38
2011	23.92	0.73	2.40	25.32	7.69	1.31	20.15	8.71	18.26
2012	23.32	0.84	2.61	24.47	6.17	1.20	19.33	7.75	22.22
2013	24.50	0.92	2.61	20.00	6.90	1.19	18.37	13.76	21.71
2014	25.00	1.15	2.76	16.56	7.12	1.13	16.93	16.06	22.06
2015	24.92	1.45	3.05	13.49	7.18	1.03	14.98	17.45	25.46
2016	24.80	1.55	3.12	10.56	7.10	0.92	13.35	20.10	29.66
2017	27.02	1.60	3.05	8.49	7.51	0.88	12.14	24.95	29.32

表 2 – 5　　　　　　　　　　中国上市银行各项金融稳定与发展指标评分

项目	银行业稳定水平					银行业发展水平					总体评价
年份	Z 值	不良贷款率（%）	坏账准备金率（%）	流动性（%）	杠杆率（%）	均值	资产回报率（%）	资本回报率（%）	非利息收入比（%）	非存款负债比（%）	均值	
2001	69.27	63.71	96.73	89.38	67.60	77.34	65.12	72.27	64.52	80.61	70.63	75.33
2002	63.88	72.14	82.28	84.82	63.35	73.29	60.00	71.44	68.97	75.46	68.97	72.00
2003	65.25	77.93	80.84	82.18	70.55	75.35	62.17	74.95	64.34	73.52	68.74	73.37
2004	60.00	85.37	60.00	80.66	60.00	69.21	67.85	81.22	60.00	63.92	68.25	68.92
2005	69.37	88.76	90.47	87.53	85.05	84.24	84.80	67.39	65.12	60.00	69.33	79.76
2006	72.36	89.86	91.47	90.27	84.78	85.75	78.21	60.00	62.99	61.44	65.66	79.72
2007	83.52	92.81	76.96	91.82	90.85	87.19	93.01	98.29	60.67	70.59	80.64	85.23
2008	88.45	97.45	92.56	97.58	97.36	94.68	96.07	94.66	64.81	69.32	81.21	90.64
2009	82.75	98.43	100.00	95.79	90.43	93.48	87.34	94.49	69.48	69.54	80.21	89.50
2010	86.79	99.57	99.61	91.85	98.36	95.24	100.00	100.00	70.09	71.32	85.35	92.27
2011	91.86	100.00	97.06	96.25	100.00	97.03	97.91	99.88	66.64	78.61	85.76	93.65
2012	90.28	99.71	92.88	94.43	77.94	91.05	93.18	97.34	64.67	86.03	85.31	89.32
2013	93.39	99.50	93.05	84.80	88.55	91.86	93.10	94.35	77.01	85.08	87.38	90.52
2014	94.71	98.92	90.00	77.39	91.74	90.55	90.69	89.89	81.74	85.73	87.01	89.49
2015	94.48	98.15	84.20	70.77	92.55	88.03	86.44	83.84	84.60	92.11	86.75	87.65
2016	94.16	97.88	82.77	64.46	91.36	86.13	82.17	78.79	90.04	100.00	87.75	86.61
2017	100.00	97.75	84.30	60.00	97.33	87.88	80.56	75.06	100.00	99.35	88.74	88.14

　　从我国上市银行业风险程度的总体表现看，与全样本的银行业风险程度趋势大致相同，说明上市银行对全样本有较强的代表性。同样地，自 2001 年开始，我国上市银行业的风险状况表现出持续改善趋势，并在 2011 年达到阶段性的峰值（93.65）。但是，在此之后又出现下降趋势，尽管 2013 年情况有所好转，但 2014 年又接着下滑，至 2017 年，总体评价分值甚至低于 2008 年的水平，显示银行业风险程度又出现上升苗头，应当引起决策者对银行市场风险的注意和警惕。我们通过各具体指标来分析我国的上市银行与全样本银行业的对比情况。

四、银行业安全评估：全样本与上市银行数据的比较分析

（一）中国银行业稳定水平分析

　　我们首先用 Z 值观察银行市场的稳定程度。Z 值是银行学文献中经常使用的一种衡量银行稳定的指标，其具体构建为

$$Z = \frac{ROA + EA}{\sigma(ROA)}$$

其中，*ROA* 代表各银行的平均资产回报率（％）。*EA* 代表平均资本充足率（％），我们使用所有者权益（equity）对总资产的比率进行估算。$\sigma(ROA)$ 代表各年度银行 *ROA* 数据的标准差。没有采用常见的风险加权资产，是为了克服资产风险的估计受资产规模较大的银行权重影响，可能出现低估银行业整体风险的问题。图 2 - 1 为我国银行业 Z 值在 2001—2017 年的变化情况。

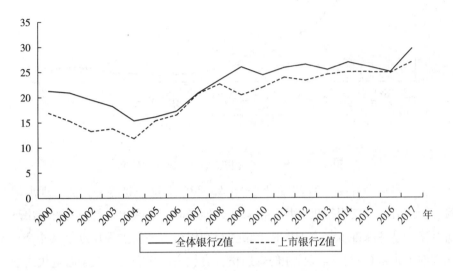

图 2 - 1　银行业 Z 值（2001—2017 年）

可以看到，Z 值于 2004 年达到最低值，随后开始上升。2004 年之后，Z 值总体表现出升高的趋势，而从 2009 年开始，Z 值有较为明显的波动。我们根据 Z 值的构成，发现其波动受到 ROA 和 EA 的共同影响，2017 年中国银行业的资产回报率略有上升，而上市银行的杠杆率也略有上升，反映出该年中国银行业盈利水平有所上升，但上市银行的杠杆风险也在上升，Z 值相较 2016 年都有所提高。在与我国上市银行的平均 Z 值进行比较中，我们发现，中国银行业的 Z 值一般都高于上市银行的 Z 值，反映出上市银行也许因"太大而不能倒"而没有积极采取风险预防措施。

我们接下来使用更为传统的银行不良贷款率观察银行的稳定程度，如图 2 - 2 所示。不良贷款率的趋势变化显得更为明显，反映出持续改善的过程，从 2001 年中国银行业平均不良贷款率高达约 14.02％，逐年减少到 2011 年平均不足 1％，体现出我国银行业改革中呆坏账剥离对银行风险的显著改善，以及银行对不良贷款风险控制水平的逐步提高。但是，2011—2016 年我国银行业的平均不良贷款率呈现轻微的上升趋势，到 2016 年为 1.66％，反映出银行贷款风险可能由于经济下行的压力而增大，到 2017 年不良贷款率有所改善，下降为 0.88％。上市银行的不良贷款率在绝大部分年间低于全体银行业平均水平，特别是 2008年以后。而在 2017 年又略有上升，上市银行平均不良贷款率为 1.60％，低于银行业平均水平 0.88％。

如图 2 - 3 所示，我国银行业的坏账准备金率基本稳定在 2％ ~3％。但自 2009 年后，我

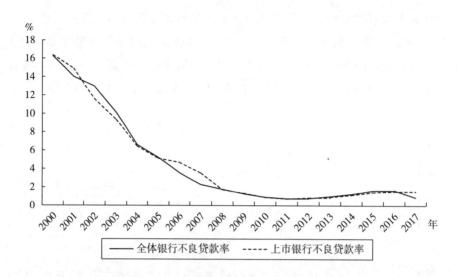

图2-2　银行业不良贷款率（2001—2017年）

国的坏账准备金率逐渐升高，到2017年上升到3.20%。这一趋势一方面表现出银行面临的潜在风险可能上升，迫使银行提高坏账准备金，但同时也表现出银行应对可能出现的损失的能力有所增强。就坏账准备金率方面，上市银行和银行业平均水平在近年来非常相似，这说明在这一方面上市银行对我国银行业的普遍情况有较高的代表性。在金融危机之前，上市银行坏账准备金率远远大于银行业平均水平，由于在2009年之前我国的上市银行数量较少，上市银行坏账准备金率的变化趋势与全体银行业有较大差异。

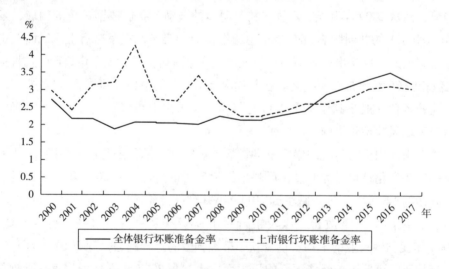

图2-3　银行业坏账准备金率（2001—2017年）

　　银行业的平均流动性经历先下降再上升而后又下降的变化，特别是自2004年到2011年，流动性表现出持续上升，反映出银行资产并未过度集中于风险更高的贷款，同时体现出银行有更多的资源可以满足储户提取存款的需求。另一方面，流动资产比重的提升，有利于银行获得更为安全稳定的收益，同时降低银行的融资成本。不过，我们注意到 2012 年后，银行业的平均流动性出现明显的下降，到 2017 年持续下降至 10.68%。上市银行平均流动性自 2012 年起，也呈现逐年下降态势，且上市银行的流动性水平低于全体银行业平均水平。2017 年，上市银行流动资产占总资产的比率为 8.49%，而银行业的平均流动性为 10.68%，这说明上市银行可能拥有更多流动性风险相对更高的资产（见图 2 - 4）。

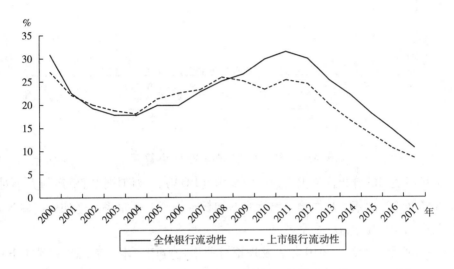

图 2 - 4　银行业流动性（2001—2017 年）

与许多研究文献一致，我们使用杠杆率衡量银行业的资本充足程度，发现银行业平均杠杆率总体上表现出先下降后升高的趋势，如图 2 - 5 所示，特别是在 2005—2009 年中国银行业的杠杆率从 5.22% 上升到 9.29%，反映出银行对于负债的依赖程度下降，而使用自有资本提供信贷的能力上升。但是，2009 年后银行资本充足程度有比较明显的下降趋势，2017 年为 7.02%。大多数年份中，上市银行的资本充足程度明显低于银行业平均水平，而在 2017 年较高，以杠杆率作为衡量，上市银行资本充足程度平均为 7.51%，而同期我国银行业的平均水平为 7.02%。近年来，受利率市场化和资本充足率监管加强的影响，银行业持续通过业务创新扩大利润来源。从银信合作、银保合作、买入返售等途径投资非标资产，逐步发展到同业、委外业务的快速增长，使得银行表外资产规模迅速扩张。这些业务创新使得银行业杠杆水平不断提升，不仅加剧了金融系统性风险，也影响资金服务于实体经济，同时推高了实体经济的资金成本。为有效治理银行业长期以来存在的问题，监管机构持续出台监管措施，监管力度持续升级。2017 年第一季度宏观审慎评估体系（MPA）考核时，正式将金融机构表外理财纳入广义信贷范围。

（二）中国银行业发展水平分析

下面我们讨论中国银行业发展程度的变化。为了避免使用单一指标可能带来的偏误，我们同样使用五个分指标衡量银行业各方面的发展水平。

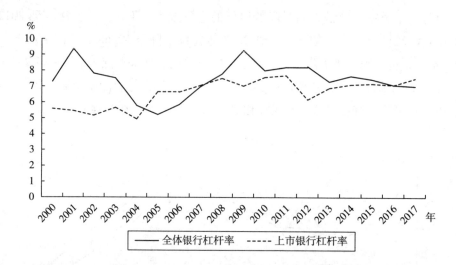

图 2-5 银行业杠杆率（2001—2017 年）

第一，我们使用的分指标是银行资产回报率（ROA），我们按银行资产的大小对每一银行的资产回报率进行加权，从而算得银行业的加权平均资产回报率。平均资产回报率越高，反映银行业的经营状况和盈利水平越高。

如图 2-6 所示，2000—2010 年，发现银行业平均资产回报率表现出持续上升的趋势，显示出银行经营状况的改善，使得资产得以更有效地被利用，为银行制造更高的收益。但是在 2010 年后，平均资产回报率的上升势头趋缓甚至略有下降，显示银行收益较以往有所降低。受 2015 年人民银行五次降息并开放存款利率浮动区间上限的影响，市场利率中枢下行，导致银行业存款付息率较之前年度大幅下降。同时，随着我国利率市场化进程持续推进，以及受 2016 年 5 月 1 日的"营改增"政策等多因素影响，银行业生息资产收益率水平也大幅

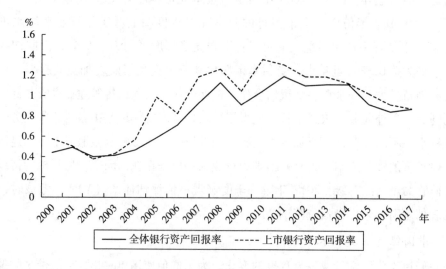

图 2-6 银行业加权平均资产回报率（2001—2017 年）

下降。在流动性稳定以及市场竞争加剧的环境下，商业银行的利差空间被逐步压缩。2016年下降至0.85%，为自2009年后的最低水平，但在2017年有所回升，上升至0.88%。上市银行的资产回报率趋势与整个银行业相一致，但绝对值始终领先于银行业整体。

第二，我们使用类似的指标，即银行业加权平均资本收益率来观察我国银行业的发展状况（见图2-7）。总体上看，平均资本回报率与平均资产回报率的趋势非常相似，都在2010年之前表现出上升的趋势，而之后出现明显的下降，显示银行业经营状况出现持续恶化，2016年下降至12.00%，2017年小幅上升为12.83%。以上两个指标显示，就银行业的经营收益而言，我国银行业近年来走势持续下降，主要原因在于受金融脱媒、息差收窄的影响，银行盈利能力下降。上市银行营业收入微幅增长甚至负增长。

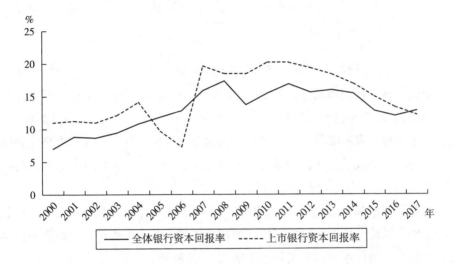

图2-7 银行业加权平均资本回报率（2001—2017年）

第三，我们使用非利息收入占总收入的比率，来观察银行经营范围的多样化程度。更高的非利息收入，可以被理解为银行对传统业务的依赖程度降低，呈现更为稳健的多样化发展，银行业非利息收入占比如图2-8所示。

我们发现，我国银行业的平均非利息收入占比，总体趋势在2012年以前围绕着大约10%的中间值上下波动，这被解释为我国银行业依然高度依赖传统的贷款业务，利息收入是银行的主要收入来源，而非传统业务对银行收入的贡献则较为有限。但自2012年起，该指标逐年上升，全体银行业至2016年达到24.74%，主要原因在于为缓解盈利能力下降的压力，银行业盈利结构逐步由传统公司业务为主，向公司业务、零售业务和金融市场业务平衡发展转变，非利息收入占比才显著提升。随着社会财富的增加，居民和企业对于资金管理和金融交易的需求快速增长，推动银行创新产品和服务日益丰富，加之利率市场化、互联网金融背景下商业银行存在向轻型银行转型的内在要求，银行中间业务持续增长。在信息科技高速发展和金融需求多样化态势下，未来中间业务创新将推陈出新，"大投行"业务将继续快速发展，托管服务将逐步多元化，理财业务逐步向开放式净值型产品加快转换，中间业务将

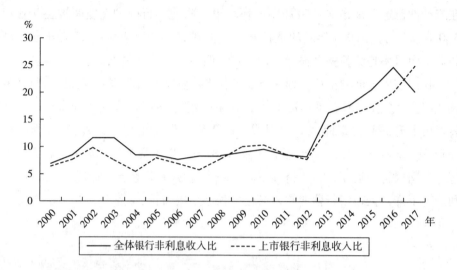

图 2 - 8 银行业非利息收入占比（2001—2017 年）

成为我国商业银行新的盈利增长点。但 2017 年全体银行业的非利息收入比下降为 20.24%，上市银行平均值在 2017 年达到 24.95%。这显示我国包括上市银行在逐步拓宽盈利方式，对传统贷款业务依赖性有所降低。就非利息收入占总收入这一比率，我们发现在金融危机之后，上市银行的非利息收入占比低于银行业平均水平。以 2016 年为例，上市银行非利息收入比为 17.45%，而银行业平均水平则为 24.74%。

第四，与通过观察非利息收入分析银行收入多样化程度相似，我们观察了非存款负债在总负债中的占比，以此分析银行融资对传统储蓄的依赖。该比率越高，意味着银行融资渠道的多样化程度越高。银行业非存款负债占比如图 2 - 9 所示。

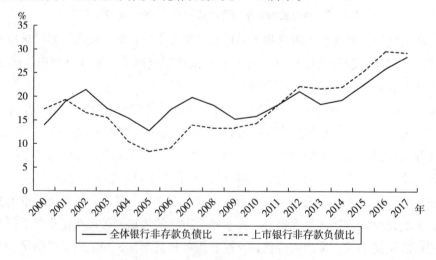

图 2 - 9 银行业非存款负债占比（2001—2017 年）

我们发现，在 2010 年前非存款负债比存在一些阶段性的波动，但 2010 年后逐年上升。

2017 年，该指标上升至 28.47%，较 2016 年的 25.94% 上升了 2.53 个百分点。这一结果反映出，存款依然是我国银行业获得融资的主要来源，银行通过非存款方式获得融资的程度尽管有所上升，但依然处于较低水平，这一侧面反映出非存款融资的途径还没有得到很好的运用。我们发现在 2012 年之前，大多数时间上市银行的该指标都低于银行业的平均水平。而自 2012 年之后，上市银行非存款负债比显著高于银行业平均水平。

第五，我们通过观察银行市场结构，即集中程度，分析银行业的发展情况。如果集中程度降低，可能反映出竞争程度的上升，资源可能由于竞争的升高而得到更优化的配置。我们使用赫芬达尔—赫希曼指数（赫氏指数，HHI），即对银行资产占市场总资产的比率求平方后加总，反映市场集中程度。我国银行业内多种形式的金融机构并存。自加入世界贸易组织后，我国银行业于 2006 年底对外资银行全面开放。目前，外资银行在我国省市普遍设立营业机构，形成具有一定覆盖面和市场深度的总行、分行、支行服务网络。在外资银行在国内快速布局的同时，银监会积极推动民营银行试点工作，不断提升银行业对内开放水平。民营银行试点始于 2014 年，首批设立 5 家，分别为网商银行、微众银行、民商银行、华瑞银行、金城银行。2015 年，银监会表示对民营银行申设不再设限，按照成熟一家设立一家的原则来推进新设民营银行的工作。2016 年，重庆富民银行、四川希望银行、湖南三湘银行等多家民营银行相继获批，未来将会有更多民营资本进入银行业。赫氏指数持续降低的趋势也表现出近 16 年间，我国大银行市场份额减少而中小银行市场份额相对上升，市场竞争程度不断提高（见图 2-10）。

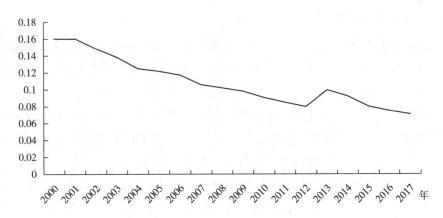

图 2-10 银行业赫氏指数（HHI）（2001—2017 年）

综合以上分析，我们认为，总体而言，中国银行业的风险水平在 2017 年较 2016 年有所改善。但就各个衡量稳定和发展的分指标而言，我们发现银行业流动性在 2017 年进一步下降，表现出恶化的趋势，同时，全体银行业的非利息收入占比相比前一年也有所下降，上市银行的不良贷款率的提高和利润率的下降也值得警惕。

五、中国银行业潜在风险隐患分析

银行业作为国民经济核心产业，与宏观经济发展具有高度相关性。近年来，我国经济增长速度自然放缓，但随着结构转型、深化改革等措施的推进，我国宏观经济将逐步探底企稳，在合理的增速区间内保持可持续发展。据 Wind 资讯，按支出法衡量，2017 年我国国内生产总值（GDP）为 812 038.1 亿元，比上年增长 6.9%，人均国内生产总值（人均 GDP）为 59 660 元，比上年增长 6.2%，增长处于近年来较低水平，也说明我国经济正处于底部企稳阶段。随着宏观经济增速的放缓，我国银行业正由过去十余年规模、利润高速增长的扩张期，经营情况总体保持平稳。中国人民银行实施稳健中性的货币政策，相机提高公开市场操作、中期借贷便利（MLF）、常备借贷便利（SLF）利率，市场利率有所上行。监管部门把防控金融风险放到更加重要的位置，对银行业金融机构开展专项治理，金融监管趋严。在上述多重因素的作用下，2017 年我国银行业资产规模继续稳步增长。尽管受宏观经济环境影响，银行资产质量有所下降，但整体风险可控。为抵御各类风险的发生，近年来我国商业银行加大了不良贷款的拨备及核销力度。

数据显示，2017 年我国银行业流动性有所下降，同时非利息收入占比也有恶化趋势，而上市银行的不良贷款率有所升高，银行业的资产回报率和资本回报率近年来呈现下降态势。这些都是我国银行业在 2017 年凸显出的风险，需要在 2018 年警惕进一步的恶化。目前，我国银行业所面对的主要风险在以下几个方面。

（一）流动性水平下降

根据上面的指标变化，我们可以看到，2012 年后，银行业的平均流动性出现明显的下降，由 2012 年的 29.96% 持续下降至 2017 年的 10.68%。流动性指标以每年 3% 左右的速度恶化，成为近些年来银行业风险的主要因素。流动性下跌背后的原因是多层次的：

第一，从资产端来看，随着央行对新增贷款管控加严，很多商业银行加大了主要由信托计划、理财计划构成的应收账款类投资，但其底层资产中用于发放贷款和垫款的比例较高，当出现流动性不足时，这部分流动性较差的资产难以快速变现。

第二，从负债端来看，随着利率市场化的深入推进和互联网金融的迅猛发展，银行存款竞争进一步加剧。为了缓解存款增长压力，商业银行加大了同业存款、拆入资金、卖出回购等主动负债力度，根据央行公布的数据，截至 2017 年 9 月末同业负债占比为 13.3%，其中股份制商业银行和城市商业银行同业负债占比分别达到 16.9% 和 16.0%。中小银行主要通过期限错配获得利差，通过发行短期同业存单获取资金再购买长期的同业理财或进行其他长期投资。一般同业负债和同业存单在内的短期批发性融资稳定性通常比较差，一旦同业负债或同业存单密集到期但又无法及时筹集资金时，银行将面临较大的流动性风险。

第三，在杠杆方面，根据我们计算的杠杆率指标，全体银行业杠杆率为 7.02%，虽然没有低于 4% 的监管要求，但实际的杠杆水平仍然较高。在当前金融去杠杆的影响下，部分高杠杆运作的银行可能面临超常规的资金需求，宏观审慎评估体系（MPA）的资本和杠杆考核也将会对商业银行流动性风险管理提出更高要求。

第四，目前我国商业银行的理财业务发展迅猛，根据银行业理财登记托管中心公布的《中国银行业理财市场报告》，截至 2017 年底，全体银行业理财总规模达到 29.54 万亿元，同比增长 1.69%。理财业务一直存在"刚性兑付"的隐性担保，银行自身实质上承担了流动性风险，部分银行为提升理财收益率，大量运用杠杆或期限错配，在理财产品到期需要偿付投资人理财收益时，将极大地影响流动性。

第五，近年来，国内经济增长放缓，房地产、水泥、钢铁等行业出现产能过剩现象，而大部分投资资金都来源于银行信贷，具有很高的信用风险。随着行业进行周期性调整以及市场需求发生变化，信贷资产质量存在一定下行压力，资金回收困难，将对银行的流动性造成一定影响。从我们计算的指标可以看到，上市银行 2017 年不良贷款率为 1.60%，较 2016 年有所升高，不良贷款的上升，使得信贷资产流动性进一步下降，进而影响银行流动性。

2017 年 12 月 6 日，银监会发布《商业银行流动性风险管理办法》（修订征求意见稿），在 2015 年 9 月发布的试行管理办法基础上再次进行修订。关于银行业，修订主要针对两类问题：一是同业负责依赖度、期限集中度；二是资产负债期限错配。政策意图上，抑制同业业务、鼓励回归传统存贷业务，不鼓励资管产品投资、支持实体经济等方向明确，也是 2017 年一直监管思路的延续。所以，在严监管的背景下，流动性风险的上升，有可能在未来形成系统性风险并危及金融稳定，商业银行需提升流动性风险管理能力，完善流动性风险管理体系，优化资产负债结构。

第一，从资产端考虑，可从提高效率和优化结构两方面着手，一方面，退出"僵尸企业"贷款等无效资金的占用，提升资金使用效率；另一方面，进一步压缩同业业务，提升贷款占比，如加大对普惠金融领域的信贷投放。第二，从负债端考虑，应积极争取一般性存款，特别是要向零售客户发力，提升零售存款占比；同时，还可通过发行债券、资产证券化等方式来获取长期资金，进而提高可用的稳定资金来源。第三，还要及时做好流动性指标的监测。根据业务规模、性质、复杂程度及风险状况，采用适当的监测和预警指标，明确每一个指标的监测频度、预警限额，监测资产流动性的变化特别是可能引发流动性风险的特定情景或事件，前瞻性地分析和预判其对流动性风险的影响。

（二）非利息收入占比下降

从非利息净收入看，占比较大的手续费及佣金收入在"降费让利"的大背景下有所下降，加上监管新规对银行理财业务的规模扩张产生约束，投资收益类非利息收入下降，两者共同导致非利息收入增速放缓乃至下降。

2017 年以来，监管趋严对银行中间业务收入的负面影响较大，主要影响因素包括费转息的收入确认变化、理财规模增长放缓带来的中收下降以及"营改增"，减税让利，保险新政等。同时，我们也应该注意，上市银行的收入结构正在持续改善。据 Wind 资讯，以工商银行为例，

2017 年第一季度实现手续费及佣金净收入 410 亿元，占营业收入的 24.32%，比 2016 年同期提升了 1.73%。而且，随着存贷款利率受降息影响的基本释放以及"营改增"等因素的逐步减弱，如果同业利率没有大幅上行，预计银行非利息收入下降的势头将得到扭转。

（三）利润率下降

从我们计算的 ROA 和 ROE 指标来看，我国银行业的平均资产回报率从 2011 年的 1.2% 下降至 2016 年的 0.85%，2017 年相较上年有些许提升达到 0.88%，而上市银行也呈现出 1.31% 至 0.88% 的直线下降趋势。平均资本回报率近年来的表现也同样差强人意，全体银行业的 ROE 指标从 2011 年到 2017 年下降了 4.05 个百分点，上市银行的资本回报率也从 20.15% 跌落至 12.14%。利润率的下降虽然在近两年内有所缓和，但下降的趋势仍然比较明显，2015 年以来的多次降息，使得息差缩小，伴随资产质量下行和不良率上升的压力，银行利润率出现了增速放缓甚至下滑。此外，国际金融危机之后"四万亿"财政扩张导致市场不能出清，仍然有大量资金流向夕阳行业、产能过剩行业，而这些行业在之后数年的经营不善使得银行难以收回贷款，甚至由于政策原因持续向相关企业输血，这些国有企业的经营状况不佳，进一步降低了上市银行的盈利水平。

2017 年可谓是银行业的监管年，当年 4 月银监会密集出台了七个监管文件，内容包括涉及了提升银行业服务实体经济质效、银行业市场乱象整治、银行业风险防控、弥补监管短板，以及开展"三违反"（违法、违规、违章）、"三套利"（监管套利、空转套利、关联套利）、"四不当"（不当创新、不当交易、不当激励、不当收费）专项治理等，主要针对银行信贷业务、同业业务、理财业务三大类，对银行的理财和同业业务影响十分深远。目前，整体经济下行压力仍然存在，互联网金融继续向银行业核心业务渗透、利率市场化进程持续推进、银行利润空间进一步压缩，使得商业银行利润增速继续呈现疲软态势。展望未来，净利润绝对额的增长或将趋缓，增长速度在实体经济没有发生显著好转的情况下也不大可能明显地提高。

（四）不良贷款率上升

上市银行不良贷款率近年来呈现轻微的上升趋势，2011 年不良贷款率为 0.73%，2017 年则升至 1.60%。表面来看，全体银行业的资产质量较好，但实际来看这种认识是有误区的：其一，当前中国银行业的不良资产规模庞大，高于世界金融发达国家的平均水平；而且，银行机构还存在隐藏不良资产的情况。其二，中国四大银行及股份制银行等主要的商业银行均已上市，基于股东考核及监管考核的双重压力，难免出现一些不良资产分类不清，会计科目处理及将不良资产移到表外等违规现象，以降低不良资产率规避金融监管。其三，中国银行业的表外理财资金数额巨大，借助信托、基金、券商等通道实行变相放贷业务，这类业务风险与传统信贷风险并无差异，这类影子银行的不良资产规模也加剧了风险。近年来信托兑付危机不断频发，涉案金额越来越大，影子银行的资产质量堪忧，金融监管机构需要对银行隐匿不良资产的情况加强监管。

2016 年至 2017 年，虽然信贷风险仍有暴露，整体信贷资产质量继续下滑，但风险暴露已经放缓。总体上，上市银行不良贷款率的上涨相较 2015 年信贷风险显著爆发的趋势还是得到了一定的缓解。

综上所述，2017 年中国银行业在强监管下，虽然流动性、盈利及资产质量均存在一定压力，但风险总体可控。

我们知道，中国金融行业增加值占国内生产总值的比例已达高位，长期高速且粗放的发展，滋生出了程度不一的风险隐患。近些年来，从暴露出来的风险案例可以看出，影子银行业务是导致资金脱实向虚的罪魁祸首。各种金融产品层层嵌套，多种业务模式叠床架屋，服务实体经济渐行渐远，金融风险慢慢集聚。要想防止"黑天鹅"飞舞，避免"灰犀牛"冲撞，就必须切实加强和改善金融监管。所以，未来强监管仍将是我国金融政策主旋律，将对银行业发展产生重要影响。央行货币政策保持稳健中性，金融市场利率有所上移，强监管下的风险管理意识加强将使商业银行放缓信贷扩张速度，且金融监管加强带来的监管成本上升将继续制约银行盈利能力。

第二节 证券业安全评估

一、评估体系与指数构建

（一）引言

针对证券业的金融安全评估，我们根据证券业机构的业务特点，也从稳定和发展两个角度综合考虑，结合数据的可获得性和可比性，构建了适用的评估指数。本部分以证券公司为考察对象，但由于数据的可获得性问题，将以国内 A 股上市的证券公司作为替代。

（二）指标体系

我们使用不同指标来反映中国证券业的稳定水平和发展水平，指标定义及来源详见表 2-6。具体来说，衡量稳定水平包括如下指标：

Z 值：其计算公式与银行业 Z 值的计算公式相同，分子为资产收益率和资本充足率之和，分母为资产收益率的波动，表示证券公司自有资本不能偿付利润损失的概率的倒数。Z 值的经济学解释为公司距离破产的距离，Z 值越高，表示证券公司越稳定，反映其面临的违约或破产风险越低。

资本充足率：指所有者权益对资产的比率又称资本与资产总额比率，用来反映证券公司自有资本占总资产的比重。该比率把资本金需要量与证券公司的全部资产等相联系。一般而言，该指标越高，反映公司抵御风险的能力越高。

发展指数的构成指标如下：

资本收益率：即税后利润对证券所有者权益，又称股东权益报酬率。该指标也可以反映公司自有资本获得收益的能力即单位资本创造多少净利润。该指标越高，表明证券公司自有资本的利用效率越高。

业务多元化程度：用行业代理买卖证券业务净收入在总收入中的比重来衡量，反映行业业务的多样化程度。就目前中国的情况来看，该指标越低，说明行业发展越脱离传统业务，通过业务创新实现多样化经营和差异化竞争的趋势，行业发展指数也就越高。由于数据可得性原因，该指标从2007年开始统计。

市场集中度（CR5）：我们采用市场前五大证券公司资产份额占市场总资产的比率表示。CR5越高，显示银行市场集中程度越高，竞争程度越低。我们认为，集中程度越低、竞争程度越高，对我国和其他发展中国家而言，显示证券业发展程度的进步。由于数据可得性原因，该指标从2007年开始统计。

表2-6　　　　　　　　　证券业安全评估指标定义及来源

项目	指标名称	指标定义	判断标准	数据来源
证券业稳定水平	Z值	[（ROA+CAR）/σ(ROA)]	越高越好	CSMAR
	资本充足率	所有者权益（总资本）/总资产	越高越好	CSMAR
证券业发展水平	资本收益率	税后利润/所有者权益	越高越好	CSMAR
	业务多元化程度	主营业务收入/总营业收入	越低越好	证券业协会
	市场集中度	前五大公司资产份额/市场总资产	越低越好	证券业协会

二、证券业安全评估

我们通过表2-7报告以上指标在2000—2017年的变化。

表2-7　　　　　　　2000—2017年中国证券业各项稳定与发展指标

年份	Z值	资本充足率	资本收益率	业务多元化程度	市场集中度
2000	2.38	0.41	−0.01	—	—
2001	2.99	0.52	0.02	—	—
2002	2.66	0.49	−0.08	—	—
2003	2.99	0.51	0.02	—	—
2004	2.89	0.51	−0.08	—	—
2005	2.46	0.46	−0.16	—	—
2006	1.53	0.36	0.06	—	—
2007	2.08	0.30	0.43	0.75	0.28
2008	1.18	0.23	0.11	0.71	0.28
2009	1.04	0.16	0.12	0.69	0.32
2010	1.36	0.21	0.10	0.55	0.25
2011	3.10	0.40	−0.15	0.51	0.27
2012	2.33	0.41	0.03	0.39	0.28

续表

年份	Z值	资本充足率	资本收益率	业务多元化程度	市场集中度
2013	2.61	0.41	0.06	0.48	0.31
2014	1.63	0.27	0.04	0.40	0.31
2015	1.64	0.24	0.19	0.47	0.30
2016	1.63	0.27	0.07	0.32	0.40
2017	1.77	0.28	0.06	0.26	0.38

接下来我们计算行业的稳定指数与发展指数，以及合成的行业安全指数。其中，行业稳定指数包括行业Z值和资本充足率；行业发展指数包括行业资本收益率、业务多元化程度以及市场集中度。在合成行业安全指数时，我们首先对指标进行同向化处理（将业务多元化程度和市场集中度转换为指标越高越好），然后运用功效系数法对所有指标进行转化，在分别计算出行业稳定指标和行业发展指标均值后，按70:30的权重计算证券行业安全程度的总体评价，分值越高代表安全程度越高、风险水平越低。具体结果如表2-8所示。

表2-8　　　　　　　　　　中国证券业各项稳定与发展指标评分

年份	证券业稳定水平指标		均值	证券业发展水平指标			均值	总体评价
	Z值	资本充足率		资本收益率	业务多元化程度	市场集中度		
2000	86.04	87.55	86.79	70.28	—	—	70.28	81.84
2001	97.85	100.00	98.93	72.00	—	—	72.00	90.85
2002	91.53	97.21	94.37	65.03	—	—	65.03	85.57
2003	97.91	99.51	98.71	71.82	—	—	71.82	90.64
2004	96.00	98.51	97.25	64.96	—	—	64.96	87.57
2005	87.56	93.95	90.75	60.00	—	—	60.00	81.53
2006	69.46	82.38	75.92	74.99	—	—	74.99	75.64
2007	80.14	75.18	77.66	100.00	60.00	92.39	84.13	79.60
2008	62.76	67.81	65.28	78.45	63.67	91.35	77.82	69.05
2009	60.00	60.00	60.00	78.88	64.90	79.87	74.55	64.37
2010	66.24	65.21	65.73	77.54	76.33	100.00	84.62	71.39
2011	100.00	87.02	93.51	60.17	79.86	94.05	78.03	88.87
2012	85.16	88.26	86.71	72.46	89.44	91.52	84.47	86.04
2013	90.49	87.49	88.99	74.99	82.30	84.66	80.65	86.49
2014	71.55	72.01	71.78	73.51	88.31	83.04	81.62	74.73
2015	71.68	69.04	70.36	83.86	83.03	86.36	84.42	74.58
2016	71.46	72.38	71.92	75.70	95.10	60.00	76.94	73.43
2017	74.18	73.48	73.83	74.81	100.00	65.79	80.20	75.74

从我国证券业安全程度的总体趋势看，自2000年开始，我国证券业的安全状况表现出

周期性的变化，在 2000—2003 年、2009—2011 年这两个区间呈现上升趋势，而在 2003—2009 年、2011—2016 年这两个区间呈现下降的趋势，而 2017 年上升进入新的周期。从总体表现来看，安全指数在 2009 年达到历史最低水平（64.37），在此之后逐年上升，2011 年达到相对高点 88.87，之后又继续恶化直到 2017 年有缓和趋势。2017 年评分分值上升至 75.74，处于周期性上升阶段，显示证券行业安全程度在经历几年低谷后开始逐步提高，但总体水平仍不高，需要决策者对证券市场风险保持警惕。以上评价是我国证券业安全水平相对自身变化的纵向比较，下面我们结合使用的具体指标逐一观察。

（一）中国证券稳定水平分析

我们首先用 Z 值观察证券市场的稳定程度。Z 值是公司金融文献中经常使用的一种衡量公司稳定的指标，其具体构建为

$$Z = \frac{ROA + CAR}{\sigma(ROA)}$$

其中，ROA 代表各公司的平均资产收益率，CAR 代表平均资本充足率，用所有者权益对总资产的比率进行估算。$\sigma(ROA)$ 代表各公司年度 ROA 数据的标准差。我们首先按上面的公式计算每家公司每年的 Z 值，然后计算中国证券业的平均 Z 值。图 2–11 为我国证券业平均 Z 值在 2001—2017 年的变化情况。

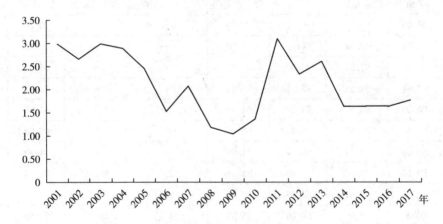

图 2–11 证券业 Z 值（2001—2017 年）

可以看到，Z 值从 2003 年后逐渐下降，于 2009 年达到最低值。之后，Z 值总体表现出逐年升高的趋势，这种稳定程度的改善在 2011 年达到一个阶段的最高值，而此后 Z 值逐渐下降，反映出稳定程度有所恶化。2017 年，Z 值较前一年有小幅上升，相比 2016 年上升 2.72。我们根据 Z 值的构成，发现其上涨受到 CAR 小幅上升影响，该指标 2017 年较前几年上升，反映出 2017 年以来证券杠杆风险得到改善。

进一步地，我们考察资本充足率水平，发现该指标总体上表现出先下降后升高的趋势，特别是在 2009—2012 年从 0.16 上升到 0.41，反映出证券公司对于负债的依赖程度下降，而

使用自有资本提供信贷的能力上升。但是，2012 年后证券资本充足程度呈逐年下降趋势，并且在 2015 年下降至 0.24 的阶段性低点。虽然 2017 年相对于 2015 年有连续回升，但从整体上看仍然显示证券行业负债水平处在一个相对的高位（见图 2 - 12）。

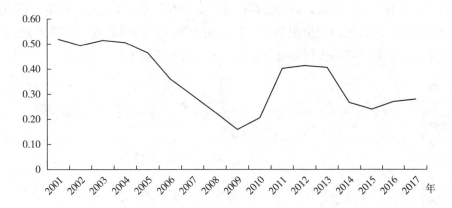

图 2 - 12　证券业资本充足率（2001—2017 年）

（二）中国证券业发展水平分析

下面我们讨论中国证券业发展程度的变化。为了避免使用单一指标可能带来的偏误，我们同样使用三个分指标衡量证券业各方面的发展水平。

我们第一个使用的分指标是证券公司资本收益率，指标越高，反映证券业的经营状况和盈利水平越好。

总体上看，资本收益率自 2005 年跌入谷底以来呈上升趋势，在 2007 年达到历史相对高点后迅速回落，2009 年有所平缓以后又继续下滑。在 2011 年达到阶段性低点后开始呈现上升态势，但 2017 年证券行业 6% 的平均资本收益率相比于前两年有下降趋势，说明我国证券行业在 2017 年盈利情况一般（见图 2 - 13）。

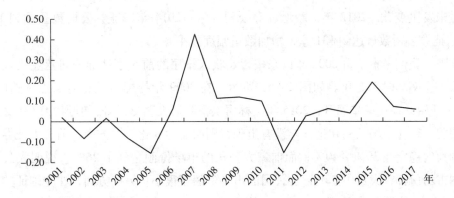

图 2 - 13　证券业资本收益率（2001—2017 年）

近几年来，随着金融衍生品市场的不断发展以及互联网金融的兴起，各证券公司加快了业务收入多元化的脚步。如图 2-14 所示，2007—2012 年，证券公司代理买卖证券业务净收入占比逐年下降，一些新兴业务，如财务顾问业务、投资咨询业务以及资产管理业务等收入比重逐年提高。而 2012 年到 2015 年代理买卖证券业务收入占比围绕着 40% 左右波动说明市场对于新兴业务有了一定监管，证券公司代理买卖证券业务净收入保持稳定。在 2017 年，代理买卖证券业务收入占比出现历史新低，但是从业务收入构成来看，2017 年经纪业务收入依然是主力，含金量较高的投行和投资业务收入表现则不够出色。

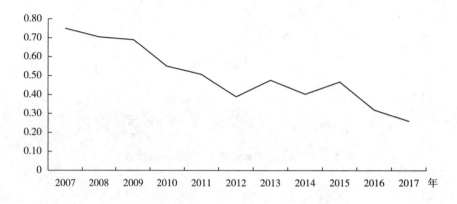

图 2-14 证券业主营业务收入占比（2007—2017 年）

长期以来，我国证券行业面临内外部双重竞争。国内方面，由于证券业的主要功能是为证券投资提供交易通道与交易平台，因此各证券公司业务和产品的同质性非常强，这导致同业竞争对行业的持续发展造成不利影响。近年来，随着网上证券交易的日益普及，以及互联网证券的深入发展，交易佣金呈现出明显的下降趋势，这迫使证券公司必须开拓更广阔和更细分的业务领域。国外方面，随着中国加入世界贸易组织，中国证券业还面临入世后的外部竞争，一些国际著名证券公司如高盛、瑞银等在中国设立合资公司，行业竞争格局进一步变化。就证券公司数量来看，据证券业协会数据表明，2008 年证券公司共有 108 家，后续 4 年这一数量未发生变化。2012 年，新增证券公司 6 家；2014 年，证券公司数量达到 119 家。2017 年，证券公司数量达到 131 家，增加数量幅度较小。

接下来，我们考察了自 2007 年以来按营业收入排序的前 5 家证券公司营业收入占全行业营业收入比例的时序变化。如图 2-15 所示，在 2009 年指标位于相对高点，随即走低；从 2010 年开始，占比逐步回升；2015 年指标再次下降后又明显回升，但到 2017 年又开始下滑。这表明，行业市场结构在这几年没有出现特别明显的变化。一方面，前五大证券公司的市场份额大致稳定在 30%~40%，而前三大公司的市场份额达到了 26%，说明大公司占据了较大的市场份额，大量中小型证券公司的市场份额还很小；另一方面，在全国证券公司数量没有发生多少变化的情况下，市场竞争并没有导致市场份额的进一步分散，相反还出现了一定的集中化（见图 2-15）。

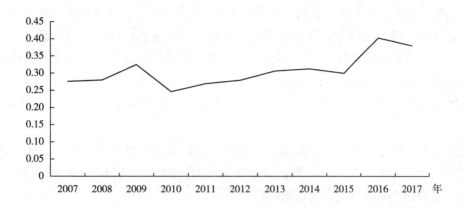

图 2 – 15　证券业市场集中度（2007—2017 年）

三、中国证券业潜在风险隐患分析

2017 年，证券业 131 家券商实现营业收入 3 113.28 亿元，净利润 1 129.95 亿元，120 家公司实现盈利，处于历史一般水平。2017 年证券行业稳定指数和发展指数均有所上升，因此证券行业安全指数也相较 2016 年上升。从中国证券业的发展现状来看，我们认为当前和未来的行业风险主要源于以下几方面。

（一）上市券商分化严重

从 2017 年上市券商经营数据来看，22 家已披露年报的上市券商合计实现归属于母公司净利润 755.1 亿元，同比增长 2.4%，好于行业 – 8.5% 的净利润同比表现。2017 年证券行业中共有 11 家券商实现净利润同比正增长，其中营业收入排名前五位的公司共实现营业收入 1 380 亿元，占整个行业营业收入的 48.5%，同时前五位的公司共实现净利润 508.3 亿元，占整个行业净利润的 53.3%。行业龙头凭借大规模的客户基础和充足的资金来源，或将进一步拉大行业分化，成为行业的主要驱动力，而中小券商的盈利能力将会受到巨大挑战。

在证券行业市场整体增速放缓的背景下，券商的业绩增长大多依赖于份额增长和收益率的提升，这就使得综合业务实力更强的大型券商更具有竞争优势。其次，由于证券行业的牌照类业务在不断同质化，企业难以从中形成竞争优势，因此以客户为中心的资管业务逐渐成为行业龙头核心竞争力的关键。具体而言，业务结构均衡、综合竞争力占优的龙头券商业绩稳定性突出，优势业务特色显著、融资补充资本实力的区域型券商业绩具有相对优势，经纪业务占比较高、业务模式传统的区域型券商面临较大业绩下滑压力。再者，根据新的证券分类评级管理办法，大型券商的评级高于小型券商，具有先发优势，在国际化发展和新经济发展政策下大型综合券商具有更多机会。

（二）收入结构转型

根据业务多元化程度指标，可以看出行业龙头的业务结构均趋向多元化和均衡化。2017

年证券业的各项业务分化严重，自营业务和资管业务有所上升，但传统的经纪业务和投行业务有较大幅度的下降。2017 年，证券行业分业务收入居于前三位的依次为自营、经纪和投行，经纪业务占比首次跌至第二位。经纪、自营、投行、资管、利息、其他业务净收入分别为 508.4 亿元、814.3 亿元、276.6 亿元、238.2 亿元、233.6 亿元、308.0 亿元，收入占比分别为 21%、34%、12%、10%、10%、13%，同比增速分别为 – 19%、90%、– 17%、13%、– 3%、46%。

经纪业务下滑的原因在于，报告期内沪深两市日均成交金额同比下滑 11.7%，两市成交金额持续缩水，传统的经纪业务市场竞争环境激烈，同时市场佣金率同比下滑 16.7%，佣金率下滑对经纪业务也造成一定负面影响。

上市券商 2017 年自营收入同比增长 89.6%，自营总投资资产合计 15 830.3 亿元，同比增长 9.8%，主要在于 2017 年权益市场回暖，整体的自营投资环境要比 2016 年更好，因此大部分券商权益资产配置规模同比提升，同时也导致经纪业务占比下降。

随着 2017 年金融去杠杆、清理资金池等监管要求落地，整体券商的资管规模有所下降，2017 年末，证券行业资产管理规模达 16.9 万亿元，同比 2016 年末下降 3.9%。在严监管的背景下，券商的资管业务回归主动管理，进入优胜劣汰的阶段。

随着自营业务投资方向倾向多元化，资管业务进入优胜劣汰的发展阶段，传统的经纪业务面临的竞争日趋激烈，可能会导致以传统业务为主的券商面临收入结构转型的风险。

（三）金融监管加强

监管趋严，使金融市场的整体流动性趋紧。2017 年整个金融行业的监管十分严厉，从财政部和"一行三会"发布法律法规的数量和强度都可以看出，而且监管的措施实施已经得到一定的效果。2017 年证监会发布了 6 条法令和 15 号公告，包含投资、证券机构和基金等各个方面的监管。其中控制风险类的法律法规占比较高，2017 年 7 月出台的投资者适当性管理办法，要求低风险承受能力者不能进行高级别的风险投资。2018 年资管新规落地在即，其内容预计会包含明确净值化管理，打破刚性兑付，消除多层嵌套等多个方面。资管新规的即将落地表明了中央在严格执行去杠杆，并不断规范金融行业的发展，改善投资融资环境，但这会造成市场流动性下降，可能会造成交易金额进一步下滑的风险。

此外，宏观经济下行压力、国内证券公司风险控制组织架构不完整等风险都值得关注和防范。

第三节　保险业安全评估

一、评估体系与指数构建

（一）引言

针对保险业的金融安全评估，我们根据保险机构的业务特点，也从稳定和发展两个角度综合考虑，结合数据的可获得性和可比性，构建了适用的评估指数。本部分以保险公司为考察对象。但由于数据的可获得性问题，将以国内 A 股上市的保险公司作为替代。数据主要来源于保监会以及各上市公司的历年财务年报和 IPO 招股说明书中披露的数据，并对数据的一致性和有效性问题做了必要的处理。对于早期的数据，则根据历年《中国金融年鉴》公布的保险公司经营数据做了补充与调整。

（二）指标体系

我们使用不同指标来反映中国保险业的稳定水平和发展水平，指标定义及来源详见表 2-9。具体来说，衡量稳定水平的指标如下：

Z 值：其计算公式与银行业 Z 值的计算公式相同，分子为资产收益率和资本充足率之和，分母为资产收益率的波动，表示保险公司自有资本不能偿付利润损失的概率的倒数。Z 值的经济学解释为公司距离破产的距离，Z 值越高，表示保险公司越稳定，反映其面临的违约或破产风险越低。

资本充足率：指所有者权益对资产的比率又称资本与资产总额比率，用来反映保险公司自有资本占总资产的比重。该比率把资本金需要量与保险公司的全部资产等相联系。一般而言，该指标越高，反映公司抵御风险的能力越高。

资产流动性：指现金及现金等价物与总资产的比率，表示保险公司偿付能力。一般该指标越高，反映公司的资产流动性越强。

发展指数的构成指标如下：

保险密度，即人均保费，反映了一国居民参加保险的程度，是对保险业整体发展水平的衡量。保险密度越大，行业发展指数越高。

保险深度，即保费收入占国内生产总值的比重，反映了保险业在国民经济中的地位和发展状况。保险深度越大，行业发展指数越高。

规模增速，即保险业资产总额增长率，反映了保险业发展速度。规模增速越快，行业发展指数越高。

投资资金占比，即保险业投资组合占资金运用总额比率，反映了保险业资金运用对投资的依赖，指标越高说明对存款依赖越低，行业发展指数越高。

资产收益率，即行业净利润与总资产之间的比值，反映了行业的盈利能力。资产收益率越高，行业发展指数越高。

表 2-9　　　　　　　　　　保险业安全评估指标定义及数据来源

项目	指标名称	指标定义	判断标准	数据来源
保险业稳定水平	Z 值	$[(ROA+CAR)/\sigma(ROA)]$	越高越好	CSMAR 数据库
	资本充足率	所有者权益（总资本）/总资产	越高越好	CSMAR 数据库
	资产流动性	现金及现金等价物/总资产	越高越好	CSMAR 数据库

续表

项目	指标名称	指标定义	判断标准	数据来源
保险业发展水平	保险密度	保费总收入/总人口	越高越好	保监会
	保险深度	保费总收入/国内生产总值	越高越好	保监会
	规模增速	资产总额增长率	越高越好	保监会
	投资资金占比	投资/资金运用总额	越高越好	保监会
	资产收益率	税后利润/总资产	越高越好	CSMAR 数据库

二、保险业安全评估

我们通过表 2-10 报告以上指标在 2000—2017 年的变化。

表 2-10　　　　　2000—2017 年中国保险业各项稳定与发展指标

年份	Z 值	资本充足率（%）	资产流动性（%）	保险密度（元）	保险深度（%）	规模增速（%）	资产收益率（%）	投资资金占比（%）
2000	1.49	12.42	—	127.67	1.78	33.24	1.00	51.34
2001	1.40	11.52	—	168.98	2.20	34.75	0.94	47.85
2002	0.99	10.65	15.55	237.64	2.98	41.47	0.64	47.84
2003	0.96	12.08	15.63	287.44	3.30	40.46	0.60	47.93
2004	0.64	7.99	19.59	332.16	3.39	30.44	0.40	52.95
2005	0.55	7.52	11.55	375.64	2.70	20.30	0.34	63.35
2006	1.54	8.79	14.59	431.30	2.80	24.92	1.07	66.33
2007	2.89	14.67	7.41	532.42	2.93	17.24	2.04	75.60
2008	1.35	11.39	7.84	740.66	3.25	59.38	0.91	73.53
2009	2.61	12.07	6.08	831.00	3.32	21.59	1.85	71.89
2010	2.29	11.05	5.24	1 083.20	2.70	24.37	1.62	69.79
2011	1.58	10.37	4.15	1 197.20	3.00	19.00	1.09	68.06
2012	1.09	10.18	5.37	1 143.80	2.98	22.22	0.72	65.80
2013	1.60	9.81	2.93	1 265.67	3.03	12.77	1.11	70.55
2014	1.80	10.90	3.19	1 479.00	3.18	22.57	1.25	72.88
2015	2.16	11.36	4.03	1 766.49	3.59	21.66	1.51	78.22
2016	1.44	10.45	3.27	2 258.00	4.16	22.31	0.98	81.45
2017	1.18	13.18	4.00	2 603.63	4.42	10.80	0.37	84.65

接下来我们计算行业的稳定指数与发展指数，以及合成的行业安全指数。其中，行业稳定指数包括行业 Z 值、资本充足率和资产流动性；行业发展指数包括保险密度、保险深度、规模增速、资产收益率和投资资金占比。在合成行业安全指数时，我们首先运用功效系数法对所有指标进行转化，在分别计算出行业稳定指标和行业发展指标均值后，按 70:30 的权重

计算证券行业安全程度的总体评价，分值越高代表安全程度越高。具体结果如表 2 – 11 所示。

表 2 – 11　　　　　　　　　　中国保险业各项稳定与发展指标评分

年份	保险业稳定水平指标			均值	保险业发展水平指标					均值	总体评价
	Z 值	资本充足率	资产流动性		保险密度	保险深度	规模增速	资产收益率	投资资金占比		
2000	76.07	87.43		81.75	60.00	60.00	78.48	75.59	63.81	67.57	77.50
2001	74.46	82.37		78.41	60.67	66.36	79.72	74.13	60.02	68.18	75.34
2002	67.40	77.51	90.30	78.40	61.78	78.18	85.25	66.98	60.00	70.44	76.01
2003	66.91	85.52	90.48	80.97	62.58	83.03	84.42	66.12	60.11	71.25	78.05
2004	61.40	62.65	100.00	74.68	63.30	84.39	76.17	61.35	65.56	70.16	73.32
2005	60.00	60.00	80.70	66.90	64.01	73.94	67.82	60.00	76.85	68.52	67.39
2006	76.77	67.11	88.00	77.29	64.91	75.45	71.63	77.18	80.09	73.85	76.26
2007	100.00	100.00	70.76	90.25	66.54	77.42	65.31	100.00	90.16	79.89	87.14
2008	73.67	81.65	71.79	75.70	69.90	82.27	100.00	73.33	87.92	82.68	77.80
2009	95.21	85.43	67.56	82.73	71.36	83.33	68.89	95.62	86.13	81.07	82.23
2010	89.75	79.75	65.55	78.35	75.44	73.94	71.17	90.17	83.86	78.91	78.52
2011	77.50	75.96	62.93	72.13	77.28	78.48	66.75	77.56	81.98	76.41	73.41
2012	69.18	74.87	65.84	69.96	76.42	78.18	69.40	68.94	79.52	74.49	71.32
2013	77.95	72.82	60.00	70.26	78.38	78.94	61.62	78.17	84.68	76.36	72.09
2014	81.37	78.89	60.62	73.63	81.83	81.21	69.69	81.47	87.21	80.28	75.62
2015	87.43	81.50	62.64	77.19	86.48	87.42	68.94	87.68	93.01	84.71	79.44
2016	75.19	76.39	60.82	70.80	94.42	96.06	69.48	75.13	96.52	86.32	75.45
2017	70.70	91.66	62.57	74.97	100.00	100.00	60.00	60.65	100.00	84.13	77.72

从表 2 – 11 可知，2017 年保险业安全情况较上年相比有所上升，从我国保险业安全程度的总体表现看，自 2000 年开始，我国保险业的安全状况表现出逐渐恶化趋势，直到 2006 年情况才有所改善，并在 2007 年达到阶段性的高峰（87.14），在此之后又呈整体向下的走势，2012 年达到相对低点（71.32），之后情况又逐步改善。2017 年评分分值再次上升至 77.72，显示了近几年来保险行业安全程度的相对稳定。

从分指标来看，行业稳定指数和发展指数呈现出极为类似的走势：两个指标均自 2003 年开始下滑，至 2005 年开始反弹，直至 2007 年和 2008 年达到相对高点，随后又开始下滑，因为行业发展进入困境，行业稳定水平持续下降，于是 2012 年达到相对低点。直到 2013 年，情况才初步好转。2014 年，发展形势继续向好。2015 年，两个指标均稳中有升。而 2017 年稳定指数虽略有提高，但是发展指数有小幅下降，部分细分指标出现极端变化，导致总体安全指数相比前一年仅有小幅上升。以上评价是我国保险业风险水平相对自身变化的纵向比较，下面我们结合使用的具体指标逐一观察。

（一）中国保险稳定水平分析

我们首先用 Z 值观察保险行业的稳定程度。Z 值是公司金融文献中经常使用的一种衡量公司稳定的指标，其具体构建为：

$$Z = \frac{ROA + CAR}{\sigma(ROA)}$$

其中，*ROA* 代表各公司的平均资产收益率，*CAR* 代表平均资本充足率，用所有者权益对总资产的比率进行估算。$\sigma(ROA)$ 代表各公司年度 *ROA* 数据的标准差。我们首先按上面的公式计算每家公司每年的 Z 值，然后计算中国证券业的平均 Z 值。图 2-16 为我国保险业平均 Z 值在 2001—2017 年的变化情况。

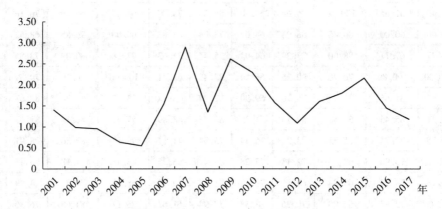

图 2-16　保险业 Z 值（2001—2017 年）

可以看到，Z 值于 2005 年达到历史最低，随后上升，于 2007 年达到最高值。2008 年国际金融危机，Z 值迅速回落。2009 年，Z 值回升至相对高点，而 2010 年以后又不断下行，至 2012 年后 Z 值逐年上升，直到 2017 年再次连续下降。我们根据 Z 值的构成，发现其波动受到 ROA 的影响，在 2017 年较前一年有所较大幅度的降低，反映出该年保险盈利水平的降低。

如图 2-17 所示，我们发现保险业平均资本充足率总体上表现出先下降后升高再下降的趋势。行业资本充足率在 2007 年上升到历年最高水平，之后随着行业发展的趋缓和资本市场的下滑，行业资本充足率也开始逐年下滑，直至 2014 年，资本充足率才较前一年有所提高。2015 年，继续稳步上升。经历了 2016 年下降后，2017 年再一次出现了上升，较 2016 年上升了 3%，反映出行业抗风险能力有所增强。

保险业的资产流动性总体表现出震荡下降趋势，但近年趋势有所缓和，并趋于平稳。如图 2-18 所示，行业的资产流动性在 2003 年达到历年最高水平，一路下滑到 2011 年，表明保险公司面临偿付能力不足的风险。随着监管措施愈发严格，公司更加重视资产的稳健性和流动性，2011 年到 2017 年的流动性在一定范围内小幅波动，不再有下滑趋势。

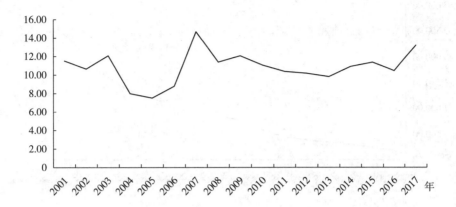

图 2-17 保险业资本充足率（2001—2017 年）

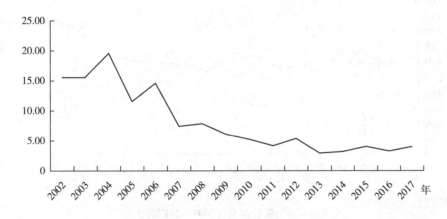

图 2-18 保险业资产流动性（2002—2017 年）

（二）中国保险业发展水平分析

下面我们讨论中国保险业发展程度的变化。为了避免使用单一指标可能带来的偏误，我们同样使用几个分指标衡量保险业各方面的发展水平。我们第一个使用的分指标是保险密度，指标越高，反映中国居民参加保险的程度越大。我国 2001—2007 年保险密度如图 2-19 所示。

从整体走势来看，保险密度呈现持续增长态势，仅在 2012 年有所回落。2017 年较 2016 年有所上升，至历史新高点 2 603.63 元，是 2000 年 127.67 元的 20.39 倍。由此可见，2017 年我国保险市场运行稳中有进。

从保险深度来看，2017 年保险深度较 2016 年有所上升，至 4.42，与保险密度一样至历史新高点。从整体走势来看，保险深度波动较大，于 2005 年和 2010 年出现负增长，尤其是 2010 年下降至历史较低水平。自 2012 年起，该指标有所回升，但上升速度较保险密度指标来说是相对缓慢的（见图 2-20）。

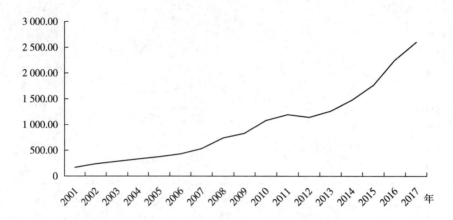

图 2 - 19 保险密度（2001—2017 年）

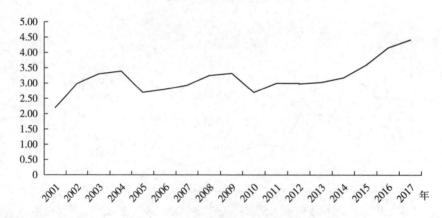

图 2 - 20 保险深度（2001—2017 年）

就总体趋势而言，资产总额增速波动较大，2008 年增速明显加快，较 2007 年规模增长近 60%，后逐渐放缓，每年保持在 20% 左右的增速，直至 2013 年，增速下降至历史较低水平 13% 左右。2014—2016 年资产增速均保持在 20% 以上。但 2017 年的增速突然下降至 10.8%，达到历史新低，说明保险行业在 2017 年的增速有所放缓（见图 2 - 21）。

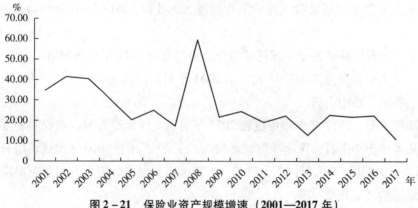

图 2 - 21 保险业资产规模增速（2001—2017 年）

从保险行业资产收益率整体走势来看，资产收益率于 2007 年出现历史高点之后，在 2008 年大幅下滑至 0.91%，2009 年又反弹至 1.85%，但之后又呈现出逐年下降的趋势，2012 年下降至阶段性低点 0.72%，后又逐渐回升且增长势头良好。

直到 2016 年开始出现连续下滑，行业资产收益率仅为 0.37%，较 2015 年的 0.98% 下降了 62%，下降情况较为严重（见图 2 – 22）。

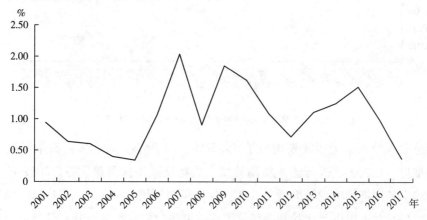

图 2 – 22 中国保险业平均资产收益率（2001—2017 年）

基于中国金融市场和保险公司资产规模的快速发展，为了在资产保值与资产增值之间寻求更好的平衡，监管部门也在不断优化保险公司在资金运用方面的规定，即在风险可控的前提下，鼓励不断拓宽保险资金运用的渠道和范围，充分发挥保险资金长期性和稳定性的优势，为国民经济建设提供资金支持。2014 年以前，保监会陆续出台一系列规定，允许保险资金投资于股票、基金、国家级重点基础设施项目、商业银行股权、不动产、股指期货等金融衍生产品等金融资产。2014 年，保监会又出台一系列规定，允许保险资金投资于创业板上市公司股票、集合资金信托计划、企业优先股、创业投资基金。集合资金信托计划、企业优先股、创业投资基金。

如图 2 – 23 所示，从数据来看，保险公司在资金余额运用方面，投资资金占比在 2004 年开始就高于 50%，说明投资规模要大于银行存款。自 2006 年起，国家进一步放开保险资金投资范围之后，2007 年的投资占比甚至达到了 75.6%，之后则一直稳定在 70% 左右，在 2012 年回落至 65.8%，此后又逐年上涨。2016 年投资占比达到历史新高 84.65%。由此可见，投资在资金运用方面扮演着越来越重要的角色，投资规模的不断扩大对于保险公司的盈利能力和利用市场化产品进行风险管理的能力而言是有显著提升的。值得注意的是，如果资金运用不当，也可能会带来更高的市场风险。

三、中国保险业潜在风险隐患分析

2017 年，中国平安、中国太保、中国人寿、新华保险保费总收入分别为 6 046.26 亿元、2 790.82 亿元、5 123 亿元、1 092.94 亿元。除了新华保险略微同比下降 2.9% 外，其余几家

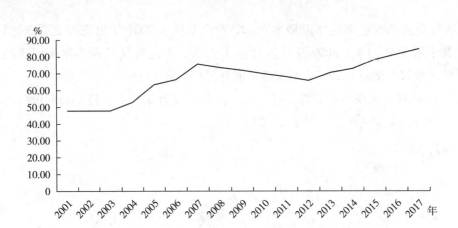

图 2 – 23　中国保险业投资资金占比（2001—2017 年）

公司的保费总收入分别较上年同期增长了 28.77%、19.26%、19.0%。新华保险下降主要原因是战略推进，加大力度进行业务结构转型，大幅缩减银保渠道业务。2017 年 4 家上市公司净利润较上年同期均实现较大增长，较上年同期分别增长 42.8%、21.6%、68.63% 和 8.92%，主要是受益于股市上涨和利率高位震荡带来的投资收益率提升，且准备金补提负面影响同比减少。虽然整体行业转型在持续推进，取得相对证明的业绩，但仍需要注意潜在的风险和隐患。

（一）行业增速放缓

从不同的业务分析，健康险业务增速名义上有所放缓，但实际上保障型的健康险保持了高速增长。产险业务增速环比也略有下降，但总体保持稳定。寿险业务受到中短存续期产品监管政策持续影响，增速环比持续下降，产品规模逐步收缩，寿险给付支出情况有所改善，全年出现负增长。虽然原保费增速保持了相对稳定，但同比增速仍在 2017 年呈现出比较明显的下滑态势。尤其是万能险和投连险，经历了 2016 年增速的显著下降后，在 2017 年进入中短存续期产品过渡期的第二年，此类保费收入增速继续出现阶梯式下滑。

总体来看，2017 年以来在强监管政策的有力推动下，保险行业持续推进保险回归保障本源，行业转型加剧，保费增速有所放缓，资产收益也受到影响。伴随准备金计提拐点显现，2018 年会释放一定程度的行业利润空间，但仍需注意转型带来的风险。

（二）业绩结构分化加剧

龙头和转型险企业业绩分化加剧。平安保险和太平洋保险较早聚焦期缴、聚焦个险，转型较为深化。从个险新单占比和个险保费占比来看，平安个险新单占比为 85.2%，平安、太平洋保险个险保费占比分别为 85.1%、87.8%。对比另外两家，新华、国寿的个险新单占比分别为 76.8%、50.4%，个险保费占比分别为 80%、69.1%，可以看出明显低于前两家。除此之外，目前保险行业的资产配置结构分化现象较为明显，但比较一致的趋势是以债券资产为主，降低定期存款比例，提升非标资产和权益类资产的配置比例，从而取得较高的投资收益。未来二级市场板块轮动加快，利率走势分歧较大，未来保险企业的投资收益或将出现剧烈分化。

此外还应注意资本市场的不确定性、利率大幅度波动影响业绩等风险。目前来看，行业处于以健康险为代表的保障型产品的优质产能扩张周期，以及以万能险为代表的落后产能的淘汰期。因此，行业转型中的风险也将成为新时期保险监管的重点。

第三章　金融市场安全评估

第一节　评估体系和指数构建

金融市场的构成十分复杂，它是由许多不同的市场组成的一个庞大体系。有的观点认为，金融市场是借助金融工具实现金融交易的各种机制、过程和场所的关系总和（王国刚，2013）。金融市场的发展一方面能够迅速有效地引导资金合理流动，提高资金配置效率；另一方面又具有定价功能，且金融市场价格的波动和变化促进了金融工具的创新，在实现风险分散和风险转移的同时也可能加大市场的波动性，使得金融市场的安全性有所下降。从不同的角度，金融市场可以划分为不同的种类：从经营场所可以分为有形市场和无形市场；从交易性质可以分为发行市场和流通市场；从交割期限可以分为现货市场和期货市场；从融资交易期限可以分为资本市场和货币市场；从融资方式可以分为直接融资市场和间接融资市场；从交易标的物和交易对象可以分为货币市场、股票市场、债券市场、衍生品市场、外汇市场、票据市场、贴现市场、保险市场、黄金市场等。其中，最常见的划分方式是按照交易标的物和交易对象进行划分。

基于以上对金融市场的认识，同时考虑到各金融子市场在我国金融市场中的影响力以及数据的可获得性，本报告主要从股票市场、债券市场、金融衍生品市场等方面开展我国金融市场的安全性评估工作。

一、股票市场

自 1990 年上海证券交易所成立以来，我国的股票市场历经近 30 年的高速发展，基本建立了以沪深 A 股市场为主体的多层次交易市场。根据 Wind 资讯统计，截至 2017 年底，我国沪深 A 股市场中上市公司超过 3 400 家，市值规模超过 60 万亿元，已经成为全球最大的股票交易市场之一。

与西方发达国家不同，我国股票市场中的散户比例较高，而机构比例较低。相较于债券市场和衍生品市场，普通居民对股票市场更为熟悉、参与度更高，股票市场价格波动对居民财富和社会稳定的影响也更大，使得其安全性受到全社会的广泛关注。因此，在上述背景下，研究我国股票市场的安全性显得非常有意义。

目前，理论界和实务界从不同的角度选取、创建了大量指标来衡量我国股票市场的安全性。本报告从最基本的估值角度出发，选取使用频率最高、估值效果最好的股市市盈率和股市市值与 GDP 之比，共同衡量我国股票市场的安全性。

（一）股市市盈率

股票市场的整体市盈率大致可以判断某一时期市场价格的合理性。具体而言，股市市盈率越高，说明股价与公司收益之间的差距越大，价格高估的风险越大，降低了股市的安全性，反之亦然。本报告将当年各季度的上证综指、深证成指、中小板指和创业板指市盈率按市场规模进行加权平均，进而计算各季度的均值作为当年股市市盈率的测度指标。

（二）股市市值/GDP

股票市场的总市值衡量一国虚拟经济的规模，而 GDP 则代表着一国实体经济的规模。因此，股市市值与 GDP 之比可以度量一国经济证券化的程度。该指标越高，说明股票市场的泡沫化越严重，安全性越低。本报告用当年各季度股票市场总市值与 GDP 之比的均值作为对应的衡量指标。

（三）融资融券余额/A 股总市值

股票市场融资融券交易是一项具有重要意义的创新交易机制。通过融资融券余额与 A 股总市值之比的计算，衡量股票市场的市场活跃程度，以及潜在的杠杆交易风险、强制平仓风险以及总体市场风险程度。该指标越高，说明融资融券余额占 A 股总市值的比重越大，安全性越低。本报告用当年各季度的融资融券余额与 A 股总市值之比作为对应的衡量指标。

二、债券市场

我国债券市场的准入门槛较高，使得债券市场中机构投资者占主体，而个人投资者很少。这一特点对我国的债券市场造成了正反两方面的影响：一方面，相较于个人投资者，机构投资者掌握更多的价格信息和专业知识，其交易行为更加理性，减少了市场交易噪音，使得债券市场的特征如期限结构、收益率曲线包含了丰富的市场信息；另一方面，由于缺少个人投资者，我国债券市场的交易很不活跃，这不仅可能造成交易价格的失真，也会限制我国债券市场发展。

作为我国资本市场的重要组成部分，债券市场的发展受到政府部门的高度重视和大力支持。从总体上看，虽然目前我国债券市场的发行规模和存量规模都已十分庞大，但由于其准入门槛高、监管严格、运作规范，债券市场的整体风险较小，安全性较高。值得注意的是，随着未来我国经济增速逐渐放缓和结构性调整加快，会使得一些传统产业、过剩产业面临转型压力，这会影响相关行业债券的安全性。因此，债券特别是风险债券的安全性，是未来相当长一段时间内理论界和实务界需要高度关注的问题。

不同类型的债券在信用风险上存在明显差异。国债、金融债有政府、金融机构作担保，风险很低；企业债需要逐一审批并严格监管，风险较小；而公司债由企业自主确定其发债规模和兑付方式，因此风险相对较高。本报告将重点关注风险较高的公司债，通过公司债发行利率的变化情况来衡量我国债券市场潜在的风险，并以此制定相应的安全性指标。具体而言，本报告利用低信用级别公司债与高信用级别公司债的发行利差、债券存量规模与GDP之比，综合衡量我国债券市场的安全性。值得注意的是，由于我国公司债的历史不长（首只公司债出现在2007年），因此对应指标的时间趋势尚不明显，只能反映出相邻年份的变化情况。

（一）低信用级别公司债与高信用级别公司债的发行利差

不同信用级别的公司债在发行利率上有明显的差异。一般而言，低信用级别公司债的发行利率要高于高信用级别公司债的发行利率，并且两者的差异越大，说明市场认为低信用级别公司债的违约风险越大，债券市场的安全性越低。因此，低信用级别公司债与高信用级别公司债之间的发行利差，是从同品种债券的角度衡量了我国债券市场的安全性。考虑到目前我国公司债的信用评级普遍较高（最低的信用评级是A级），且低信用评级的公司债数量十分有限，因此本报告将AA级以下（不含AA级）的公司债均视为低信用评级的公司债，而将AAA级的公司债视为高信用评级的公司债，用当年度低信用评级公司债的规模加权发行利率与高信用评级公司债的规模加权发行利率之差作为对应的指标。[1]

（二）债券存量规模/GDP

虽然目前我国债券的质量普遍较高，并未发生大规模违约事件，但随着债券存量规模的扩大，会增加未来的偿债负担和压力，进而降低债券市场的安全性。因此，本报告用当年各季度各类未偿债券的存量规模与GDP之比的均值衡量债券市场的偿债负担，其值越大，债券市场的安全性就越低。

（三）债券市场波动率

债券市场的波动性，通常指债券价格或者债券收益率的波动现象。它能够反映债券的真实价值和收益的稳定情况。债券的波动具有均值回归性、传导性、记忆性、尖峰厚尾性和非对称性等特征。本报告用当年各季度债券现期收益率情况衡量债券市场的波动情况，其值越大，说明债券市场安全性越低。

三、金融衍生品市场

金融衍生品是指以杠杆或信用交易为特征，在传统金融产品（如股票、债券、货币、金融市场指数等）基础上派生出来具有新价值的金融工具，如期货合约、期权合约、互换及远期协议合约等；而金融衍生品市场则是由一组规则、一批组织和一系列产权所有者构成

---

[1]　为了排除期限因素的影响，这里的公司债发行利率首先减去了发行日同期限国债收益率，使得不同期限的公司债具有可比性。

的一套市场机制。金融衍生品市场具有风险转移、价格发现、增强市场流动等功能，能提高市场效率，分散风险以及稳定市场。

我国金融衍生品市场主要包括互换市场、远期市场、期货市场和期权市场等，而期货市场和期权市场的发展尤为市场所关注。2010 年 4 月 16 日，首批 4 个沪深 300 股指期货挂牌交易，这意味着我国金融期货在沉寂了近 15 年后再次登上金融市场舞台；2015 年 4 月 16日，上证 50 以及中证 500 股指期货开始上市交易；2013 年 9 月 6 日，国债期货正式在中国金融期货交易所上市交易；2015 年 2 月 9 日，中国证监会批准上海证券交易所开展股票期权交易试点，试点产品为上证 50 ETF 期权，至此，中国期权市场开始启动。

由于期权市场发展较晚，无法有效进行安全性评估，因此对于衍生品市场，本报告重点关注期货市场的安全性。基于相关文献和数据可得性，本报告将针对 5 年期国债期货和沪深300 股指期货开展安全性评估工作，使用三类指标衡量衍生品市场的安全性，分别是波动率、风险价值 VaR 值以及预期损失 ES 值。

（一）波动率

波动率是对投资标的资产回报率变化幅度的衡量，从统计角度看，是资产回报率的标准差，其值越大，表明相应标的资产回报率变化幅度越大，整体风险水平也就越高，也即表明金融安全性越低。国债期货和股指期货的波动率都以年为单位使用日度数据进行测算。首先，基于两类产品的上市和交割特性，本报告使用当月主力合约进而实现交易日期的无缝连接①，一般而言，持仓量和成交量最大的合约是市场上最活跃的合约，因而构成主力合约；其次，国债期货和股指期货均按照保证金交易，其杠杆特性导致收益与风险也成倍放大，为体现期货合约的杠杆特性，本报告使用的日度收益率均利用杠杆进行加权。由于实际杠杆率数据无法获得，本报告使用的加权杠杆均为名义杠杆，即以中金所公布的最低保证金获得；此外中金所公布的最低保证金随交易日期和市场行情而变，因而名义杠杆率也随之做出调整。

（二）风险价值 VaR 值

现今的金融创新加大了市场波动性，使得市场风险成为金融风险管理的重点，为了对市场风险采取合理手段进行研究和管理，风险价值 VaR 理论应运而生并得到广泛推广与应用。由于金融标的资产收益率一般具有尖峰厚尾特征，并不服从正态分布，因此对分布的尾部研究尤为重要；传统的 VaR 计算方法需要事先获得收益率分布，与实际数据拟合时通常对分布的中部拟合较好而对尾部拟合不好，因此可能造成无法准确预测在历史数据中未曾发生过的极端风险情形。在对 VaR 进行计算的多种统计方法中，极值理论可以不考虑分布假设问

---

① 例如 5 年期国债期货合约主要包括四类产品，即 3 月、6 月、9 月、12 月合约，因此当月主力合约也产生在四类产品中；以 2014 年为例，1 月至 3 月 14 日使用 3 月合约数据、3 月 15 日至 6 月 13 日使用 6 月合约数据，依此类推，进而完成全年度国债期货合约数据的构造。沪深 300 股指期货合约产品包括当月、下月以及随后两个季度月，因此对于股指期货合约，均以当月合约作为主力合约。

题，因而能够很好地处理风险量化分析中的厚尾问题。本报告使用极值理论中的超阈值 POT 模型对两类期货产品进行 VaR 计算，其中使用日对数收益率的负值，即对多头头寸进行 VaR 度量，并使用 99% 置信水平下的 VaR 值；同样地，日度收益率数据利用了杠杆进行加权。风险价值越大，表明出现极端风险的概率越高，即金融安全性越低。

（三）预期损失 ES 值

尽管 VaR 是理论界与实务界用于风险度量的一个有效工具，但其也有不足之处。一方面其未考虑一旦非正常情况出现时极端损失的严重程度而低估实际损失；另一方面其不满足次可加性，违背了以分散化投资来降低投资组合风险的初衷。为衡量衍生品市场的安全性，本报告还计算了预期损失 ES 值，由于 ES 值在 VaR 的基础上进一步考虑了出现极端风险情况时的平均损失程度且满足次可加性，因此可以更完整衡量相应标的金融资产出现极端损失的风险。对于 ES 值的计算同样利用超阈值 POT 的方法进行建模，日度收益率数据利用杠杆进行加权，且只对多头头寸进行 ES 度量，并使用 99% 置信水平下的 ES 值。预期损失值越大，表明出现极端风险的概率越高，即金融安全性越低。

四、指标体系汇总

将上述指标总结如表 3–1 所示，即为本报告提出的金融市场安全评估体系。

表 3–1　　　　　　　　　　金融市场安全评估指标体系

一级指标	二级指标	三级指标
金融市场安全	股票市场	股市市盈率
		股市市值/GDP
		融资融券余额/A 股总市值
	债券市场	低信用级别公司债与高信用级别公司债的发行利差
		债券存量规模/GDP
		债券市场波动率
	金融衍生品市场	波动率
		风险价值 VaR 值
		预期损失 ES 值

五、指数构建及说明

（一）数据来源和指标说明

首先，金融市场安全性评估面临的主要困难是数据问题，其中，股票市场的数据可得性较强，债券市场和衍生品市场的数据可得性较差，在综合分析指标的代表性、经济含义以及数据可得性的基础上，本报告确定了如表 3–2 所示的指标体系。

其次，在时间长度的选择上，股票市场和债券市场的某些指标数据计算起始时间以

2000 年为起点，最终指标可得数据的时间大多在 2000 年之后。最终指数的编制将基于年度数据，不足一年的数据按年度数据处理。

表 3-2   指标及数据说明

指标	数据来源	指标说明
股市市盈率	Wind 数据库，年度	当年各季度的上证综指、深证成指、中小板指和创业板指市盈率按市场规模进行加权平均，进而得到均值指标
股票市值/GDP	Wind 数据库，年度	当年各季度股票市场总市值与 GDP 之比的均值
融资融券余额/A 股总市值	Wind 数据库，年度	当年各季度的融资融券余额与 A 股总市值之比
低信用级别公司债与高信用级别公司债的发行利差	Wind 数据库，年度	当年度低信用评级公司债的规模加权发行利率与高信用评级公司债的规模加权发行利率之差
债券存量规模/GDP	Wind 数据库，年度	当年各季度各类未偿债券的存量规模与 GDP 之比的均值
债券市场波动率	国泰君安，Wind 数据库，年度	当年各季度债券现期收益率
波动率	中金所，Wind 数据库，年度	以日收益率测算的年度标准差
风险价值 VaR 值	中金所，Wind 数据库，年度	依据极值理论 POT 模型计算的多头头寸 VaR 值
预期损失 ES 值	中金所，Wind 数据库，年度	依据极值理论 POT 模型计算的多头头寸 ES 值

(二) 指数构建方法

以上数据均先同向化处理，再用功效系数法进行标准化。在所有标准化后的指标中，指标值越高代表安全性越好，指标值越低代表安全性越差。最后，我们将上述经过标准化后的指标汇总形成金融市场安全综合指标。

第二节 评估结果与分析

表 3-3 和表 3-4 分别是股票市场、债券市场安全指标和衍生品市场安全指标。相较于 2016 年，2017 年衡量股票市场的三个安全指标都上升了，金融衍生品市场的安全指标同样也上升，只有债券市场的安全指标下降了；并且债券市场的安全指标总体呈现下降的趋势，债券市场的安全性值得关注。下文我们将具体分析股票市场安全指标、债券市场安全指标和衍生品市场安全指标以及金融市场的安全指标的变化。

表 3-3   股票市场和债券市场安全指标汇总

安全指标 年份	股市市盈率	股票市值/GDP	两融余额/A 股总市值	债券/GDP	信用债极差	债券市场波动率	股票市场指数	债券市场指数
2001	66.04	73.96	—	100.00	—		70.00	100.00
2002	65.70	79.03	—	98.00	—		72.36	98.00
2003	69.91	79.52	—	95.74	—		74.72	95.74
2004	84.87	88.50		93.06			86.68	93.06

安全指标 年份	股市市盈率	股票市值/ GDP	两融余额/ A股总市值	债券/ GDP	信用债 极差	债券市场 波动率	股票市场 指数	债券市场 指数
2005	80.81	100.00	—	89.58	—	—	90.41	89.58
2006	63.79	73.15	—	86.35	—	—	68.47	86.35
2007	60.00	60.00	—	85.83	—	—	60.00	85.83
2008	100.00	74.58	—	83.61	100.00	74.73	87.29	86.11
2009	67.82	64.87	—	82.27	92.92	100.00	66.34	91.73
2010	78.54	65.87	100.00	82.16	—	94.43	81.47	58.86
2011	98.15	71.68	97.99	85.48	—	95.00	89.27	60.16
2012	98.18	72.21	94.61	84.11	70.00	70.87	88.33	74.99
2013	92.61	73.35	78.93	81.99	74.35	76.84	81.63	77.72
2014	86.27	67.24	60.00	79.08	97.08	74.73	71.17	83.63
2015	67.08	65.02	65.52	71.20	60.00	66.85	65.87	66.02
2016	70.51	67.77	70.78	60.00	65.33	68.01	69.69	64.45
2017	78.80	60.00	72.04	95.67	60.00	60.00	70.28	71.89

表 3 – 4　　　　　　　　　　衍生品市场安全指标

安全指标 年份	国债期货功效系数法			股指期货功效系数法			加权汇总功效系数法		
	波动率	风险价值 VaR	期望损失 ES	波动率	风险价值 VaR	期望损失 ES	波动率	风险价值 VaR	期望损失 ES
2010	—	—	—	88.69	89.88	91.51	—	—	—
2011	—	—	—	94.90	97.32	97.71	—	—	—
2012	—	—	—	93.27	99.77	100.00	—	—	—
2013	90.53	92.01	94.46	88.95	91.98	92.79	91.09	92.49	93.52
2014	83.74	84.01	80.44	89.20	95.84	95.02	91.34	96.40	95.80
2015	60.00	60.00	60.00	60.00	60.00	60.00	60.00	60.00	60.00
2016	100.00	100.00	100.00	100.00	100.00	98.90	100.00	100.00	100.00
2017	100.00	99.00	98.93	99.85	98.99	98.99	99.93	99.00	98.96

一、股市市盈率

从总体上看，我国股票市场的价格波动较大，牛熊市分界明显，使得股市市盈率起伏不断。具体而言，2001 年前后的科技股泡沫使得股市市盈率较高，而股市安全性较低；之后随着相关泡沫的破灭，股价下降，使得股市市盈率下降，股市安全性得到提高；2006 年至 2009 年的股市大牛市和紧随其后的次贷危机，让股市市盈率大起大落，股市安全性也随之波动；2010 年后股市的持续低迷，降低了股市市盈率并提高了股市安全性；而 2014 年末开启的新一轮牛市，又再次使得股市市盈率上升，股市安全性下降；牛市持续到 2015 年上半年，随后股市一直疯狂下跌，在 2015 年下半年股市出现熊市，股市安全性在 2015 年出现一个小跌幅；2015 年针对股指期货的三大限制措施尤其是"限仓令"的实施，引发期指市场流动性与市场深度严重不足，不仅使得股指期货风险管理功能无法正常发挥，也是造成股票市场长期存量博弈的原因之一，在此期间场内资金较为稳定，并未出现显著的流入流出使得 2016 年股市持续低迷，股市市盈率走低，股市安全性有所回升。2017 年价值投资理念进一步贯彻，房市值蓝筹股发展较好，且结构性牛市特征明显，煤炭和钢铁股受益于国家供给侧改革，迎来股市新发展，传统行业依托新零售、互联网、人工智能创新开拓新市场，从而得以延续 2016 年的发展态势，总体上表现出较高的市场安全性。

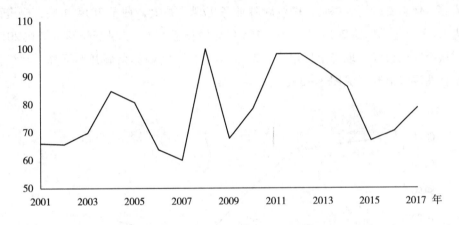

图 3-1　基于市盈率的股票市场安全性指标值

二、股市市值/GDP

我国股市市值与 GDP 之比同样受到股市价格波动的影响。2007 年的大牛市，使得股市泡沫化严重，股市市值与 GDP 之比达到峰值，股市安全性很低；而紧随其后的次贷危机刺破了股市泡沫，使得股市市值与 GDP 之比快速回落，股市安全性升高；之后持续几年的股

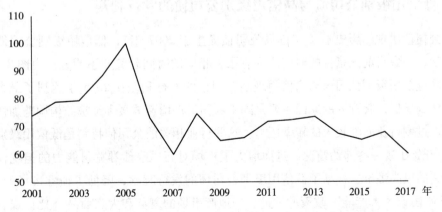

图 3-2　基于股市市值与 GDP 之比的股票市场安全性指标值

市低迷期，让股市市值与 GDP 之比在中低位徘徊，股市安全性较高；但 2014 年末开启的新一轮牛市，又再次使得股市市值与 GDP 之比上升，股市安全性下降；接着在 2015 年牛市结束，出现熊市，2016 年股票市场一直低迷，股市安全性再次上升。而 2017 年，股市迎来全面大发展，股市市值与 GDP 比值有一定程度的提高，从而降低了股市的安全性。

三、融资融券余额/A 股总市值

我国融资融券交易系统于 2010 年 3 月 31 日正式开通。2010 年底至 2014 年底，我国融资融券余额复合增长率达到 299%，而 2014 年，经过两融标的券扩容、转融通业务持续创新等举措后，伴随着行情的爆发，融资融券业务出现了井喷，截至 2014 年底，融资融券市场余额为 1.03 万亿元，比 2013 年底的 3 465 亿元增长了 197%。融资融券市场在 2014 年达到顶峰，从而股票市场实现安全性触底。2014 年后，融资融券余额开始下降，从而使得股票市场安全性逐步上升（见图 3-3）。

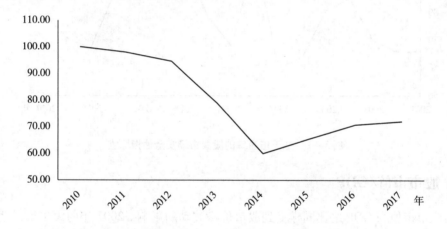

图 3-3　基于融资融券余额与 A 股市值之比的股票市场安全性指标值

四、低信用级别公司债与高信用级别公司债的发行利差

我国公司债出现的历史不长（首只公司债诞生于 2007 年），低信用级别公司债出现的时间就更晚，导致目前该指标的时间序列有限，相应的时间趋势并不明显。由图 3-4 可以发现，我国低信用级别公司债与高信用级别公司债的发行利差在 2015 年达到了最大值，债市安全性达到最低，其背后的原因主要是随着我国经济增速放缓和经济结构调整加快，一些传统行业、过剩行业面临较大的转型压力。这些行业相关的公司债特别是低信用级别公司债在 2015 年开始出现一些违约情况，进而增大了市场对高风险债券兑付能力的担忧，市场因此要求更高的风险溢价，提高了低信用级别公司债的发行利率，降低了债券市场的安全性；随着 2016 年国家"去产能"政策的推进、房地产市场的复苏和大宗商品（比如煤、油、金属）价格的反弹，一定程度上减轻了市场对传统产业高风险债券违约的担忧，从而使得低

信用级别与高信用级别公司债之间的发行利差缩小，债券市场的安全性得到了一定程度的改善。2017 年众多传统行业依托国家供给侧改革或产业转型获得了新发展，而新发展态势初期隐藏了较大的不可预知风险，具体表现为 2017 年我国违约债券券种明显增加，违约主体集中度有所提高，企业债出现集中连环违约现象。因此，低信用级别与高信用级别公司债之间的发行利差增大，债券市场安全性有所下降。

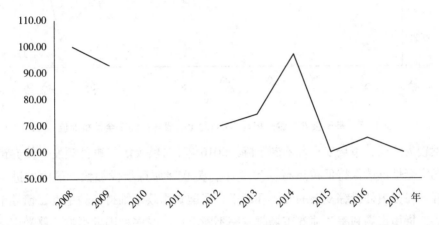

图 3-4 基于不同信用级别公司债发行利差的债券市场安全性指标值

五、债券存量规模/GDP

作为我国资本市场的重要组成部分，我国债券市场的发展受到了政府部门的高度重视和大力支持，其发行规模和存量规模都在不断扩大。虽然受到次贷危机和政府投资计划的干扰，未偿债券存量规模与 GDP 之比在 2010 年前后出现波动，但其增长的趋势并没有发生任何改变。随着我国金融改革的不断推进，更多企业选择了债券融资，使得债券存量规模与 GDP 之比在最近几年有了加速扩张之势，并于 2016 年达到了历史最高点。由于债券存量规模越大，意味着未来债券市场的偿债压力越大，因而降低了债券市场的安全性，这一发展趋势需要引起理论界和实务界的重视。2017 年我国加强金融监管，金融去杠杆和金融生态链重塑是主题，表现为债券发行总量大幅下降，市场投放量增速变缓，因此大大提高了我国债券市场的安全性（见图 3-5）。

六、债券市场波动率

如今我国债券市场已经成为我国金融市场的重要经济支柱，也逐步在国际市场上具有一席之地。债券市场发行的种类由以国债为主发展到地方政府债、企业债、公司债、金融债等并存。债券市场在 2011 年之前，由于国内经济缓慢复苏，收益率持续保持走低趋势，其安全性也始终保持在较高水平。其后，国内债券市场经历罕见牛市，债券市场收益率波动剧烈，因此安全性继续下降。即使后期债券市场走出了十年难遇的大牛市行情，全年国内经济

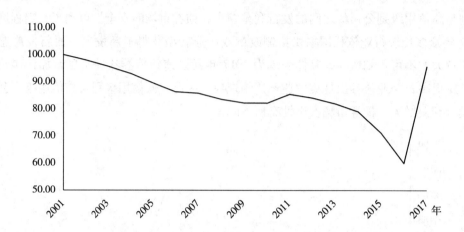

图 3 – 5　基于债券存量规模与 GDP 之比的债券市场安全性指标值

基本面仍然较为疲弱，市场安全性不断下降。2016 年，"黑天鹅"事件频发，债券市场震荡剧烈，市场安全性继续保持低位运行。2017 年，美联储加息步伐加快，国内推进金融严监管和去杠杆。在国内外错综复杂的经济环境下，我国货币政策维持稳健中性，债券市场面临资金紧平衡，货币市场利率和债券市场收益率不断上行。受多种因素影响，债券市场全年各券种收益率大幅上行，波动率高，从而使得市场安全性进一步降低（见图 3 – 6）。

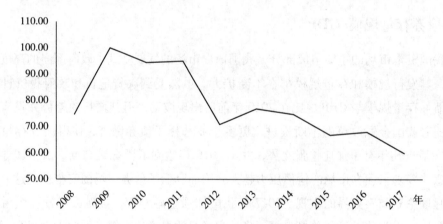

图 3 – 6　基于债券市场波动率的债券市场安全性指标

七、衍生品市场波动率

图 3 – 7 和图 3 – 8 分别是国债期货衍生品市场和沪深 300 股指期货衍生品市场的波动率指标值。从图 3 – 7 可以看出，2013 年和 2014 年国债期货的总体波动率逐年上升，至 2015 年达到最大值，2015 年国债期货价格和成交量经历了大幅变动，导致波动率陡然上升，安全性下降明显；至 2016 年，国债期货市场回归平静，安全性有所回升。图 3 – 8 表明，以沪深 300 为代表的股指期货在 2014 年前其波动率变化幅度不大，大致处于平稳状态；但 2015

年股票市场爆发的大牛市以及随后产生的股灾，导致股指期货市场产生共振效应，其波动率快速加大，金融安全性显著下降；2016年随着市场运行趋于平稳以及中金所不断提高股指期货保证金水平的同时限制仓位规模，以沪深300为代表的股指期货市场的波动率开始下降，金融安全性有所提升。2017年，我国期货市场整体呈下行态势。全国期货市场累计成交量和累计成交额双降，同比分别下降25.66%和3.95%，且市场波动率创下历年新低，因此金融安全保持高位水平不变。

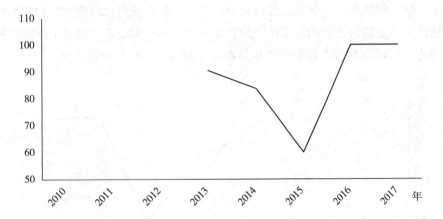

图3-7 基于波动率的国债期货衍生品市场安全性指标值

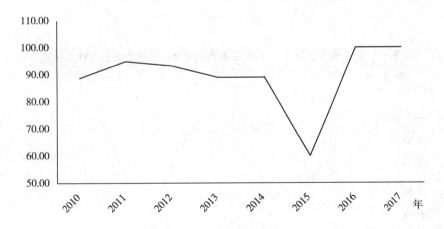

图3-8 基于波动率的沪深300股指期货衍生品市场安全性指标值

八、衍生品市场风险价值VaR值

图3-9与图3-10分别是国债期货衍生品市场和沪深300股指期货衍生品市场99%置信水平下的VaR指标值。图3-9表明，国债期货市场2015年的风险价值达到最大，相应的金融安全性最低；另外，由图3-9可以发现，相对于2013年99%置信水平下的风险价值，2014年99%置信水平下的风险价值趋于上升，这说明就2014年的国债期货市场而言，

尾部的极端风险概率上升且一旦发生，风险是比较大的，因此就必须更为关注金融安全性；而 2016 年国债期货的风险下降，安全性提高。图 3－10 是以沪深 300 股指为代表的股指期货市场的风险价值。由数据可以发现 99％置信水平下的风险价值其变化幅度不大，说明此时金融风险安全性比较高；但 2015 年股票市场的巨大变化导致沪深 300 股指期货的风险价值显著增大，相应的安全性显著降低，此时必须高度关注股指期货市场可能蕴含的巨大风险。2016 年，随着相关监管措施陆续实施，衍生品市场金融安全性有所上升。2017 年是金融监管大年，2017 年国务院金融稳定发展委员会成立，标志着对金融统筹监管和监管协调建立了顶层设计，各方监管也开始竞争性紧缩，发布一系列严厉政策，致力于化解资管领域金融风险。因此，2017 年我国金融安全性虽然略有小幅波动，但仍保持高位。

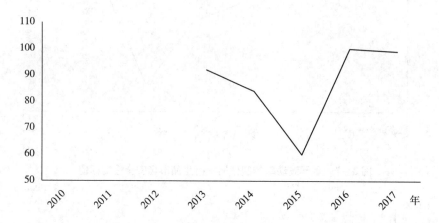

图 3－9　基于 99％置信水平 VaR 值的国债期货衍生品市场安全性指标值

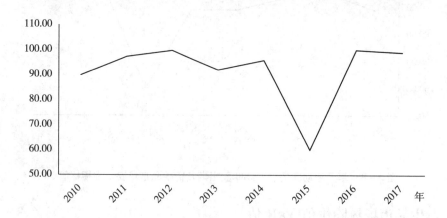

图 3－10　基于 99％置信水平 VaR 值的沪深 300 股指期货衍生品市场安全性指标值

九、衍生品市场预期损失 ES 值

图 3－11 与图 3－12 分别是国债期货衍生品市场和沪深 300 股指期货衍生品市场 99％置信水平下的 ES 指标值。图 3－11 表明，国债期货市场的预期损失值在 2015 年达到最大，相

应的该年度的金融安全性下降最明显，此后国债期货的预期损失值有所下降，因此金融安全性有所上升；而图3-12表明，以沪深300股指为代表的股指期货市场的预期损失值在2014年之前变化幅度不大，说明此时金融风险安全性比较高；但2015年股票市场的巨大变化导致沪深300股指期货的预期损失值显著增大，相应的安全性显著降低，2016年随着市场运行趋于平稳以及中金所对市场交易的限制政策开始实施，以沪深300为代表的股指期货市场的预期损失值开始下降，金融安全性有所提升。而2017年，由于监管大大加强，虽然数据显示国债期货以及以沪深300为代表的股指期货市场预期损失值略有提升，但由于波动幅度极小，可以认为金融安全性仍然与2016年状况基本一致。

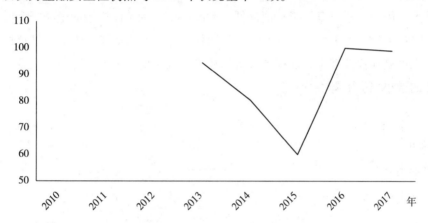

图3-11　基于99%置信水平ES值的国债期货衍生品市场安全性指标值

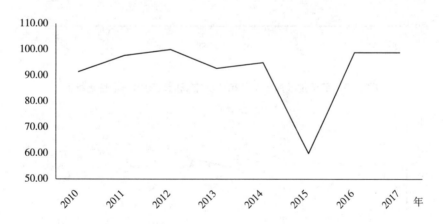

图3-12　基于99%置信水平ES值的沪深300股指期货衍生品市场安全性指标值

十、基于规模加权的衍生品市场安全性

图3-13至图3-15是基于规模加权下的衍生品市场安全性指标值，即基于国债期货和沪深300股指期货的成交总金额（规模）探讨两类金融衍生品的加权波动率、加权风险价值VaR值和加权预期损失ES值。考虑到国债期货上市较晚，为便于加权比较，两类金融衍

生品均从 2013 年起开始测算；另外，相较于国债期货市场的成交额，以沪深 300 为代表的股指期货市场的成交额更为庞大，除了 2016 年由于中金所对股指期货交易的限制以及交易数据较少外，其他年份股指期货交易成交额占两类金融衍生品总成交额的 95% 以上，因此，基于规模加权的衍生品市场的安全性更多体现了沪深 300 股指期货市场的安全性。其中，图 3－13 是基于规模加权下的衍生品市场的波动率指标值；图 3－14 是基于规模加权下的衍生品市场 99% 置信水平下的 VaR 指标值；图 3－15 是基于规模加权下的衍生品市场 99% 置信水平下的 ES 指标值。通过比较可以发现，无论是加权波动率指标值，还是加权风险价值和加权预期损失值，最大值均出现于 2015 年，表明该年度的波动率最大，其风险价值和预期损失值也最大，因而金融安全性指标值最低，此时需要特别关注极端的金融安全风险。此后的 2016 年和 2017 年，由于金融监管力度不断加强，随着市场情绪趋于平缓以及相关交易政策的限制，无论是加权波动率、加权风险价值还是加权预期损失值均有微小幅度上升，表明金融安全性的微小幅度下降。

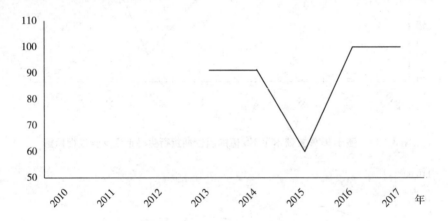

图 3－13　基于规模加权下的衍生品市场的波动率安全性指标值

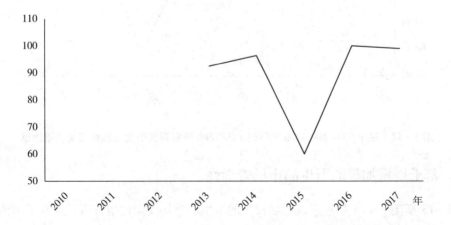

图 3－14　基于规模加权下的衍生品市场 99% 置信水平的 VaR 安全性指标值

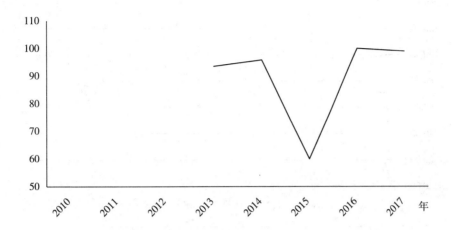

图 3-15 基于规模加权下的衍生品市场 99% 置信水平的 ES 安全性指标值

十一、金融市场安全综合指数

图 3-16 展示了由股票市场、债券市场和金融衍生品市场等三个方面构成的金融市场安全综合指数[①]。从图中指数的走势来看，2007 年金融市场安全综合指数达到低点，这主要与当时股票市场的巨幅波动相关；在 2007 年时点上，债券市场变化幅度不大，但股票市场的安全性显著下降，进而导致金融市场安全综合指数趋于下降，金融安全性降低。与此同时，2015 年金融市场安全综合指数相对于其他年份下降明显，且与 2007 年情形又有所不同。在 2015 年，股票市场风险、债券市场风险、衍生品市场风险都趋于增大，导致金融市场安全综合指数总体下降，金融安全性下降趋势明显；2015 年，股票市场历经暴涨暴跌行情，衍生品市场和债券市场受到股票市场巨幅波动拖累。面对来自舆论的压力，中国金融期货交易所于 8 月 26 日起实行新的交易规则，调整股指期货日内开仓限制标准、提高股指期货各合约持仓交易保证金标准、大幅提高股指期货平仓手续费标准、加强股指期货市场长期未交易账户管理等，导致股指期货的交易量流动性骤降，金融安全性明显下降，三大市场的表现导致金融市场安全综合指数大幅降低，金融安全性骤降。而在 2016 年，随着相关监管措施陆续出台并发挥功效，股票市场风险以及衍生品市场风险继续降低，金融安全性上升。但债券市场继续走强，相关债券收益率走低，债券市场继续牛市行情，导致债券市场金融安全性下降。不过综合来看，得益于相关监管措施的陆续到位，金融市场整体安全性在 2016 年有所上升。2017 年全年，整体市场呈下行状态，加之金融监管力度和范围进一步加强和扩大，且债券市场规模大幅下降，股票市场、债券市场、衍生品市场安全性均有所上升或基本保持高位水平，变化幅度极小，从而使得金融市场整体安全性总体呈现出提升趋势。

---

① 股票市场自身的权重分别为 0.33、0.33、0.33；债券市场自身的权重分别为 0.33、0.33、0.33；金融衍生品市场自身的权重分别为 0.2、0.4、0.4。金融市场安全综合指数的计算分为两个阶段：2013 年之前只引入股票市场和债券市场，其权重分别为 0.5、0.5；从 2013 年起，金融市场安全综合指数分股票市场、债券市场、衍生品市场三个维度进行计算，权重分别为 0.4、0.4、0.2。

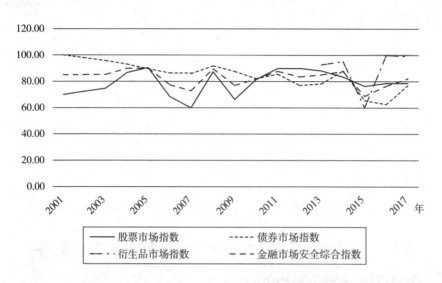

图 3 – 16　金融市场安全指数

第三节　金融市场潜在风险隐患分析

一、金融市场安全总结分析

本章主要从股票市场、债券市场、金融衍生品市场等方面开展我国金融市场的安全性评估工作。就股票市场而言，我们选取使用频率最高、估值效果最好的股市市盈率、股市市值与 GDP 之比以及融资融券余额与 A 股市值之比来衡量我国股票市场的安全性；对于债券市场，利用低信用级别公司债与高信用级别公司债的发行利差指标以及债券存量规模/GDP 指标衡量我国债券市场的安全性。此外，基于相关文献和数据可得性，本章将针对 5 年期国债期货和沪深 300 股指期货开展安全性评估工作，使用三类指标衡量衍生品市场的安全性，分别是波动率、风险价值 VaR 值以及预期损失 ES 值。

（一）金融市场安全概述

综合来看，金融市场的安全性与相关市场牛熊转换息息相关。就股票市场而言，2007年以及 2015 年是大牛市，此时无论选取股市市盈率指标还是股市市值与 GDP 之比指标，都可以明显看出其波动幅度过大，导致股票市场的安全性降低。对于债券市场，自 2012 年起，随着债券市场逐渐走强，其安全性有所降低。特别是在 2016 年 10 月，受美联储加息、国内经济企稳、货币政策难松、年末资金面收紧等多重因素叠加，中国债券市场流动性收紧，债市大跌，波动性急剧放大，导致债券市场安全性下降。加之 2016 年以来，违约呈现常态化趋势，债券违约数量高达 30 余起，数量相当于过去两年的总和；随着债市扩容以及城投债偿付高峰期的到来，债券市场违约风险将进一步集中暴露。因此债券违约风险也是金融市场最凸显的风险，值得关注。2017 年受益于金融监管力度加强，债券存量规模出现大幅下降，逆转了 2016 年债券市场的风险表现。从衍生品市场来看，无论是国债期货市场还是股指期货市场，2016 年相关市场的金融安全性都有所上升，且升幅明显。中金所调整股指期货日内开仓限制标准、提高股指期货各合约持仓交易保证金标准、大幅提高股指期货平仓手续费标准、加强股指期货市场长期未交易账户管理等，导致股指期货的交易量流动性骤降；同时 2017 年的国债期货价格和成交量也经历了大幅变动，导致波动率和风险价值下降，安全性上升；此外，2015 年股票市场爆发的大牛市以及随后产生的股灾，导致股指期货市场产生共振效应，其波动率和风险价值快速放大，金融安全性显著下降到最低点后，在 2017 年随着市场运行趋于平稳以及相关监管部门采取限制性交易措施，国债期货市场和股指期货市场的变动幅度下降，金融安全性有所上升。

自从 2014 年初实体衰退、货币宽松以来，过多的流动性逐渐流入不同资产市场，在金融监管不到位的背景下，泡沫化趋势此起彼伏。2014 年初的债券市场、2014 年底的股票市场、2015 年底的房地产市场、2016 年初的商品市场都经历过牛市，但泡沫破灭也紧随而至，导致相关金融市场的安全性降低。

总体来看，金融市场向好，总体安全性有所提高。

（二）金融市场安全性变化原因分析

金融监管逐年加强，2017 年监管机构针对资管行业、银行、公募、保险等发布一系列金融监管政策，标志着以金融自由化、影子银行、资管繁荣为特征的金融扩张周期迎来分水岭，一个金融繁荣时代落幕了，金融周期正进入下半场收缩的新时代，这是包括债券、股票等在内的大类资产在未来三年面临的大格局。党的十九大报告中对于金融的发展定位，已不是创新和发展，而是稳，焦点在于服务实体经济、提高直接融资比重，守住不发生系统性风险底线。系统性金融风险的底线包括几大重点领域：一手抓金融机构乱搞同业、乱加杠杆、乱做表外、违法违规套利，一手抓非法集资、乱版交易所等严重扰乱金融秩序的非法金融活动。2017 年银监会确定同业、理财、表外三个重点领域，这些领域涉及资金空转，整治金融乱象对实体经济的影响较小，释放出监管再度加强的信号。

2017 年，五年一次的全国金融工作会议召开，会议设立国务院金融稳定发展委员会，强化宏观审慎和系统性风险防范责任。在 2017 年中央经济工作会议中，强调今后三年要打好防范化解重大风险、精准脱贫、污染防治三大攻坚战，重点是防控金融风险，要促进金融与实体、金融与地产、金融体系内部的良性循环，做好重点领域风险防范和处置，打击违法违规金融活动，加强薄弱环节监管制度建设。此后，《关于规范金融机构资产管理业务的指导意见》《关于规范整顿"现金贷"业务的通知》《商业银行流动性风险管理办法（修订征求意见稿）》《关于规范银信类业务的通知》《公开募集开放式证券投资基金流动性风险管理规定》《保险资产负债管理办法（征求意见稿）》以及整治"三套利、三违反、四不当、十乱象"的大量文件的出台，掀起了一场监管风暴。

二、金融市场潜在违约风险分析

（一）2017年债券市场违约情况概览

2017年宏观经济整体稳定，供给侧改革效果明显，金融监管继续大力加强。债券市场信用风险释放也趋于平缓。总体发生的违约事件减少，共有40只债券发生违约，涉及发行人共17家。具体表现为以下几个特征：

1. 同主体连环违约现象明显。共17家违约主体中，9家由于存续债规模较大且集中到期等原因多次发生违约事件。

2. 新增违约主体违约原因多样化、涉及行业范围广、分布区域分散，共性特征模糊，增加了违约风险暴露的偶发性和分散性。新增违约主体所在行业各异，公用事业、港口、环保和电子产品制造业首次出现债券违约；且地域分布较为分散；部分主体因业务扩张激进、公司治理漏洞、触发交叉违约条款和技术性操作等多样化原因导致违约。

3. 违约后续处置进展缓慢。不同市场不同主体由于自身状况不同，违约后续处理进度以及处置方式多种多样，难以统一，造成了处置进程缓慢。

（二）潜在违约风险分析

目前我国经济增长呈现出明显放缓趋势，加之金融监管日趋严厉，整体的金融环境将极有可能会导致信用风险整体上扬。考虑到2018年大量存量信用债以及短期融资债将到期，加之金融监管趋势日益加强，整体融资环境将继续保持收紧趋势，从而有可能造成信用风险的整体抬升。

基于我国目前的债券市场违约状况，深入分析其内在风险，可以将其归结为以下几点。

1. 信用风险。环保限产政策常态化引发风险，将加速煤炭、钢铁及化工等行业内部风险分化。钢铁、煤炭、化工、有色等行业为环保高压限产政策的重点领域。而环保限产政策在提高行业集中度以及减少落后产能方面收效明显的同时，不可忽略众多环保不达标、产能低、技术落后的民营、中小企业，该类企业极易在环保限产高压下引发信用风险。

随着投资者保护条款如交叉违约以及事先约束等条款的应用增多，条款违约现象或增加。条款增设在使得风险事件处置机制合法化的同时，也使得部分仅发生短暂的财务困难或流动性周转压力的发行人在违反保护条款时如不能获得债权人豁免，或将使风险进一步扩大化。此外，交叉保护条款的应用还可能使得信贷市场、交易所市场以及银行间市场风险联动效应进一步增强，扩大信用风险的传染效应。

在存量债务置换即将收官之时，随着地方政府债务管理的规范，平台企业直接信用输出平台被切断，再融资渠道进一步受限，再融资压力加大。

2. 到期兑付风险。2018年房企公司债以及ABS产品将进入兑付高峰期，整体市场兑付压力增大。且房企公司债中以私募债为主，而私募发行人在公司治理和信息披露等方面的规范程度欠缺，加之房企现金收入2017年增速呈现放缓趋势，形成房地产资金链断裂可能性，因此，需集中关注其兑付风险。

总体来说，未来信用债违约风险很可能加大，并且在货币政策略有收紧的背景下，利率中枢上行，信用溢价也会相应上升。

三、金融市场安全展望

2017 年可以说是中国金融领域的规范年，以全国金融工作会议以来给国家定下了"金融服务实体经济，防范金融风险的主基调"。由于潜在违约风险存在，金融监管将保持严厉趋势——严格执行法律、严格执行法规、严格执行纪律。可以预计，2018 年随着中国金融市场的逐渐规范，严格监管将会成为市场规范的主旋律，金融市场的安全性将会继续有所上升。

第四章 房地产市场安全评估

第一节 评估体系和指数构建

房地产业是我国国民经济的重要支柱产业，对拉动经济、刺激消费有巨大作用。随着房地产业的发展，房地产市场风险已成为我国当前面临的经济和金融最重要风险之一，房地产业也因此成为我国宏观经济调控的重点。

对近年来房地产市场风险评价的相关研究内容与研究方法进行梳理，目前国内外比较普遍的风险存在性检测方法主要分为指标法和数理统计法。更多的学者倾向于采用指标法来评估我国房地产市场的安全水平。谢经荣（2002）提出了运用预示指标、指示指标和滞后指标这三类指标来进行房地产风险水平的测度；然而三类指标之间存在明显的前因后果关系，不符合指标体系设计的独立性原则，因此运用这套指标体系来测量房地产市场风险水平，很可能存在较大的误差。苏立熙（2013）将相关测度指标分为由市场内部供需结构影响的供给类指标、需求类指标和以外部性影响房地产市场的金融类（信贷支持类）指标。需求类指标主要从需求和价格的关系来衡量，测度真实需求情况；供给类指标主要测度房地产投资是否过热，供给是否过度；金融类指标主要根据投入房地产开发和居民购买房地产商品的资金来源，评价金融机构的资金流向是否合理。何恺和程道平（2016）根据我国房地产市场风险的主要控制点，将房地产市场风险指标体系概括为住房价格风险、住房流动性风险以及住房库存风险三个方面。鉴于部分指标属性不定，我们无法确切地将其划分为某一类，所以本报告直接采用多个单指标描述的指标体系。

一、指标选取

在综合分析指标的代表性、经济意义及数据可得性的基础上，我们采用的具体指标体系如表4-1所示。

表 4 – 1　　　　　　　　　　房地产市场安全评估指标体系

一级指标	二级指标	数据来源
房地产市场安全指数	房价收入比	上海易居房地产研究院年度报告
	房地产价格增长率/GDP 增长率	国家统计局，Wind
	商品房销售额增长率/社会消费品零售总额增长率	Wind
	库存消化周期	Wind
	个人住房贷款增长率/人均收入增长率	中国人民银行货币政策执行报告，Wind
	房地产投资额/GDP	Wind
	商品房销售额/商品房开发投资额	Wind
	房地产贷款总额/金融机构贷款总额	中国人民银行货币政策执行报告，Wind
	房地产开发贷款/企业资金来源	国家统计局，Wind
	本年新开工房屋面积	Wind

房价收入比：住房价格与城市居民家庭年收入之比，一定程度上代表了当地居民的商品房购买能力的高低。当房价收入比持续升高，突破其临界值的时候，表明当地居民对当地的商品房购买能力已经不足，但是从市场需求来看，商品房仍然在热销，此时当地房地产市场内可能存在泡沫并有大量投机需求。因此，房价收入比也可以衡量投机需求对整体市场需求的扭曲程度。该指标值越高，房地产市场安全性越低。

房地产价格增长率/GDP 增长率：该指数是根据房地产泡沫的含义来设计的，是比较房地产行业和国民经济发展速度的动态指标。一般而言，在城市化建设时期，房地产业的发展速度会快于区域实体经济的发展速度，此时房价增长率大于 GDP 增长率。但若房价增长速率远大于实体经济发展速度，指标值可能突破其临界值，房地产行业可能被过度开发，市场内可能存在泡沫。该指标值越高，房地产市场安全性越低。

商品房销售额增长率/社会消费品零售总额增长率：商品房需求市场的繁荣程度以商品房销售额为直接体现，社会消费品零售额的增长是经济增长的重要指标之一。在我国大力推进城市化建设的过程中，居民购房需求被不断释放，在一定范围内，商品房销售额增长率可以大于社会商品零售额增长率。但是如果该指标值过高，则说明市场内非真实房屋购买需求的存在，市场内可能出现泡沫。该指标值越高，房地产市场安全性越低。

库存消化周期：商品房待销售面积与商品房销售面积的比值，能够反映区域房地产市场在一定时期内的供求是否平衡以及市场状态是否良好，也可以反映房地产市场的热度和预期，表示住宅市场产品相对过剩程度。该指标值越高，房地产市场安全性越低。

个人住房贷款增长率/人均收入增长率：个人住房贷款是金融机构对购房者的金融支持，房贷与收入增长率之比可以反映居民偿付房贷的能力。当该指标值过高时，个人住房贷款激增，推升房价催生房地产泡沫的同时，个人以及家庭还款压力增加，金融机构面临的信用风险提升，容易导致泡沫的破灭。该指标值越高，房地产市场安全性越低。

房地产投资额/GDP：房地产开发投资对国民经济发展具有较大的拉动作用，房地产行业已经成为我国经济增长的支柱性产业。房地产投资额在 GDP 中的占比，反映了其在国民经济结构中是否合理。若占比过高，说明社会有过多的资源流入房地产行业，实体经济产业或因资金受到挤压而得不到发展，市场可能存在经济泡沫。

商品房销售额/商品房开发投资额：商品房销售额不仅是需求市场的反映，同时也是开发商回笼资金，决定其后续开发能力的因素之一。商品房开发投资额是房地产开发商生产房地产产品所消耗的成本。该指标能够反映房地产行业总体效益性以及开发商后续开发能力。当该指标小于 1 的时候，反映区域内房地产开发投入多而效益差，开发商资金回笼慢，开发进度放缓；若该指标大于 1，反映区域内房地产开发的效率比较高，未来可能将继续追加房地产投资。该指标值越高，房地产市场安全性越高。

房地产贷款总额/金融机构贷款总额：房地产贷款总额包括开发商开发投资的贷款和个人购买房地产商品的贷款等与房地产业直接相关的贷款。没有足够的资金，就不能产生资产泡沫。计算房地产贷款总额在金融机构贷款结构中的比例，一方面可以看出房地产业资金流转情况以及对金融贷款的依赖程度，另一方面可以看出金融业对房地产业的资金支持程度。银行对房地产行业过度的金融支持，可能存在过度放贷的问题，催生房地产泡沫的同时，也增加了其自身的贷款回收风险，此时指标值偏高，与泡沫存在性成正相关。

房地产开发贷款/企业资金来源：国内房地产企业多以负债经营，通过期房销售和建筑款保持资金的流动性。房地产开发贷款在企业资金来源中的占比是从宏观的角度测度房地产开发企业负债经营的规模，反映了房地产开发企业应对市场风险的能力。当该指标值过高，说明企业负债经营风险较大，企业开发速度可能过快，房地产市场内可能存在泡沫。该指标值越高，房地产市场安全性越低。

本年新开工房屋面积：新开工房屋面积指报告期内新开工建设的房屋建筑面积，以单位工程为核算对象，即整栋房屋的全部建筑面积，不能分割计算。不包括在上期开工跨入报告期继续施工的房屋建筑面积和上期停缓建而在本期恢复施工的房屋建筑面积。该指标越大，说明房地产市场越景气，房地产市场安全指数越大。

二、指数构建

对以上的指标进行同向化处理后，再用功效系数法进行标准化。所有标准化后的值进行加权平均得到房地产市场安全指数，指标值越高代表安全状态越好，指标值越低代表安全状态越差。

第二节　评估结果与分析

图 4-1 显示了 2001—2017 年我国房地产市场安全指数走势。结合表 4-2 进行分析，总体来看，2001 年以来，我国房地产市场安全评估状况大致可以分为五个阶段：一是

2001—2008 年，由于我国制定了一系列支持房地产发展的政策，房地产市场快速发展，价格持续上扬，之后的一系列调控措施虽然使房地产市场安全水平有所波动，但总体呈上扬趋势，指数由 2001 年的 76.71 上升至 2008 年的 85.45；二是次贷危机后，相继出台的楼市刺激措施以及房地产市场需求的大幅释放，使得房地产市场安全水平急剧下降，安全指数从 2008 年的 85.45 降至 2009 年的 76.12；三是次贷危机后的恢复期，"国十一条""国十条""9·29 新政"等政策的相继出台，从抑制需求、增加供给、加强监管等方面对房地产市场进行了全方位的调控，安全指数从 2009 年的 76.12 增至 2011 年的 85.10；四是房地产市场转折与深度调整期，库存压力逐渐显现，政策从严控渐趋宽松，安全指数从 2011 年的 80.10 下降至 2014 年的 82.48，2015—2016 年，宽松的货币政策、积极的财政政策以及持续放松的信贷政策，安全指数下降速度有所降低，从 2014 年的 82.48 降至 2016 年的 77.76；五是 2016—2017 年推动长效机制阶段，我国坚定推动房地产长效机制落地，在限售新政策出台的背景下，房地产安全指数在 2017 年有了显著提高，从 2016 年的 77.76 上升到了 2017 年的 82.47。具体情况见表 4-2。

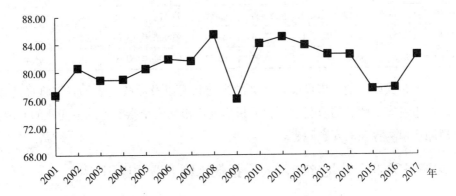

图 4-1　房地产市场安全指数

表 4-2　　　　　　　　　　　　　房地产市场安全指数

年份	房价收入比指数	房地产价格增长率/GDP增长率指数	商品房销售额增长率/社会消费品零售总额增长率指数	库存消化周期指数（待售面积/销售面积）	个人住房贷款增长率/人均收入增长率指数	房地产投资额/GDP指数	商品房销售额/房地产开发投资额指数	房地产贷款总额/金融机构贷款总额指数	房地产开发贷款/企业资金来源指数	本年新开工房屋面积安全指数	房地产市场安全指数
2001	97.33	92.39	75.83	61.52	60.00	100.00	60.00	100.00	60.00	60.00	76.71
2002	97.33	91.27	81.62	65.89	77.59	97.00	60.42	97.37	76.27	61.32	80.61
2003	100.00	90.06	70.47	76.77	75.91	92.62	62.13	93.23	63.36	64.23	78.88
2004	81.33	74.82	80.03	84.59	81.78	89.34	64.80	89.33	78.29	65.62	78.99
2005	68.00	75.17	60.00	90.60	92.31	87.73	90.37	87.55	85.87	67.49	80.51
2006	73.33	89.90	85.86	93.65	88.83	86.15	87.74	82.94	60.03	70.22	81.87

续表

年份	房价收入比指数	房地产价格增长率/GDP增长率指数	商品房销售额增长率/社会消费品零售总额增长率指数	库存消化周期指数（待售面积/销售面积）	个人住房贷款增长率/人均收入增长率指数	房地产投资额/GDP指数	商品房销售额/房地产开发投资额指数	房地产贷款总额/金融机构贷款总额指数	房地产开发贷款/企业资金来源指数	本年新开工房屋面积安全指数	房地产市场安全指数
2007	62.67	81.64	78.38	100.00	89.18	83.90	96.61	78.54	71.03	74.16	81.61
2008	92.00	100.00	100.00	88.75	100.00	82.10	66.00	80.60	69.11	75.91	85.45
2009	60.00	60.00	63.34	96.21	61.39	79.37	100.00	78.55	83.04	79.30	76.12
2010	68.00	86.68	88.09	99.06	84.61	73.61	89.38	75.98	85.24	90.83	84.15
2011	76.00	87.10	89.96	92.25	93.66	69.42	77.70	75.82	91.50	97.57	85.10
2012	81.33	81.86	90.01	84.05	97.48	66.51	73.63	76.64	93.43	94.17	83.91
2013	81.33	82.44	81.62	78.86	88.09	61.36	77.59	74.23	100.00	100.00	82.55
2014	86.67	94.52	97.86	64.56	88.58	60.00	65.95	72.05	99.89	94.72	82.48
2015	84.00	81.13	85.87	60.00	83.49	63.67	74.57	69.76	84.73	88.58	77.58
2016	78.67	74.63	73.04	72.18	72.64	64.30	93.76	63.85	92.87	91.63	77.76
2017	84.00	85.58	85.88	81.95	84.99	66.57	99.50	60.00	81.69	94.49	82.47

为进一步分析我国房地产市场安全水平的当前状况以及后续发展，我们将详述 2009 年以来的房地产市场安全状态的演变过程，分析房地产市场安全指数各阶段变化的原因，以及当前我国房地产市场存在的安全隐患。

一、2008—2009 年房地产市场安全指数急剧下滑的原因

从表 4-2 中可以看出，与 2008 年相比，2009 年房地产市场安全性大幅下滑的原因可以归纳为以下三点：第一，房价风险大幅上涨，相应的房价收入比指数和房价增长率/GDP 增长率指数分别从 2008 年的 92.00、100.00 下降至 2009 年的 60.00、60.00；第二，投资性购房需求激增，需求过旺，相应的商品房销售额增长率/社会商品零售总额增长率指数从 100.00 降至 63.34；第三，个人房贷激增，催生房地产泡沫，加剧房地产信贷风险，相应的个人住房贷款增长率/人均收入增长率指数从 100.00 大幅下降至 61.39。

上述风险的产生原因如下：2008 年，受次贷危机影响，国内宏观经济景气度下降，加之从紧的货币政策影响，居民购房意愿显著降低，观望情绪浓厚。2009 年，经过房地产市场持续一年的观望期，市场累积了一批具有购房需求和购买能力的自住型和改善型消费者，而之前房价的回调为他们提供了进入市场的契机，导致出现销售过旺、市场成交活跃、房价水平不断攀升的局面。房地产市场表现出的有利可图继而吸引具有投资投机性购房需求的消费者，进一步推升房价。此外，政府为恢复经济采取的适度宽松的货币政策使得流向房地产业的信贷资金增长较快，信贷风险由此加剧。

二、2011—2016 年：房地产市场转折与深度调整期安全状态评估

从表 4-2 中可以看出，2011—2014 年，我国房地产市场具体存在以下几方面风险：第一，库存压力逐年上升，相应指数从 92.25 下降至 64.56；第二，房地产投资风险，具体表现为房地产投资额在 GDP 中的占比过高，相应指数从 69.42 下降至 60.00；房地产投入多绩效差，相应指数从 77.70 降至 65.95；第三，金融机构对房地产业的资金支持程度不断增大，越来越多的资金涌入房地产市场，催生资产泡沫，加剧信贷风险。

上述风险产生的主要原因可能是房地产市场的高利润、住房的刚性需求以及渐趋宽松的信贷政策吸引房地厂商不断地追加投资，而近些年随着住房需求的释放，需求市场渐趋饱和，由此造成房地产市场严重的供过于求，市场风险加剧。

与 2015 年相比，2016 年房地产市场安全水平略微下降，具体表现为五个方面：第一，房价收入比与房价涨幅均创 2011 年以来新高，房价上涨过快推高了市场运行风险，对金融体系的稳健运行带来了较大隐忧；第二，商品房销售额增长率与社会消费品零售总额增长率比值显著增加，房地产发展过热，投资性购房需求上升加剧市场风险；第三，商品房待售面积出现绝对下降，市场库存风险有所缓解，但总体来看，库存压力仍然很大；第四，在较为宽松的货币信贷环境下，房地产贷款总额在金融机构贷款总额中的占比增加，且主要源于个人住房贷款的显著增加，个人房贷增长率将近 40%，居民加杠杆购房趋势明显，市场信贷风险增加；第五，整体来看，房地产投资在 GDP 中的占比下降，主要源于房地产投资增速的下滑态势，这有利于行业进入平稳发展期，且商品房销售形势的好转，进一步提升了房地产投资绩效。

2016 年房地产投资增速仍呈下滑态势，短期来看，原因有两个：一是整体库存高企的情况仍然存在，2016 年全国商品房销售面积和销售金额均创新高，同比分别增长 22.5% 和 34.8%。但反观库存水平，到 2016 年末，全国商品房待售面积约 6.95 亿平方米，较上年末仅减少 2 314 万平方米，整体减少 3.2%，只是消化了一、二线和部分三、四线城市的库存，绝大多数三、四线城市库存水平依然高企，不甚景气的销售前景必然对增加投资产生负面影响。二是近年来我国全力去库存，各地土地供应大幅削减，自 2013 年以来，土地购置面积和新开工面积连年下滑，直接拖累开发投资额增速。而从 2016 年第四季度起，国家在供需两端分别加力紧缩调控，通过限贷、限购、严查资金等方式加强对市场的监管，严控资金大规模涌入房地产市场，使得开发企业投资收缩。长期来看，经过连续多年的高速增长，房地产开发投资额基数已然十分庞大，继续高速扩张显然不符合经济发展的客观规律。投资增速降低，反而意味着我国房地产从高速发展阶段进入接近波峰的平稳发展阶段。

三、2016—2017 年：房地产市场推动长效机制阶段安全状态评估

表 4-2 表明，与 2016 年相比，2017 年房地产市场安全水平明显上升，具体表现为以

下几点。

第一，房价收入比安全指数从 2016 年的 78.67 上升到 2017 年的 84.00。主要由于 2017 年我国限售政策推出，有效抑制了房价的快速上涨，导致房价的上涨速度小于收入的上涨速度，房价收入比下降，进而房价收入比安全指数上升。该指数的上升进一步说明房地产投机性需求得到进一步抑制。

第二，房地产价格增长率/GDP 增长率安全指数从 2016 年的 74.63 上升到 2017 年的 85.58。具体表现为 2017 年房地产价格增长率环比有所下降，从 2016 年的平均增长 10.06% 下降到 5.38%，表明房地产行业泡沫受到抑制，房地产行业安全性有所提高。

第三，商品房销售额增长率/社会消费品零售总额增长率安全指数从 2016 年的 73.04 上升到 2017 年的 85.88。主要是由于商品房销售额增长率在 2017 年出现明显下降，从 2016 年的 34.80% 下降到 2017 年的 13.70%。这主要由于重点城市在严厉政策管控下，市场趋于稳定，销售面积同比增幅不断回落，成交规模明显缩减，一线城市降温最为显著。

第四，库存消化周期安全指数从 2016 年的 72.18 上升到 2017 年的 81.95。主要表现为商品房待销售面积从 2016 年的 69 539 万平方米下降到 2017 年的 58 923 万平方米，同时商品房销售面积从 2016 年的 157 348.53 万平方米上升到 2017 年的 169 407.82 万平方米，进而库存消化周期从 2016 年的 0.44 下降到 2017 年的 0.35。这与我国在 2017 年推出的限售政策密切相关，房地产供给减少，进而商品房待销售面积减少。

第五，个人住房贷款增长率/人均收入增长率安全指数从 2016 年的 72.64 上升到 2017 年的 84.99。具体表现为，个人住房贷款增长率从 2016 年的 37.40% 下降到 2017 年的 21.67%，而城镇居民人均年可支配收入增长率从 2016 年的 7.8% 增长到 2017 年的 8.3%，个人住房贷款增长率/人均收入增长率从 2016 年的 4.8% 下降到 2017 年的 2.61%。而个人住房贷款增长率的下降主要与各城市限购升级有关。

第六，房地产投资额/GDP 安全指数从 2016 年的 64.30 上升到 2017 年的 66.57。这主要是由于 2017 年 GDP 的增长速度高于 2016 年，使得 2017 年房地产投资额/GDP 安全指数有了一定的上升。

第七，商品房销售额/房地产开发投资额安全指数从 2016 年的 93.76 上升到 2017 年的 99.50。这主要与 2017 年商品房销售额的增长有关，特别是来自三、四线城市的商品房销售额的大幅增长。

第八，房地产贷款总额/金融机构贷款总额安全指数从 2016 年的 63.85 下降到 2017 年的 60.00；房地产开发贷款/企业资金来源安全指数从 2016 年的 92.87 下降至 2017 年的 81.69；但本年新开工房屋面积安全指数从 2016 年的 77.76 上升到 2017 年的 82.47。这是由于 2017 年房地产企业继续购买土地，增加新开工房屋面积，为此，需要大量的资金，所以，房地产企业会申请大量贷款，从金融机构进行贷款的数额进一步提高，房地产贷款总额/金融机构贷款总额安全指数下降，房地产开发贷款/企业资金来源安全指数下降，但本年新开工房屋面积安全指数上升。

2017 年房地产安全指数上升的具体原因，可能包括以下几方面：

第一，政策力度不断加强，"租购并举"长效机制加快落地。2016 年底，中央经济工作会议明确提出"房子是用来住的，不是用来炒的"，并强调"加快研究建立符合国情、适应市场规律的基础性制度和长效机制"；2017 年 4 月和 7 月的中央政治局会议上，对长效机制的相关表述分别为"加快形成"和"加快建立"；党的十九大报告则在阐述"加强社会保障体系建设"时，强调"房住不炒"定位，并明确长效机制的内涵为"多主体供给、多渠道保障、租购并举的住房制度"。中央多次对长效机制的表述，意味着未来房地产调控思路将紧紧围绕着"房住不炒"的政策基调，长效机制相关政策已走向加快落地阶段。

第二，"因城施策"，推行"限售"新手段抑制投机购房需求。"限售"为 2017 年以来调控新手段，能够更有针对性地抑制投机购房需求，平稳房地产市场。"限售"能够有效降低房地产市场交易流动性，抑制投机购房，防止房地产市场因过度的投机需求而明显波动，同时对刚需和改善型购房人群的影响较小，有利于为长效机制的逐步推出创造平稳的市场环境。核心一、二线城市限购、限贷的力度继续收紧，调控的城市范围进一步向部分销售火爆的弱二线和三、四线城市扩围。

第三节　当前房地产市场存在的安全隐患

总体来看，当前我国房地产市场的安全隐患风险来源于未来供求两端不对等，需求端风险主要来源于三、四线城市购房高需求，虽然 2017 年限售政策有效抑制了部分投机性购房需求，一、二线城市房价有所下降，但三、四线城市投机性购房需求处于较高水平；供给端风险主要来源于供给端的资金链断裂风险。具体安全隐患分析如下。

一、房地产企业未来融资困难，资金链紧张，信贷危机增加

（一）需求端：投机性需求有所抑制

如图 4－2 所示，从个人房贷增长率与人均收入增长率比值走势来看，2017 年，房地产市场流动性受各项政策实施得到有效抑制，投机性投资购买需求大幅降低，个人住房贷款增长率有所下降。

从图 4－3 中可以看出，商品房销售额增长率与社会消费品零售总额增长率的比值基本呈现涨跌交替的上下起伏态势。2017 年，"限售"政策出台，房地产市场交易流动性降低，投机购房被抑制，房价收入比和商品房销售额增长率与社会消费品零售总额增长率都有下降，特别是商品房销售额增长率与社会消费品零售总额增长率。

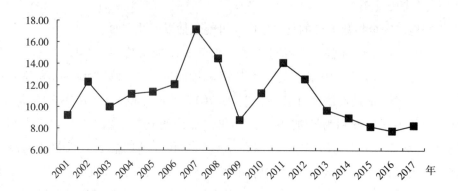

图 4-2　个人房贷收入增长率之比

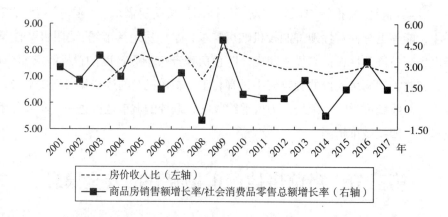

- - - 房价收入比（左轴）
■ 商品房销售额增长率/社会消费品零售总额增长率（右轴）

图 4-3　房价收入比与商品房销售额增长率/社会消费品零售总额增长率

（二）供求端：资金链紧张，信贷危机增加

图 4-4 显示了 2001 年以来我国房地产贷款总额在金融机构贷款总额中的占比、房地产开发贷款/企业资金来源以及个人房贷增长率与人均收入增长率之比。可以看出，2001 年以来我国房地产贷款总额在金融机构贷款总额中的占比持续增加，已从 9% 上升到 27%。说明金融机构对房地产市场的信贷支持加大，未来面临的信贷风险增加。同时，从房地产开发贷款/企业资金来源来看，房地产开发未来仍将保持增长趋势，未来供给面有扩大趋势，但房地产贷款总额/金融机构贷款总额达到历年最高，未来房地产融资难度将增大。

图 4-5 反映了房地产开发企业购置土地及其增速，从图中可以看出，相对 2016 年，2017 年土地购置面积增速有了明显的提高，且总量也有所上升，说明房地产企业正不断扩大供给面，未来供给面将不断扩大。

总的来说，一方面，房地产市场供给方从信贷市场借入大量现金，新购买土地面积不断增加，未来房地产供给将不断增加；另一方面，由于政策等因素影响，房地产市场需求方不断减少贷款额，需求降低。未来供需不对等，房地产供给方将融资困难程度增加，从而导致

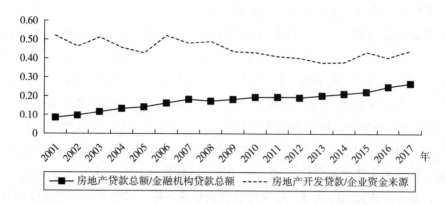

图 4 - 4　房地产贷款总额/金融机构贷款总额、房地产开发贷款/企业资金来源

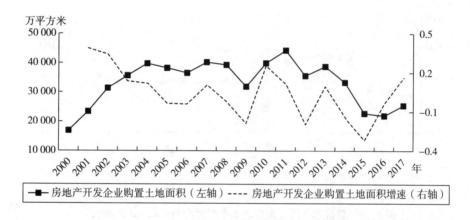

图 4 - 5　房地产开发企业购置土地及其增速

房地产供给方资金链紧张，长此以往，房地产企业将无法回收资金，负债无法偿还，将带来市场危机，增加信贷危机。

二、房价总体增速有所下降，但由于三、四线城市仍处于去库存进程中，三、四线城市房价增速大幅提高

图 4 - 6 显示了 2001 年以来我国房价收入比、房价增长速度以及房价增速与 GDP 增速之比。由图可知，2003—2007 年，我国房价收入比总体呈上升趋势，从 6.7 上涨至 8；2008 年，受次贷危机以及从紧的货币政策影响，居民购房意愿显著降低，观望情绪浓厚，房价收入比跌至 6.9；但随着国家 4 万亿等有效经济刺激政策的出台，以及 2008 年相继出台的楼市刺激措施，我国房价再次快速增长，而城镇居民可支配收入并未同步上升，导致 2009 年房价收入比达到历史最大值 8.1；2009—2014 年，房价收入比持续下降至 7.1；2014—2016 年，房价收入比再次上涨，从 7.1 上升至 7.4；2017 年，房价收入比有所下降，下降至 7.2。虽然 2017 年房价收入比有所下降，但是仍处于较高水平，房地产市场内可能存在泡沫。

从房价增长率与 GDP 增长率比值走势来看：在 2004 年和 2005 年两年中，房地产市场

快速升温，受投资性购房需求过快增长的影响，房价增长率分别达到 15.0% 和 16.7%，在
GDP 增长率平稳的情况下，造成了房价增长速度远大于实体经济发展速度。特别是在 2009
年，由于美国次贷危机引起的国际金融海啸，我国 GDP 增速大幅下降，而房地产市场经过
2008 年的低迷期后出现新一轮高涨，房价增长率达到 23.2%，导致房价增长率与 GDP 增长
率比值也大幅上升。2014 年以来，在经济下行压力和由以往"控房价、抑需求"转变为
"促改善、稳消费"的房地产相对宽松政策背景下，房价再次大涨，房价增长率和 GDP 增长
率比值从 0.19 上升至 1.5。高房价吸引资金从其他实体行业流出，削弱制造业，影响实体
经济的发展。房价增速严重偏离 GDP 增速，房地产存在泡沫。2017 年，政策力度不断加强，
限购限贷限售多方面政策同时实施，房价增长速度显著下降，房地产行业泡沫受到抑制，房
地产行业安全性有所提高。

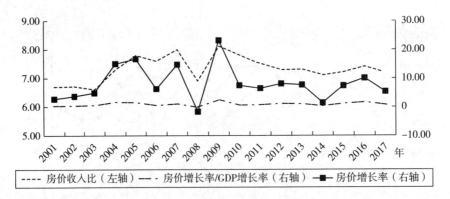

图 4-6　房价收入比、房价增长率与房价增长率/GDP 增长率

　　图 4-7 是 2016—2017 年各级城市月度价格指数走势。可以看出，2016 年房价上涨是由
一线城市领涨，二、三线城市随后的全国性普涨，但各级城市之间房价走势出现了明显的分
化；2017 年，一、二线城市价格指数明显下降，但三线城市仍呈现上涨趋势。

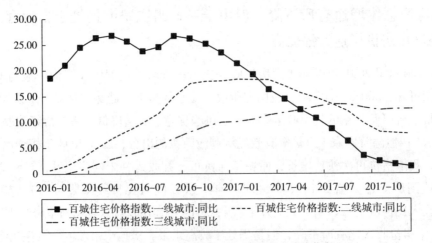

图 4-7　2016—2017 年各级城市月度价格指数

　　具体分析三、四线城市房价上涨原因，主要是由于三、四线城市仍处于去库存进程中，购房需求大幅上升。

　　图4-8是我国房地产市场2001—2017年的库存消化周期走势。2015年，在去库存的主旋律下，国家出台一系列政策，库存增速得以放缓；在降低首付比例、发放购房补贴、税收优惠等一系列政策的影响下，2016年房地产去库存效果显著，库存消化周期从0.56下降至0.44。从图4-9可以看出，2017年，热点城市受政策力度十分严厉的影响，销售下滑明显，但由于部分非调控的弱二线和三、四线城市则仍处于去库存过程中，商品住宅销售面积同比大幅正增长，房价涨势明显。

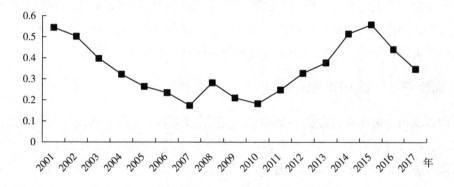

图4-8　库存消化周期

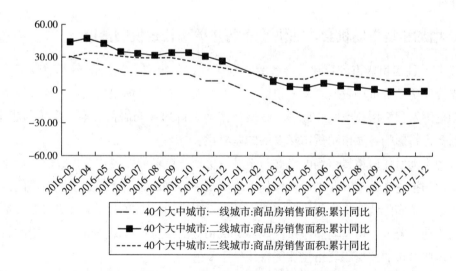

---- 40个大中城市:一线城市:商品房销售面积:累计同比
—■— 40个大中城市:二线城市:商品房销售面积:累计同比
- - - 40个大中城市:三线城市:商品房销售面积:累计同比

图4-9　2016—2017年各级城市商品房销售面积：累积同比

第四节　展望

　　当前我国房地产市场处于推动长效机制阶段，三、四线城市的高库存仍然存在。因此，未来我国应坚持"因城施策",做好房地产市场的风险防控。

一、合理调整资金的流向与投向,坚持去杠杆,减少房地产市场的信贷风险

2017 年投资到位新增资金中超过一半流向了房地产,增加房地产市场信贷风险的同时,也导致实体经济资金不足;且大部分资金趋向于一、二线城市,进一步拉大了城市间的差距。未来我国可以通过相关的行业引导支持政策,平衡资金在各行业的流向;通过因城施策,合理引导资金在房地产业的投向。针对库存较大的地区,继续出台配套的信贷支持政策,而针对热点区域的楼市,政府可以督促这些地方出台紧缩性的信贷政策,如购房首付比例上调、增加购房贷款门槛等。同时,也需要加强金融信贷监管政策,从供需两端去杠杆,特别是供给端,加强对房企杠杆的控制,在支持居民合理购房的信贷政策的同时,要严格限制信贷流向投资投机性购房领域,防止房地产泡沫的进一步扩大。

二、加快三、四线城市库存消化

三、四线城市的去库存进度仍在稳健的实施中。2017 年,由于棚改货币化安置带来了住房需求,去库存进度有所提高,但最根本的还是要靠真实的住房需求来逐渐消化。因此,最根本有效的方式是加快推进城镇化建设,均衡区域资源配置,增加这些城市的人员吸引力,使当地住房市场具备需求保障。而我国当下可以考虑先减少这些地区的新增投资,以减少增量库存。

三、增加租赁市场机会,加快"租购并举"长效机制落地

2017 年,住房租赁市场受到社会各界空前关注,各级政府先后出台多项政策,从多角度发文支持住房租赁市场发展。未来租赁市场的发展,需要考虑租赁人口的绝对数量、流动人口流动范围及租金增长空间。此外,各城市流动人口的长期居留意愿、房价与租金差值、落户门槛等也将影响各城市租赁市场发展的差异化。

人口的流动对住房租赁市场的发展乃至城市房地产市场的发展均至关重要。近年来随着新型城镇化的推进,大量农业人口转移到中小城镇中落户定居,然而这些城镇不能提供足够的就业机会,更多的就业机会仍集中在特大城市及周边的城市群内,未来仍将有大量人口向城市群内移动。若大城市及周边城市群能够提供相应的住房租赁保护机制及一定的教育、医疗配套,这些城市的住房租赁市场才能持续健康发展。

房地产的健康发展,离不开良好的市场秩序。我国应综合运用金融、土地、财税、投资、立法等手段,推动房地产供需市场的均衡发展,加快建立符合国情、适应市场规律的房地产平稳健康发展的长效机制。

第五章　金融风险传染安全评估

20 世纪 90 年代以来，国际上金融机构和金融市场发生各类危机的频率越来越高，出现了一系列因一家或多家金融机构倒闭以及局部金融市场动荡而在整个金融市场引发系统性风险的事件。随着我国市场化改革和经济金融全球化的不断深入，金融系统受到各种危机波及的可能性也在逐渐增大。而我国金融体系依然存在很多不足，使得金融体系的建设健全问题亟待解决。首先，中国的金融机构同质性较高，容易受到多米诺效应的影响（马君潞，2007）；其次，目前的金融市场仍然缺乏适当的风险控制工具和交易机制，使得系统性风险很容易传播，并在短时间内放大；最后，我国监管手段和技术还比较落后，加上某些人为因素，规则法规难以落实且政策时滞较大。同时当前我国政府也高度重视金融风险的问题，党的十八大报告提出要进一步深化金融机构改革，在国际经济金融形势复杂多变，国内部分地区经济发展困难的部分负面背景下，金融行业各部门在运行中的各种潜在风险因素不容忽视，这种由于单部门或局部风险事件而使整个金融系统甚至经济体系面临冲击的系统性风险事件不同于一般的个别金融风险事件，呈现出独特的内在机理，并会形成极大的外部溢出效应和巨大的社会成本。当前，金融系统性风险的评估、预警和监管问题已引起各国政府和国际金融组织的高度重视。

系统性风险的产生途径一般可以概括为两类，即内生途径和外生途径。前者主要来自金融机构风险累积、金融市场动荡和金融基础设施的不完善，而后者主要源于宏观经济的不稳定和突发事件的冲击。但不管是什么途径，系统性风险主要都是通过金融机构间和金融市场间的相互传染得以实现的。从 2008 年开始的这次国际金融危机来看，系统性风险不仅表现在跨部门方面，也表现在跨时间方面。后者指的是金融体系的顺周期性导致金融风险在时序上被放大，从而加剧经济的周期性波动和自身的不稳健性。本章将重点从金融机构和金融市场两个层面出发，尝试从金融领域系统性风险的传染性视角，对中国金融体系的安全性进行评估。需要指出的是，风险传染性只是说明在发生内生或外生冲击时，通过风险传染发生系统性风险的可能性，至于内生或外生冲击本身发生的可能性及其影响程度则是本报告其余章节所要研究的内容。

第一节　金融风险传染性的评估体系和指数构建

一、金融机构风险传染性评估体系

(一) 数据来源及指标选取依据

从理论上看，金融机构的风险传染性主要取决于金融机构之间资金流的规模及其网络结构，即金融机构间业务往来的紧密程度和内部结构。一般而言，金融机构间业务往来的紧密程度越大，风险冲击在系统内扩散的程度也会越大，系统对风险冲击的分担程度也同样越强。因此，这时的系统对小规模风险冲击的抵抗能力会较强，即使发生较大范围的风险传染，其整体影响程度也会较小，系统功能不会遭受破坏；但一旦发生较大规模的风险冲击，则风险的传播范围和影响程度就会更为严重，系统整体就越容易崩溃，从而导致系统功能无法发挥。

因此本部分将利用公开的中国银行间同业占款情况来评估中国金融机构间业务往来的紧密程度、网络结构特征及其时序变化，分别计算得到金融机构相互依赖指数及金融机构网络结构指数来表明金融机构间的相互依赖程度及网络结构的稳定程度，并以此为基础，综合得到基于风险传染性的金融机构金融安全指数，以对中国金融机构间的风险传染性进行评估。所有数据在未特别说明的情况下，均来自 Bankscope 数据库。

(二) 指标说明

关于中国金融机构间关联性的公开数据很少，为了兼顾研究的有效性，数据的一致性与持续可得性，本章选择了少量关键数据来进行评估。所有数据均为年度数据，时间跨度为2001 年至 2017 年 12 月底。评估的具体指标体系及计算方法见表 5 - 1。

表 5 -1　　　　　　　　　　　　评估指标体系及计算方法

指数	分类指数	计算方法
基于风险传染性的金融机构金融安全指数	金融机构相互依赖指数	$\dfrac{同业资产 + 同业负债}{总资产 + 总负债}$
	金融机构网络结构指数	网络结构评估模型

其中，金融机构相互依赖指数考虑的是银行同业业务的情况。由于相对于中国整个银行体系而言，研究数据并不是完备的，即各银行同业资产总额与同业负债总额并不相等，因此本章以银行同业资产和同业负债占总资产和总负债的比重来衡量金融机构间的相互依赖程度。当金融机构间同业拆借的相对比重比较大时，各金融机构间的相互关联性也较大，金融风险在机构间相互传染的可能性也就越大。

金融机构网络结构指数表示的金融网络结构对风险传染的影响。当网络结构越依赖于少数重要性节点时，则网络结构越不稳定。本章首先基于金融机构间的同业往来情况构建了金融机构关联网络，然后通过自己构建的复杂网络模型评估了单节点违约对系统的影响，并以此为基础分析网络结构的抗冲击能力和相对稳定性，最后得到金融机构网络结构指数。

需要指出的是，由于本章是对金融安全状况进行评估，因此对相关指数的方向做了调整，即风险传染程度越高、网络结构越不稳定，则相应评估指数也就越低。

二、金融市场风险性评估体系

（一）数据来源及指标选取依据

金融市场联动性指的是金融市场之间存在长期的、稳定的关系，一般包括收益率之间、收益率波动率之间和资产流动性之间三个层面。从某种经济意义上说，金融市场间的联动效应就是不同金融市场之间的风险传递过程。

在综合分析指标的代表性、经济含义以及数据可得性的基础上，为了研究国内各金融交易市场之间、国内同境外金融市场之间的联动性，我们从境内外股票市场、债券市场、货币市场、外汇市场、商品期货市场中共选取了 15 个相关指数或交易品种价格作为分析对象。这 15 个价格（指数）对应的子市场和编号见表 5－2，所有数据均来自 Wind 数据库。

表 5－2　　　　　　　　　　　相关价格（指数）及其对应子市场

子市场		市场指数/价格	起止时间	编号
境内市场	股票市场	上证指数	2001—2005	1
		沪深 300 指数	2006—2017	2
	债券市场	上证国债指数	2003—2017	3
	货币市场	Chibor 银行间七天同业拆借利率	2001—2006	4
		Shibor 七天同业拆借利率	2007—2017	5
	外汇市场	人民币兑美元中间价	2001—2017	6
	商品期货市场	沪铜指数	2001—2004	7
		橡胶指数	2001—2004	8
		南华期货金属指数	2005—2017	9
		南华期货能化指数	2005—2017	10
境外市场	股票市场	恒生指数	2001—2017	11
		标普 500 指数	2001—2017	12
		MSCI 发展中国家指数	2011—2017	13
	货币市场	美国联邦基金利率	2001—2017	14
	外汇市场	美元指数	2001—2017	15

（二）指标说明

对于各个分类子市场，尽量选取最具代表性的交易品种，但为了保证数据的连续性，部分指标在早期选择了相近的同类数据：例如中国股票市场数据主要选取更有代表性的沪深300 指数，而在 2001—2005 年则选取上证综合指数作为补充；同样，中国货币市场数据在

2001—2006 年选取 Chibor 银行间同业拆借利率，之后则选择更有代表性的 Shibor 七天同业拆借利率数据；在商品期货市场，则选取沪铜指数和橡胶指数分别作为南华期货金属指数和南华期货能化指数的早期替代。

在数据处理上，首先针对各个交易品种，获取了从 2001 年 1 月 1 日至 2017 年 12 月 31 日的日收盘价数据，并计算得到各品种的日收益率，然后对境内各子市场及境内市场同境外市场两两之间分别做 20%、80% 分位的分位数回归得到尾部相关系数，最后基于两个尾部相关系数绝对值的最大值，通过平均化和标准化后分别计算得到内部市场风险传染指数和外部市场风险传染指数。其中，内部市场风险传染指数表示国内金融市场间的风险传染程度，而外部市场风险传染指数则表示境内市场与境外市场间的风险传染程度。各指数计算方法如表 5-3 所示。

表 5-3　　　　　　　　　　　　　指数计算方法

指数	分类指数	计算方法
基于风险传染性的金融市场金融安全指数	内部市场风险传染指数	境内各金融子市场间年度日收益率的尾部相关性
	外部市场风险传染指数	境内各金融子市场与境外各金融子市场间年度日收益率的尾部相关性

同样需要指出的是，由于本章是对金融安全状况进行评估，因此对相关指数的方向做了调整，即各子市场间相关性越大，相应风险传染指数越低。

三、基于风险传染的中国金融安全指数

以上所有数据均先同向化处理后，再用功效系数法进行标准化，最后按照一定权重将基于风险传染的金融机构金融安全指数与金融市场金融安全指数加权得到基于风险传染的中国金融安全指数。各指数指标值越高代表安全状态越好，指标值越低则代表安全状态越差。

第二节　基于风险传染性的中国金融安全评估结果与分析

一、基于风险传染性的金融机构金融安全评估

通过计算得到的中国金融机构相互依赖指数、金融机构网络结构指数和基于风险传染性的金融机构金融安全指数结果如表 5-4 所示。

表 5-4　　　　　　　　　金融机构安全指数及其分类指数

年份	相互依赖指数	网络结构指数	金融机构安全指数
2001	0.0948	0.1393	0.1171
2002	0.0810	0.0743	0.0776
2003	0.0945	0.0600	0.0772

年份	相互依赖指数	网络结构指数	金融机构安全指数
2004	0.0946	0.0988	0.0967
2005	0.1128	0.3021	0.2074
2006	0.1353	0.4159	0.2756
2007	0.2052	0.4056	0.3054
2008	0.2369	0.5555	0.3962
2009	0.2309	0.4783	0.3546
2010	0.1452	0.7750	0.4601
2011	0.1835	0.7144	0.4490
2012	0.2158	0.9580	0.5869
2013	0.1940	0.6146	0.4043
2014	0.2154	0.5474	0.3814
2015	0.2251	0.8369	0.5310
2016	0.2084	1.2294	0.7189
2017	0.1824	0.8500	0.5162

经由功效系数法处理得到的分类指数如表 5-5 和图 5-1 所示。

表 5-5　　　　　　　金融机构安全指数及其分类指数

年份	相互依赖指数	网络结构指数	金融机构安全指数
2001	96.4543	97.2849	96.8696
2002	100.0000	99.5103	99.7551
2003	96.5245	100.0000	98.2622
2004	96.5005	98.6708	97.5857
2005	91.8462	91.7166	91.7814
2006	86.0695	87.8241	86.9468
2007	68.1207	88.1778	78.1492
2008	60.0000	83.0505	71.5253
2009	61.5178	85.6919	73.6049
2010	83.5088	75.5410	79.5249
2011	73.6960	77.6143	75.6551
2012	65.3957	69.2830	67.3393
2013	70.9913	81.0270	76.0092
2014	65.4976	83.3273	74.4125
2015	63.0036	73.4261	68.2148
2016	67.3015	60.0000	63.6508
2017	73.9648	72.9770	73.4709

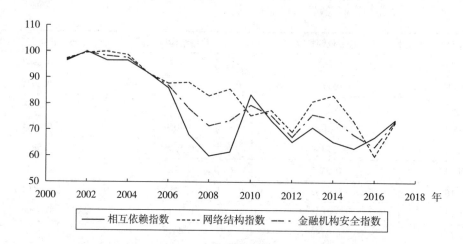

图 5 – 1　基于风险传染性的金融机构金融安全指数及其分类指数

　　整体来看，虽然采用了不同的数据和模型方法，但金融机构相互依赖指数与金融机构网络结构指数基本上保持了同步，均在整体上呈现出震荡下行的趋势。这与一般直觉与观察是一致的，即随着中国金融体系市场化改革和全球化发展的不断深入，金融机构日益依靠重视自身的风险管理、流动性管理和盈利管理，这必然导致金融机构之间的业务关联、市场关联和信息管理程度不断提高，从而使得全国甚至全球金融企业更为紧密地联系起来成为一个整体，这一紧密管理也就使得各类冲击更容易在金融体系内通过各种机制在金融机构之间相互传染，并可能最终导致系统性风险的形成。

　　在上述大趋势基础上，相关指数以 2008 年为分界点，在前后还是表现出一些不同的特征，这不仅反映了中国金融体系改革的进程，也充分反映了金融危机冲击带来的影响。金融机构相互依赖指数和网络结构指数在 2001—2004 年均波动较小且保持在较高水平，其原因主要是当时银行间市场发展尚不成熟，利率市场化改革与金融机构改革也才起步不久，同业市场交易量还不高，利率水平也较平稳，这导致金融机构间的业务关联规模相对较小，风险传染的可能性也相应较小。

　　2004 年 10 月，金融机构贷款利率上限被完全放开，银行业的市场竞争日益加剧，尤其是 2007 年，上海银行间同业拆借利率作为货币市场基准利率指标体系开始推出，同时市场流动性泛滥，银行间同业拆借市场交易量在当年获得了巨大增长。相应地，金融机构相互依赖指数和网络结构指数在 2004—2008 年出现了一个快速下降的时期，充分反映了外部环境压力下银行间业务关联程度的大幅上升。同时，金融机构改革也使得金融机构数量在 2007 年大幅减少，市场集中化程度得以上升，从而导致金融机构网络结构的显著变化和网络稳定性的下降。

　　2008 年之后的一段时间，随着全球性金融危机的全面爆发和国家各项应急措施的推出，金融机构的发展处于一个"异常期"。金融机构资产规模的快速扩张使得同业交易的相对规模有所下降，这降低了金融机构间的相互关联程度，但金融机构网络结构的稳定性却进一步恶化。随着金融危机的不断扩散与深化，金融应急措施的后遗症也逐步显现，金融市场的信用风险和流动性风险不断集聚，同时各金融机构开始采取各种措施补充资本金和加强流动性管理。这些使得相关指数在2008—2016年出现大幅度的双向波动。

金融机构相互依赖指数在2008年达到最低，并在2010年出现大幅反弹后重回下降趋势，网络结构指数则在2012年达到最低。2013年前后，金融机构的流动性风险开始加剧，市场利率高且大幅波动，金融机构加强了自身流动性管理，这导致同业交易规模出现萎缩，并相应使得两个分类指数均在2013年出现反弹。2014—2016年，由于金融危机而被延缓的利率市场化改革再次提速，金融机构改革也不断深入，同时中国金融市场出现了市场大幅波动和资本外流等问题，使得金融机构更多依赖于同业交易来进行流动性管理和资产负债管理，银行业的市场集中度在此期间也有所增加。这些导致两个分类指数中网络结构指数下滑并在2016年达到历史最低点而相互依赖指数出现大幅上升。

2017年"一行三会"等监管机构针对资管行业、银行、公募、保险等出台一系列金融监管政策，标志着自2012年以来，以金融自由化、影子银行、资管繁荣为特征的金融扩张周期迎来分水岭，一个金融繁荣时代落幕了，金融周期开始进入下半场收缩的新时代，这是包括货币、债券甚至股票等大类资产在未来3年面临的大格局。因此在"严监管"和"控风险"的监管思路下，我国金融监管和去杠杆在当年取得了显著的成效，从而使得金融机构安全情况表现出好转的迹象，较2016年有较大的改善。

结合相互依赖指数和网络结构指数得到的基于风险传染性的金融机构金融安全指数，综合反映了中国金融机构在过去17年时间里在内部和外部冲击下出现大规模风险传染并导致系统性风险出现的潜在可能，指数越低表明这种可能性越高。正如本章开篇所指出的，该指数并不包含内部和外部冲击本身发生的可能性。

如图5-2所示，基于风险传染性的中国金融机构金融安全指数在2001—2016年基本呈逐年递减趋势，只有在国际金融危机爆发的2008年及危机影响逐渐消散的2012年出现明显拐点，但2017年的金融机构安全指数结束了这一趋势，金融机构安全情况在2017年明显有所好转。虽然影响指数走势的因素很复杂，但从前述对分类指数走势的分析来看，包括利率

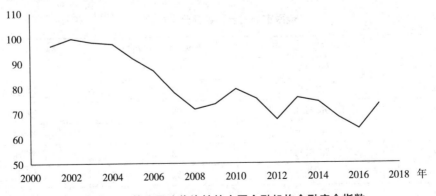

图5-2　基于风险传染性的中国金融机构金融安全指数

市场化、同业市场发展、金融机构改革在内的中国金融体制改革的不断深入，以及金融行业日益市场化的内在规律是影响指数整体趋势的主要原因。

二、基于风险传染性的金融市场金融安全评估

通过计算得到的中国金融市场内部市场传染指数、外部市场传染指数和基于风险传染性的金融市场金融安全指数如表5－6所示。

表5－6　　　　　金融市场安全指数及其分类指数

年份	内部市场传染指数	外部市场传染指数	金融市场安全指数
2001	0.0054	0.0054	0.0054
2002	0.0082	0.0066	0.0051
2003	0.0057	0.0066	0.0075
2004	0.0065	0.0088	0.0110
2005	0.0066	0.0093	0.0120
2006	0.0128	0.0191	0.0254
2007	0.0131	0.0197	0.0262
2008	0.0234	0.0325	0.0417
2009	0.0258	0.0450	0.0642
2010	0.0358	0.0503	0.0648
2011	0.0284	0.0476	0.0668
2012	0.0465	0.0526	0.0587
2013	0.0305	0.0424	0.0543
2014	0.0144	0.0223	0.0302
2015	0.0165	0.0273	0.0382
2016	0.0254	0.0375	0.0495
2017	0.0295	0.0279	0.0314

经功效系数法处理后的金融市场安全指数及其各分类指数如表5－7所示。

表5－7　　　　　金融市场安全指数及分类指数

年份	内部市场传染指数	外部市场传染指数	金融市场安全指数
2001	99.8145	100.0000	99.9072
2002	100.0000	97.2493	98.6246
2003	98.4158	99.7312	99.0735
2004	96.1405	98.9456	97.5431
2005	95.5155	98.8589	97.1872
2006	86.8055	92.8156	89.8105
2007	86.2809	92.4634	89.3721

续表

年份	内部市场传染指数	外部市场传染指数	金融市场安全指数
2008	76.2639	82.5072	79.3855
2009	61.6664	80.1521	70.9092
2010	61.2679	70.3981	65.8330
2011	60.0000	77.6036	68.8018
2012	65.2315	60.0000	62.6158
2013	68.1248	75.5459	71.8354
2014	83.7415	91.2746	87.5080
2015	78.5501	89.2021	83.8761
2016	71.2021	80.5190	75.8605
2017	82.9516	76.5261	79.7388

各指数走势如图 5-3 所示。

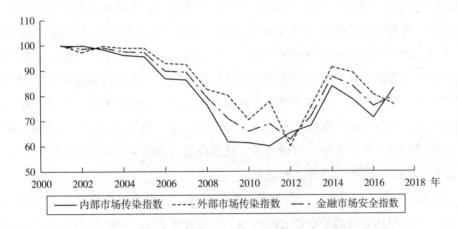

图 5-3 基于风险传染性的金融市场金融安全指数及其分类指数

由图 5-3 可以看出, 内部市场传染指数与外部市场传染指数在 2001 年至 2016 年整个区间都表现出很强的同步性, 即国内各金融子市场之间以及国内同国外各子市场之间的相互关联强度是同步的, 但在 2017 年两组指数表现出了较大的差异, 同步性暂时消失, 内部市场的传染性升高, 外部市场与内部市场之间的传染性则有所下降。

两个传染指数在 2007 年之前都比较高, 而从国际金融危机爆发的 2008 年开始快速下降, 内部市场传染指数和外部市场传染指数分别在 2011 年和 2012 年达到最低点后出现了快速上升, 但又均在 2015 年开始下降。

2001—2005 年, 中国各金融子市场均处于相对割裂的状态, 而作为一个整体与境外金融市场之间也是相互分割的, 各子市场之间的相关性都很低。2006 年, 两个分类指数有了第一次显著下降, 其中随着中国股票市场股权分置改革的启动和证券市场的快速活跃, 股票市场开始处于中国金融子市场相互关联的核心, 其与货币市场、金属期货市场都有较强的相互关联；同时，2005 年开始的人民币汇率形成机制改革和不断推进的利率市场化，提高了外汇市场和债券市场的市场化水平，使相关价格更能反映市场供求，从而两者之间的相互关联在此期间也得以提高，但外汇市场还主要受中央银行政策影响，在市场体系中与境内其他子市场之间的关联仍较低；此外，两个商品期货市场之间、债券市场与外汇市场之间也都存在显著关联。同时，境内与境外市场的关联性也开始增强，但主要还是表现在各子市场与香港证券市场之间的关联上，与其他境外市场之间还未显现出较强关联性。

2008—2012 年，由于国际金融危机对全球金融市场的冲击以及中国金融市场对内市场化改革和对外开放力度的增强，各金融子市场之间（包括境内子市场间及境内同境外市场间）的相互关联从 2008 年开始明显加强，几乎每个子市场都与其他若干子市场之间存在显著的相互关联，并且不存在市场间的相互分割，这与 2006 年之前的状况形成了鲜明的对比。另一个显著特征是，境内股票市场与货币市场之间的强关联成为境内市场关联的核心，其次是货币市场和外汇市场，这充分表现出市场流动性在此期间的重要性，而境内股票市场与其他各市场之间的相关性则明显下降。同时境内股票市场和外汇市场同香港股票市场的关联性也有明显提高。这种增长势头持续到 2010 年左右，各子市场之间的相互关联性基本达到了区间的最大值。2011 年市场关联情况得到进一步强化，境内股票市场、货币市场和外汇市场两两之间存在的显著关联成为境内市场相关性的核心，但作为境内同境外市场相关性核心的境内外汇市场、货币市场、股票市场同香港股票市场之间的相互关联性有所下降，这导致境内与境外市场之间整体的关联性稍有下降。2012 年，由于样本中开始加入 MSCI 发展中国家指数，其显示出境内外汇市场、货币市场、股票市场同发展中国家股票市场均存在较强的关联性，外部市场传染指数在当年达到最低。

2013—2015 年，无论是境内股票市场、外汇市场、货币市场两两之间的相互关联性，还是这三类子市场与其他境内子市场之间的相关性均有所下降；同时境内货币市场、外汇市场、股票市场与香港股票市场、发展中国家股票市场之间的相互关联性也都有所下降。2014年，两大分类指数均达到 2008 年以来的最高点，不仅跨子市场的联动性大幅下降，而且子市场内部的联动性也有所下降。2016—2017 年，内部市场中各金融子市场的相互关联性略有提高，尤其是境内股票市场与货币市场之间的相互关联性得到进一步增强，达到 2008 年金融危机之后的高点；但外部关联性已显著降低，尤其是境内市场与境外市场之间的外部关联性下降幅度较大。

结合内部市场传染指数和外部市场传染指数得到的基于风险传染性的金融市场金融安全指数，综合反映了过去将近 17 年间中国境内金融子市场之间以及境内金融市场与境外金融市场之间的联动关系，从而体现了金融子市场之间产生跨市场波动并进而引发整个市场大幅度波动的可能性，指数越低表明这种可能性越高。同样，该指数并不包含单个金融子市场发生风险事件的可能性。基于风险传染性的中国金融市场金融安全指数如图 5－4 所示。

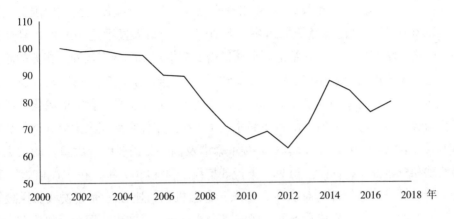

图 5 - 4 基于风险传染性的中国金融市场金融安全指数

三、基于风险传染性的中国金融市场金融安全评估

利用金融体系的国内外数据，从风险传染性出发，本章分别对中国金融机构和金融市场的金融安全状况进行了评估，并基于得到的指数，按照一定权重计算得到了从风险传染性出发反映中国金融安全状况的整合指数，即基于风险传染性的中国金融安全指数，结果如表5 - 8 所示。

表 5 - 8   金融安全指数汇总

年份	未处理结果			经功效系数法处理后结果		
	金融机构安全指数	金融市场安全指数	金融安全指数	金融机构安全指数	金融市场安全指数	金融安全指数
2001	0.1171	0.0054	0.0612	96.8696	99.9072	98.3884
2002	0.0776	0.0066	0.0421	99.7551	98.6246	99.1899
2003	0.0772	0.0066	0.0419	98.2622	99.0735	98.6679
2004	0.0967	0.0088	0.0527	97.5857	97.5431	97.5644
2005	0.2074	0.0093	0.1084	91.7814	97.1872	94.4843
2006	0.2756	0.0191	0.1473	86.9468	89.8105	88.3787
2007	0.3054	0.0197	0.1625	78.1492	89.3721	83.7607
2008	0.3962	0.0325	0.2144	71.5253	79.3855	75.4554
2009	0.3546	0.0450	0.1998	73.6049	70.9092	72.257
2010	0.4601	0.0503	0.2552	79.5249	65.833	72.679
2011	0.4490	0.0476	0.2483	75.6551	68.8018	72.2285
2012	0.5869	0.0526	0.3198	67.3393	62.6158	64.9776
2013	0.4043	0.0424	0.2234	76.0092	71.8354	73.9223
2014	0.3814	0.0223	0.2018	74.4125	87.508	80.9602
2015	0.5310	0.0273	0.2792	68.2148	83.8761	76.0455
2016	0.7189	0.0375	0.3782	63.6508	75.8605	69.7557
2017	0.5162	0.0279	0.2721	73.4709	79.7388	76.6049

如图 5-5 所示，除 2012 年及 2014 年出现拐点外，基于风险传染性的中国金融安全指数在 2001—2016 年基本呈逐年降低的趋势，但 2017 年的结果显示这一恶化趋势有扭转迹象，金融安全指数略有提高，这一结论同金融机构安全指数和金融市场安全指数的趋势相一致。纵观最近几年国内的金融安全形势，自 2008 年国际金融危机后虽有波动，但整体安全形势有所好转，基本呈现 U 形走势。自 2014 年之后金融机构改革、利率市场化、股市动荡及世界经济局势不稳定等一系列内部和外部冲击使得我国整体金融安全形势在逐年恶化。特别是在 2016 年国内股市熔断、债市暴跌、楼市暴涨及国外英国脱欧等大事件的发生，导致市场剧烈波动和资本外流，从而使得两分类指数持续下降。2017 年，在"严监管"和"控风险"的监管理念下，监管部门对实体、地产、金融机构、地方融资等领域的风险管控卓有成效，使得内部金融安全指数和外部金融安全指数提高，反映出我国金融机构和金融市场的安全情况均出现进一步好转；另外考虑到 2017 年可获得的数据不全，部分数据以上市金融机构数据代替，因此结果可能存在误差，但整体趋势仍然显示出我国的整体金融安全形势趋于好转。

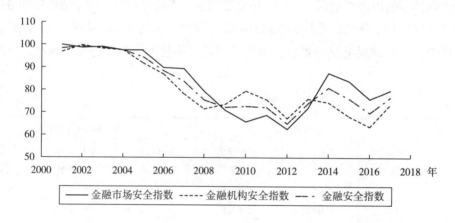

图 5-5　基于风险传染性的中国金融安全指数（处理后）

第三节　基于风险传染性的中国金融安全评估结论与展望

一、风险隐患分析

本节首先基于金融机构的公开数据，结合网络结构模型计算得到中国金融机构相互依赖指数、金融机构网络结构指数和基于风险传染性的金融机构金融安全指数，随后通过各金融子市场的交易指数计算得到各子市场之间风险传染指数，并对此分类得出内部风险传染指数、外部风险传染指数和金融市场金融安全指数，最后汇总得到金融安全指数。总结各项结果可得当前主要存在以下几点风险传染隐患。

第一，信用风险过度集聚于银行体系，金融结构不合理。尽管金融机构间相互依赖程度和网络结构稳定性在 2017 年有所提升，但网络结构依然存在依赖于少数重要性节点的现象，特别是银行在系统重要性金融机构中占比较高，银行在金融机构网络中的加权中心度远超其他机构居于主导地位，从而使得我国金融机构的网络结构稳定度缺失，机构间存在较大的风险传染的可能性。而随着近些年银行信贷业务的发展，信用风险在银行体系过度累积的几率增大。

第二，同业拆借期限、额度受限，金融机构流动性风险日益凸显。2017 年金融机构间风险传染结果表明机构间的相互依赖程度比 2016 年略有增加，金融机构间相互依赖指数表示金融机构间同业拆借业务的相对比重，比重越大则机构间相互依赖越严重，金融机构同质性越高，风险传染的可能性越大。而商业银行存款业务竞争日趋激烈，存款增速持续放缓，同时贷款结构中中长期贷款占比越来越高，使得商业银行的流动性风险有所上升。不少银行利用短期同业和理财资金对接期限较长、流动性差的非标准化债权资产，资金期限过度错配。同时，证券公司、基金公司资产管理规模快速扩大，但一直缺乏有效的融资渠道，同业资金拆借的期限、额度也受严格限制，流动性风险进一步累积，大大增加了金融机构间风险传染的效率和规模。

第三，跨境资本流动风险增大，金融市场不确定性加大。我们以境内金融市场中各子市场的风险传染指数加权平均得到内部市场传染指数，以境内金融市场中各子市场同境外金融市场各子市场之间的风险传染指数加权平均得到外部市场传染指数。由以上结果可得 2017 年金融内部市场安全性较 2016 年略有升高，但外部市场安全程度有所下降。其中境外股票市场与境内各市场，境外外汇市场与境内股票、外汇市场，境外期货市场与境内期货、股票市场之间的风险传染程度在 2017 年均有提升，因此跨境资本流动风险以及国际重大事件例如"美国税改""比特币狂潮"等事件无疑会增大我国金融市场的不确定性；同时美欧量化宽松政策走向以及退出的时间、进度和方式等因素，将对我国国际收支和跨境资本流动管理产生影响。未来货物跨境贸易收支的不确定性、境外直接投资的趋向变化、对人民币预期变化等因素，也将直接影响跨境资本流动，如上问题产生的国际金融风险跨境传染不容忽视。

第四，风险传染效率提高，风险交叉传染依旧。我们研究发现，境内股票市场与债券市场、期货市场、外汇市场之间的传染效应均具有时变特征，风险传染加剧持续时间有减少的趋势，即风险传染的效率近年来有所提高。同时各金融子市场之间大多存在显著传染效应，内地与香港地区股市之间也存在显著的风险传染关系。考虑金融风险传染的内在机理，其中经济层面的关联性是金融风险传染的基础，银行信贷、证券投资和资金流动等方面存在关联性，投资者的情绪及其非理性行为在风险传染中发挥着重要作用，同时信息技术飞速发展也加速了金融风险传染。因此金融风险交叉传染的隐患不容忽视，即不仅需要考虑金融市场间的风险传染，金融与地产、金融与实体等跨行业、跨部门的风险传染问题同样需要关注。

二、结论与展望

基于上述分析，我们可以得到两个重要的结论。

第一，在决定中国金融风险传染性的众多因素中，制度因素始终是最为重要的。过去十多年，正是中国金融体制改革最为关键的时期。无论是金融监管体系改革还是金融机构改革，抑或是证券市场改革与利率和汇率形成机制改革，或者金融创新的不断发展，其始终坚持的市场化方向和不断扩大的对外开放，以及金融全球化的大背景，都使得金融机构之间和金融子市场之间的各种相互关联关系在整体上呈现出了越来越强的趋势，这导致局部的内生性或外生性风险冲击越来越容易在金融体系内造成大面积传染，从而提高了系统性风险形成的可能性。2008年国际金融危机的冲击和后续一系列经济金融政策的调整对上述趋势是有显著影响的，尽管这一影响不会改变中国金融体制改革的总体方向，但会导致一定时期的波动。

第二，金融风险传染具有多层次、多通道和交互式的复杂特征，从历史发展来看，流动性问题日益成为金融机构之间和金融子市场之间越来越紧密关联的一个关键问题。一方面，由于金融本身所固有的高杠杆性，市场流动性极易快速放大和萎缩，流动性风险可以在短时期内急剧放大；另一方面，市场流动性很容易通过金融市场在不同金融机构之间、不同金融子市场之间快速周转，不仅影响各金融机构的业务经营和风险管理，也影响到市场价格和交易量。市场流动性的这种易变性和扩散性，不仅在2008年以来的全球性金融危机中，而且在过去几年中国金融市场出现的"钱荒"现象、2015年与2016年证券市场的剧烈冲击和外汇市场的大幅波动等中都有显著体现。金融机构和金融子市场通过市场流动性越来越紧密联系起来，而这种紧密联系又使得流动性冲击更易在整个系统内快速传播，一方面这种紧密联系能使系统更容易分担流动性冲击的影响，但另一方面一旦这种冲击达到一定程度，就更容易导致系统的全面失能甚至崩溃，这种"稳健而脆弱"的特征将会是一个常态。

基于这两点结论，本章认为，上述趋势及其特点以及趋势背后的政治经济因素将在长期内影响基于风险传染性的中国金融安全的整体态势，即使这一趋势受到一些突发事件的影响也不会最终改变。尤其是随着中国证券市场、利率市场和外汇市场市场化改革的加速推进，这一趋势可能在未来几年内进一步加速，这必然给中国的金融监管带来新的挑战。鉴于此，本章在最后提出如下相关政策建议，以供参考。

第一，坚持市场化和对内对外开放的改革方向，提高金融体系活力。虽然这会通过提高金融体系的内在关联而加大金融风险的传染性，但也不能因噎废食，因为只有提高金融体系活力才能增强金融体系在面对金融风险冲击的系统弹性，提高金融机构的抗风险能力和金融市场的自我恢复能力。

第二，加强流动性风险的监管和处置能力。目前，流动性风险问题已日益受到国际监管层的重视，但流动性易变性和扩散性增加了流动性风险的监管难度。针对这一情况，应该充分利用现有金融基础设施和技术条件，例如现代化支付系统、电子化金融交易系统和信息管理系统等，增强对市场交易数据的监控能力和大数据处理能力，努力实现对金融市场的实时监管和对流动性风险的实时预警。

　　第三，建立成体系的系统性风险应急处理措施。基于金融的自身规律，局部性金融风险是不可避免的，因此金融监管的关键在于如何防范局部性金融风险发展成为全局性金融危机，如何"守住不发生系统性金融风险"的底线。这不仅要求有一整套稳健的金融基础设施，还要求建立成体系的系统性风险应急处理措施，以快速判断外部干预的时机、方式和方法，降低干预成本，提高干预效率。

第六章   经济运行安全评估

前面我们侧重从金融机构及金融市场的角度对金融系统的稳定性及安全状态进行评估，这是我们金融安全状况评估的最为核心部分。但是，金融系统仅为国民经济的重要组成部分，我们需将金融系统植根于经济系统中，研究经济系统隐患的评估，找出我国金融安全存在的隐患，并通过各部门的资产负债关联来研究金融安全对我国宏观经济的影响及风险的传染路径。

第一节   评估体系和指数构建

一、经济系统中金融安全评估的模型

一般采用四种模型：一是早期预警模型。Goldstein、Kaminsky 和 Reinhart（2000）运用 1970—1995 年的数据来计算指标的最优临界值，同时选取 1996—1997 年末的数据，利用评估信号法识别受亚洲金融危机影响最深的国家。二是投资银行的早期风险预警模型。美国银行（Bank of America）的货币危机指示器（currency crisis indicator）衡量了 18 个新兴经济体的货币贬值风险，其中用到了 3 种全球通用的风险预警指标和 8 种美国特有的风险预警指标，观测值导入了五级评分系统，得分作为面板数据进行分析。瑞士联合银行的金融脆弱性指标（financial vulnerability indicator）[UBS *Investment Research*，2006（6）] 衡量了 16 个新兴经济体的主权债务违约风险，以确定外部筹融资比例。三是 IMF 的早期预警体系。IMF 早在 2001 年就建立了风险预警体系（VE），主要是为了加强对 20 世纪 90 年代新兴经济体抵御危机的风险基金的管控。这项实践最初用的是 Berg 和 Pattillo（1999）模型。四是资产负债表的方法。部件临界评估方法（component critical assessment，CCA）的核心是把各部门的权益或担保看作期权，并运用期权定价模型进行定价，用于估算宏观经济的风险暴露。Gray（2001，2002）、Gray 和 Malone（2008），以及 Gray、Merton 和 Bodie（2002，2006，2008）等运用这种方法对宏观金融风险进行了阐述，具体用于以下领域：主权部门的风险度量及可持续探讨、银行系统性风险度量、国家风险压力测试、企业部门脆弱性及其与国民经济的联动性等。Grayetal（2008）、Castren 和 Kavonius（2009）等运用金融网络模型探讨

了各部门间的风险转移路径。这种方法能够进一步认清宏观金融风险的源头及传染模式，进而全面地分析负面冲击在宏观金融中的传导过程及其对宏观经济、金融脆弱性的影响作用。

二、经济系统中金融安全评估的指标体系

"潜在风险"的识别指标包括 19 种变量（IMF，2011），分别取自宏观经济四大部分：进出口贸易、公共经济、金融经济、实体经济。Kaminsky 等人（1998）罗列了 105 个解释变量，其中有内生性的、金融的、实际的、政策相关的、制度的、政治上的变量等。对前人研究进行总结归纳较为全面的还有 Hawkins 和 Klau（2000）以及 Abiad（2003）。Frankel 和 Saravelos（2012）对 2002 年以来的七篇文献进行了综合分析，发现外汇储备、实际汇率、借贷利率增长、通货膨胀率是最常用到的统计指标。学术界和监管部门对各类指标体系进行了详细论述，具体包括 Jeff Frankel（2011）、亚洲开发银行（2006）、全球金融稳定报告指标体系、世界银行和 IMF（2004）金融稳健指标集等。次贷危机后，指标体系发生了一定的偏移，全球金融稳定报告（2009）认为，从被检验的全球金融机构样本来看，杠杆比率[①]和资产回报率被证明是最可靠的指标，而资本资产比率和不良贷款数据则缺乏预测能力。Obstfeld、Shambaugh 和 Taylor（2009，2010）发现过度的外汇储备（相对于 M_2）是预测外汇贬值的有利指标，但是还不能作为金融危机的预警指标。Rose 和 Spiegel（2009a；2009b）建立了一个实际 GDP、股市和国家信用评级以及汇率在内的模型，尽管样本量超过 Obstfeld，但是没有发现显著性的风险预警指标。Rose 和 Spiegel（2011）将样本数据更新到了 2009 年，发现货币贬值、股市萧条、GDP 下滑更能预示危机的到来。Berkmen 等人（2009）发现那些财务杠杆更大的国家更容易遭受经济下滑的风险，外汇汇率的灵活性能够起到补救作用。正如 Rose 和 Spiegel（2009a）以及 Blanchard 等人（2009）文章中提到的，外汇储备的影响并不显著。Lane 和 Milesi‑Ferretti（2011）主要关注 GDP 变化以及国民消费需求水平，发现遭受危机重创的国家都兼具以下特点：第一，危机前经济增幅非常快；第二，经常性账户赤字严重；第三，贸易开放程度较高；第四，制造业占比较高。Llaudes、Salman 和 Chivakul（2011）以及 Dominguez、Hashimoto 和 Ito（2011）还发现新兴市场在 2007 年前备有危机储备基金的受创较小。Reinhart 和 Rogoff（2012）认为经济体的高度杠杆运转，容易遭遇信心的不稳定与变化无常，尤其当大规模短期债务需要不断延期时，经济金融很有可能遭遇金融危机。同时他们基于全球数据提出了"90、60"标准：发达经济体和新兴市场经济体都存在相似的公共债务阈值，即在正常债务水平时，政府债务与 GDP 实际增长率之间表现为弱相关关系；当公共债务占 GDP 比例超过 90% 时，公共债务每增长一个百分点，GDP 实际增长率的中值大致下降一个百分点；外债规模占 GDP 比例超过 60% 的国家，经济增长前景会出现明显恶化，当比重超过 90% 时，经济大多会出现衰退。

---

① 债务占普通股的比例；短期债务占总债务的比例。

三、评估框架与指标体系选择

（一）评估框架

从最近研究发展趋势及各国实践来看，金融安全的评估存在以下变化趋势：一是从准确预测预警危机发生时刻转向全面评估金融系统的潜在风险，金融稳定分析的内容是金融体系抵御不可预见冲击的能力；二是金融安全评估范围扩展到整个经济系统，金融系统的稳定主要依靠构成系统的机构、体系和管理安排。因为金融系统也影响或被宏观经济环境影响，不稳定的影响或冲击可能来自其内部或外部，能相互作用引发一个比局部影响总和要大得多的整体影响；三是在指标体系的选择上面，更加强调经济金融杠杆率、金融周期的运行和经济体系各部分的资产负债结构。

为此，本部分拟结合资产负债表的分析方法，将国民经济部门分为住户、金融企业、非金融企业、公共部门四大部门，将金融部门置于国民经济体系中，对整体金融安全进行评估。评估框架拟研究以下问题：第一，宏观经济金融状况监测，用于评估金融部门受某一特定冲击或组合性冲击时面临的主要风险，一般采用早期预警模型（early - warning - system，EWS）中的指标体系，对金融体系带来极大冲击的可能性进行前瞻性评估；第二，各经济部门的资产负债状况分析，拟研究两个关键问题：一是宏观财务联系分析，力图了解引发冲击的风险敞口如何通过金融体系传递到宏观经济，评估金融部门对宏观经济状况的冲击效果，所需要的数据包括各部门的资产负债表、私营部门获得融资的指标；二是宏观经济状况的监测，主要是监测金融体系对宏观经济状况的总体影响，特别是对债务可持续性的影响。

（二）指标体系

基于金融安全评估的定义与本部分的分析框架，我们将指标体系分为两类：一类是经济运行中的金融风险评估；另一类是经济运行中的金融发展状况评估。具体指标体系如表6-1及表6-2所示。

表6-1　　　　　　　　　经济运行中的金融风险评估指标体系

一级指标	二级指标	三级指标	衡量风险	数据来源
宏观经济金融指标	经济增速	实际GDP增速	经济波动风险	Wind资讯
	物价指标	CPI、PPI	通胀通缩风险	Wind资讯
	金融环境	社会融资规模同比增长、M_2/GDP、M_2同比增长、私营部门信贷同比增长	金融周期波动风险	Wind资讯、世界银行数据库
	人民币运行	中国出口美国指数、热钱、外汇占款	人民币风险	Wind资讯
	总杠杆率	扣除金融部门后社会各部门负债/GDP	杠杆率风险[①]	李扬（2013，2015）[②]

[①] 住户部门杠杆率债务数据为贷款，不包含债券，为住户部门消费性贷款加上经营性贷款。非金融企业部门杠杆率为信贷资金加债务类金融工具加其他金融工具获得的资金。政府部门杠杆率为中央政府债务加地方政府债务。金融机构杠杆率剔除了通货与存款，仅含金融部门发行的债务余额。此处杠杆率为实体经济部门总杠杆率，即不含金融部门的其他各部门杠杆率加总。

[②] 李扬（2013，2015）中缺失2011年和2013年的数据，本报告进行了插值处理。

续表

一级指标	二级指标	三级指标	衡量风险	数据来源
非金融企业部门	杠杆率	总负债占股本比率	非金融企业部门风险评估	CEIC、Wind 资讯
	收益与偿债能力	工业企业主营业务收入同比增长、工业企业盈利数量占比		国务院发展研究中心（DRC）行业景气监测平台、CEIC
住户部门	杠杆率	（私营企业及个体贷款＋个人短期消费贷款和个人中长期贷款）/GDP	住户部门风险评估	李扬（2013，2015）
	偿债能力	住户部门可支配收入/住户部门贷款余额		Wind 资讯
公共部门	杠杆率	显性债务余额/GDP	公共部门稳定性评估	李扬（2013）、Wind 资讯、CEIC
	偿债能力	赤字率		Wind 资讯、BVD
	中央银行资产负债结构	中央银行对其他存款性公司债权/GDP、中央银行资产总额/GDP		Wind 资讯

表 6-2　　　　　　　　　　　经济运行中的金融发展评估指标体系

指标	经济含义	数据来源
国民总储蓄率	一国总体储蓄能力	世界银行数据库
劳动人口（15～64 岁）占比	人口结构变化	Wind 资讯
全要素生产率	生产率变化	BVD
实际贷款加权平均利率*	实体经济资金价格	Wind 资讯

注：*表示由于人民银行从 2008 年才开始公布贷款加权平均利率，因此 2007 年以前的数据为一年期名义贷款利率。

第二节　评估结果与分析

图 6-1 显示了 2001 年至 2017 年我国经济运行安全指数、经济运行发展指数以及经济运行风险指数。从图中我们可以发现，2001 年以来，我国经济运行安全状况大致可以分为四个阶段：一是 2001—2007 年，我国加入世贸组织以来，经济活力与发展动力进一步释放，经济长期发展动力与短期驱动因素逐年向好，经济运行安全指数从 2001 年的 76.53 上升至 2007 年的 86.72；二是次贷危机后，我国经济运行开始恶化，金融安全指数从 2007 年的 86.72 下降到 2009 年的 75.22；三是次贷危机后的恢复时期，由于大规模刺激政策的影响，我国经济迅速好转，金融安全指数从 2009 年的 75.22 上升至 2010 年的 83.27；四是转型阵痛期导致我国经济运行恶化，从 2010 年的 83.27 迅速下降到 2017 年的 72.26，相比于 2016 年的 74.27，2017 年我国经济运行安全指数进一步恶化。

面对我国金融部门的规模及业务飞速扩张，为避免经济出现过度"金融化""脱实向虚"、资金空转等一系列严重问题，2017 年以来在"三去一降一补"的大经济背景下，中央和监管部门出台了一系列重大举措，以重塑中国金融业态。采取多种措施遏制实体部门以及金融部门杠杆率增长，在结构性去杠杆的背景下，去杠杆体现出稳中求进的特征，货币政策保持为稳健中性的基本取向。但值得注意的是，在总杠杆率风险的测算中，数据表明四部门（住户部门、非金融企业部门、政府部门、金融部门）杠杆率较 2016 年水平均有上升。特别是住户部门以及政府部门杠杆率较 2016 年都有较大幅度提升。所以未来国家在系统性金融风险的防控方面仍需将工作重心放在如何结构化去杠杆上。2017 年金融波动风险较上一年度有较大幅度的提升，这主要是由于国家在去杠杆的进程中控制了货币的增速以及在监管日益趋严的环境中银行间资金运用更加规范，导致了部分贷款增量的下降。M_2 增速下降给整个实体经济带来的影响值得进一步关注。2017 年影响我国经济长期增长的动力——全要素生产率，在国家大力支持科技创新，重视科技水平发展的政策大背景下有所提高，但其他因素如劳动人口比以及贷款加权利率依旧继续下降。

2018 年值得政府警惕的方面依旧是杠杆率问题，特别是如何降低住户部门以及政府部门杠杆率，注意全社会杠杆率的不平衡问题，在去杠杆的大背景下可能给实体经济造成的冲击问题，以及经济长期可持续发展问题，监管单位应妥善协调好规范经济业务运行体系与经济创新发展之间的关系，采取措施降低金融风险，避免系统性风险和区域性风险。

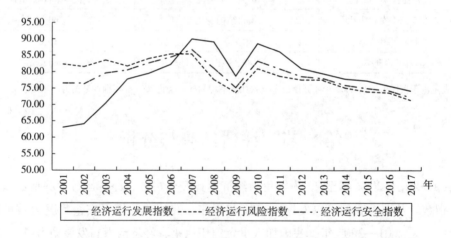

图 6 - 1　我国经济运行中的金融安全评估图及其两个维度（2001—2017 年）

进一步分析图 6 - 1 的评估结果可以发现：第一，经济运行发展指数、经济运行风险指数和经济运行安全指数三者有着相同的发展趋势。这说明在经济发展良好的时期，经济安全性较高；经济发展较低迷的时期，经济安全性较低；第二，综合来看，2008 年与 2011 年是金融安全状态下滑程度最剧烈的时期，而且从 2011 年以来，我国金融安全状态出现趋势性下滑；第三，与 2008 年次贷危机相比，当前我们遭遇了历时更久、更为严峻的金融安全挑战；第四，2017 年我国经济运行安全指数、经济运行发展指数、经济运行风险指数均出现小幅度下降，说明我国经济下行压力大，转型给经济带来的冲击依然不容小觑，且杠杆率风险依然严峻。具体数据如表 6 - 3 所示。

表6-3　　　　　　　　　经济运行安全指数（2001—2017年）

年份	经济波动风险	通胀通缩风险	金融周期波动风险	人民币运行风险	总杠杆率风险	非金融企业部门风险	住户部门风险	公共部门风险	经济运行发展指数	经济运行风险指数	经济运行安全指数
2001	60.00	90.36	81.41	75.43	100.00	80.00	100.00	71.25	63.07	82.31	76.53
2002	65.67	77.08	88.93	79.89	90.00	81.53	89.89	79.36	64.12	81.55	76.32
2003	71.93	93.98	87.31	80.47	83.76	85.93	84.93	80.06	70.46	83.55	79.62
2004	73.66	77.72	83.69	91.03	86.25	83.06	76.17	82.23	77.77	81.73	80.54
2005	81.95	87.52	85.89	84.01	90.56	84.29	76.73	81.25	79.52	84.03	82.67
2006	90.44	95.02	85.66	82.14	87.81	84.05	75.54	82.64	82.24	85.41	84.46
2007	100.00	85.97	84.24	90.87	87.28	78.29	73.54	82.27	90.01	85.31	86.72
2008	76.40	64.74	81.84	76.76	88.35	78.84	74.49	80.00	89.15	77.68	81.12
2009	76.33	64.05	77.18	72.09	80.97	73.82	69.10	76.34	78.70	73.73	75.22
2010	84.41	85.42	88.25	80.63	78.37	85.98	66.40	78.30	88.64	80.97	83.27
2011	79.73	71.47	84.25	74.71	81.02	87.64	66.00	84.64	86.10	78.68	80.91
2012	71.91	93.13	87.31	69.41	75.07	74.90	65.19	83.70	81.01	77.58	78.61
2013	72.67	92.91	86.68	72.03	70.00	76.35	63.81	84.55	79.45	77.37	78.00
2014	71.56	93.23	81.92	69.17	65.94	73.67	63.04	82.63	77.84	75.14	75.95
2015	70.76	77.86	87.61	69.84	70.79	70.30	62.18	82.59	77.29	73.99	74.98
2016	70.88	95.19	86.76	65.72	63.58	73.49	60.86	72.68	75.74	73.64	74.27
2017	73.29	82.07	80.41	71.74	60.00	71.08	60.00	72.73	74.24	71.41	72.26

为进一步比较我国金融安全状态的演变过程，我们拟详细比较分析2008年次贷危机、2011—2015年转型阵痛期，以及2016—2017年"三去一降一补"规划后经济发展新时期，三个阶段经济运行安全隐患的差异。

一、2008—2009年：次贷危机时期我国经济运行安全状态评估

将2006—2009年我国金融安全状况进行对比，如图6-2所示，从中我们可以发现，此次次贷危机对我国金融安全状态的影响主要分为以下几个方面：第一，经济波动风险加剧，相应指数从危机前的90.44下降至76.33；第二，迅速由通胀转为通缩状态，相应指数从危机前的95.02下降至64.05；金融周期波动风险加剧，相应指数从危机前的85.66下降至77.18；总杠杆风险呈先升后降趋势，相应指数从87.81上升至88.35再下降至80.97。

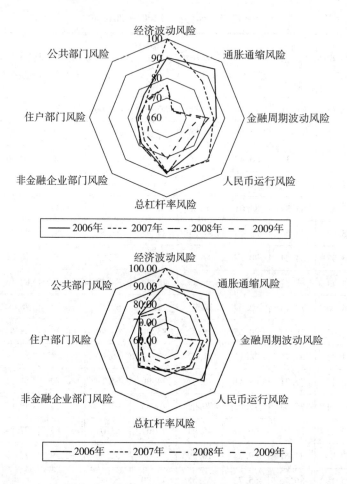

图 6-2 2006—2009 年经济运行安全状况

二、2011—2015 年：阵痛转型期我国经济运行安全总体情况

对比 2008 年、2010 年、2015 年、2016 年我国金融安全状况，如图 6-3 所示。结合图 6-3 与表 6-3，我们可以发现，当前我国金融安全状况与 2008 年次贷危机时期以及次贷危机后的恢复时期相比，有以下几个显著区别：第一，经济波动风险更加严重，且经济增长速度下降存在长期的趋势性；第二，我国总体杠杆率不断上升，杠杆率风险逐渐增加，经济体的资产负债表脆弱性进一步增大。

由此我们可以发现，次贷危机与当前我国面临困境的主要差异：次贷危机的本质在于欧美经济衰退对我国净出口贸易的冲击，而近年来我国宏观经济发展面临的困难更大，世界经济深度调整、增速放缓，各种外部因素不可避免地对我国经济产生影响，但更为重要的是国内正处于经济增长速度换挡期、结构调整阵痛期、前期刺激政策消化期，"三期叠加"使得经济下行压力加大。

与 2008 年和 2010 年相比，转型阵痛期间我国经济运行整体状况欠佳，经济运行风险指

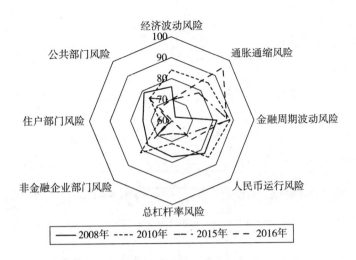

图 6 - 3 2008 年次贷危机后经济运行安全状况

数较 2008 年的 77.68 与 2010 年的 80.97，2016 年风险指数评分仅为 73.64，整体呈现下降趋势，风险级别整体不容乐观。

三、2016—2017 年经济运行安全评估

2015 年底，中央经济工作会议正式提出"三去一降一补"的经济改革方案。2016 年中国经济进入转型期，2017 年经济工作的重点仍然延续 2016 年的基调——去产能、去库存、去杠杆、降成本、补短板五大任务，2017 年是我国经济发展正式进入"十三五"规划的第二年。"三去一降一补"的经济改革方案仍是我国经济全面实行改革转型发展的主要战略。

与 2015 年相比，2016 年经济运行风险指数基本没有变动，为 73.64，2017 年降至71.64，经济运行风险进一步加剧，经济运行发展指数从 77.29 下降至 2016 年的 75.74，2017 年接着降至 74.24，经济运行安全指数从 2015 年呈下降趋势，从 74.98 下降至 2017 年的 72.26，指数均出现一定程度的恶化。经济运行发展指数的下降，通胀通缩风险大幅降低后快速上升，金融周期波动风险指数快速下降，从 2016 年的 86.76 下降至 2017 年的 80.41，总杠杆率风险也进一步上升。公共部门风险也逐渐加剧（见图 6 - 4）。

图 6 - 4 中显示，2017 年全面推行供给侧结构性改革，我国一些部门的经济运行安全状况出现恶化。其中 2017 年经济运行发展指数相比于 2016 年有所下降的最主要原因是，实际中长期贷款加权利率提高，在一定程度上不利于国民经济的发展。且经济运行发展指数整体评分不高，主要原因是国民总储蓄率、劳动人口占比以及全要素生产率这些决定经济长期发展动力的指标并没有提高，说明我国目前仍然处在调结构的阵痛期，经济长期发展动力不足，经济发展面临的风险依然存在。

相比于 2015 年，2016 年、2017 年两年金融周期波动风险的情况持续恶化，从 2015 年的 87.61 下降至 2016 年的 86.76，到 2017 年大幅下滑至 80.41。其中最主要的原因是 2017

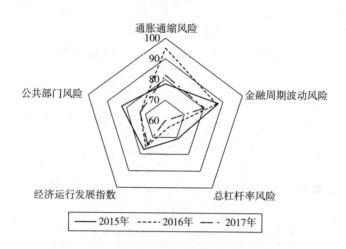

通胀通缩风险
100
90
80
70
60
公共部门风险
金融周期波动风险
经济运行发展指数
总杠杆率风险

—— 2015年　---- 2016年　---- 2017年

图6-4　"十三五"规划后经济运行安全隐患

年国家货币发行总量的控制导致 M_2 的增速严重下滑，短期来看去杠杆、强监管是2017年中国金融市场的主旋律，这使得 M_2 在低位运行，且目前我国货币结构不断发生变化，企业居民选择货币基金等存款以外形式的储蓄，银行存款来源不足，负债压力加大、派生贷款的能力下降，这些都导致 M_2 增速趋于下降，导致金融周期波动风险不断攀升。

2017年我国总杠杆率进一步增加，其中住户部门杠杆率、政府部门杠杆率、企业部门杠杆率均在增加，这些部门杠杆率的增加都源于债务增长速度超过了GDP的增速。住户部门风险加剧的原因是住户部门贷款余额增加，导致住户部门杠杆率增加，2017年主要来源于居民中长期贷款（按揭贷款占较高）。从分项数据来看，住户部门贷款中，主要是在"三降"中，在房地产部门去库存的背景下，居民住房抵押贷款数额激增，且在2017年还出现了一系列不合规的首付贷形式，进一步加剧了住户部门的杠杆率风险。公共部门风险增加的原因是公共部门赤字率的增加，赤字率的增加可能来自以下两个方面：一是经济进入新常态，保持在较低的发展速度，实行积极的财政政策拉动内需需要政府的大量拨款；二是我国财政面临收支困境，财政收入增速逐步放缓，教育、医疗、社会保障等领域的刚性支出又在增加，财政收支差额加大。

如图6-5所示，相比于2015年，2017年中国经济在转型中也有向好的趋势，整体来看，经济波动风险持续下降，风险指数从2015年的70.76微幅上升至2016年的70.88，2017年的73.29，人民币运行风险先升后降，指数从2015年的69.84下降至65.72，2017年上涨至71.74。

经济波动风险指数持续上升，2017年中国GDP全年增速达6.9%，总量超过80万亿元人民币。具体来看，2017年第一季度、第二季度、第三季度、第四季度分别增长6.9%、6.9%、6.8%、6.8%，实现近7年来的首次提速，保持中高速增长。分产业来看，第一产业增加值65 468亿元，比上年增长3.9%；第二产业增加值334 623亿元，增长6.1%；第三产业增加值427 032亿元，增长8.0%。经济向好的主要原因是全球经济已经复苏，中国

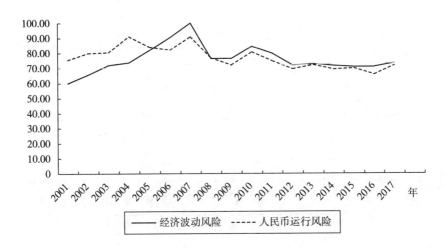

图6-5 "十三五"规划后经济运行向好方面

将来的外贸形势有一个较好的环境；中国的产业，如农业、制造业、服务业等基本稳定；此外，经济结构调整、区域经济的增长以及中国新一轮的大规模开放都会促进经济增长。

2017年人民币运行风险指数相比于2016年有所提升，直接原因是2017年以来外汇储备虽然仍在减少，但是减速降低，我国资本外流速度显著放缓，热钱指数评分明显升高。这可能来自两方面的原因，一是美联储仍存在加息的可能性，但长期来看，美元指数虽有升值可能，但上涨的空间并不大；二是由于我国实行稳健的汇率政策，央行通过频繁的沟通和一定的干预防止人民币汇率的过度波动和预期恶化，短期人民币汇率大幅升值和贬值的基础都不具备，相对"一篮子"货币保持稳定最为重要和现实，人民币贬值压力暂时缓解。但是近年来我国外汇占款波动不断加剧，2016年中国对美国的出口额出现近年来的首次负增长，但2017年这一数字又出现增长态势，这表明人民币运行风险仍然存在，人民币运行风险的降低不能只依靠汇率政策。长期来看，汇率政策干预的有效性在于国内经济向好的基础越来越牢固。尽管人民币正式加入SDR使得其国际影响力显著提高，但是人民币国际化进程的推动依然需要国内经济健康发展作为基石。

第三节 当前我国经济运行中的安全隐患

一、经济增速长期疲软有所缓解，供给侧改革在一定程度上缓解了困境

我国实际GDP增速以及PMI如图6-6所示。通过分析可知，我国实际GDP增速在2017年有明显回升，其原因主要是我国近来以供给侧结构性改革为主线，推动结构优化、动力转换和质量提升，国民经济稳中向好并好于预期，经济活力、动力和潜力不断释放，稳定性、协调性和可持续性明显增强，实现了平稳健康发展。

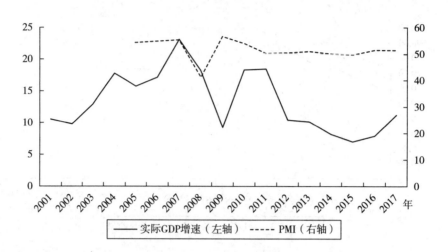

图6-6 我国经济增长态势

从短期需求来看,我国经济快速企稳的概率依然较低。2017年内货物和服务净出口贡献度有所回升,但是最终消费支出贡献度和资本形成贡献额率有所下降。中长期来看,中国经济L形增长态势仍将持续。经济增速放缓与国际经济新平庸、劳动力供给下降、人工成本快速上涨、能源资源生态约束不断增强等影响因素密不可分,也符合经济发展规律,如图6-7所示。

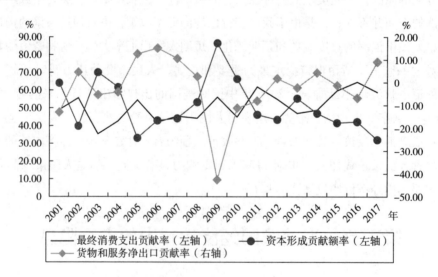

图6-7 总需求对GDP贡献度

中国经济是一个出口主导型经济,欧美经济形势直接影响中国的出口,从而影响国内产业结构的稳定和金融体系的稳定。2017年欧元区国内生产总值增长2.5%,为2007年以来最快增速,尽管欧元区的投资尚未完全从危机中恢复,但在2017年一直对经济增长起到支撑作用。2017年美国劳动力市场表现平稳,失业率为2000年以来最低水平。图6-8显示了欧美经济增长指数与欧美失业率安全指数。其中，欧美经济增长指数与欧美失业率指数均呈上升态势。总体来看，在全球经济回暖的大环境下，欧元区表现较好，欧洲各主要国家经济数据均维持在上升通道之中，美国经济持续复苏，飓风影响退散后，美国劳动力市场显示出强劲增长态势，商业服务、制造业、医疗保健领域显示增长势头，失业率持续下降，经济增长呈现良好态势。全球增长模式成良好态势，发达国家改变消费和负债的模式，影响我国净出口的增长。

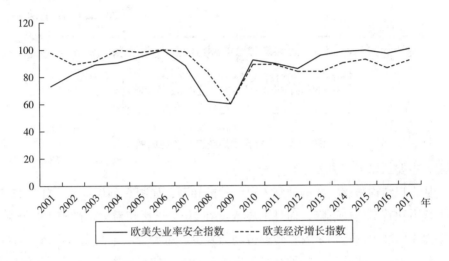

图 6 - 8 欧美经济增长指数与欧美失业率安全指数

其次，我国投资短期内不会大幅上涨。中国经济的回落，很大程度上是因为固定资产投资、私人投资快速下降导致整个实体经济投资萎缩。2012 年之前的十年，私人部门投资平均增速约 20%。2015 年，私人部门投资增速 10.1%，2017 年私人部门投资增速仅有 4.46%，投资意愿非常低。由图 6 - 9 可知，虽然从绝对数量来看，我国固定资产投资完成额处于不断上升趋势中。但自 2009 年以来，我国全社会固定资产投资完成额同比增速不断下降，从 2009 年的 30% 下降至 2017 年的 5.7%。我国民间固定资产投资完成额实际累计同比增速自 2005 年起一直保持下降趋势，2017 年有所缓解。2017 年 11 月，全社会固定资产投资同比增长 7.2%，全国房地产开发投资 100 387 亿元，同比名义增长 7.5%，社会消费品零售总额同比名义增长 10.2%。工业增加值增速小幅回落，主要受采矿业和电力、燃气、水的生产工业和供应下滑冲击，制造业仍然强劲，显示了经济的良好韧性。11 月，六大集团（中国华能、中国国电、中国华电国际、中国大唐、中国电力投资集团公司、浙江省电力建设有限公司）耗煤量同比增长 1.9%，可能与北方大规模限煤有一定联系，限煤也导致相关产业生产同比增速大幅下降。限购、金融政策紧缩和未来房地产政策的不确定性导致房地产开发投资增速出现小幅下滑。在去产能和环保督查作用下，民间投资继续疲弱，短期来看，民间投资大概率保持弱增长格局。

最后，从经济增长动力来看，我国经济正面临增长速度换挡期，产业结构调整一定程度

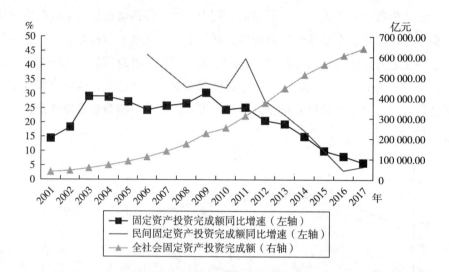

图6-9　全社会固定资产投资完成额

上陷入困境，主要从以下三方面进行分析。

第一，从人口结构来看，我国面临人口结构的转型，如图6-10所示，自2011年以来，劳动年龄人口占比首次出现下降，而且下降幅度在2017年达到最大。随着人口年龄结构的变化，劳动力供给减少，特别是农村转移劳动力减少，对大量依赖低成本劳动力的行业形成较大冲击，劳动力的稀缺性加剧，抑制了资本的回报率，使得投资需求降低。同时人口老龄化发展较快，导致储蓄率下降，资金供应相对减少。

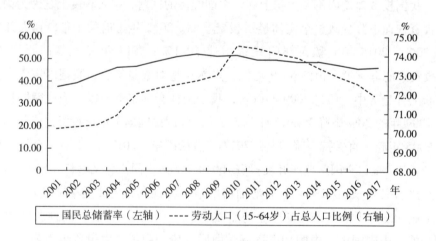

图6-10　我国人口结构及国民储蓄率的变化

第二，如图6-11所示，我国的全要素生产率自2007年以来不断下降，从2007年的9.6下降至2016年的3.1，这说明传统要素投资对我国经济的驱动贡献度逐年下降，单纯依靠对传统要素投资已经不能成为刺激我国经济发展的主要途径。2017年全要素生产率有所回升，一是经济对货币扩张与投资的依赖有所下降；二是货币增速下降的同时，社会融资总量表现平稳，对实体经济形成支撑；三是核心通胀有所提升，PPI 持续高位，工业企业利润持续稳定增长；四是人民币汇率进入双向波动区间，外汇占款与外汇储备持续增加，外部压力有所缓解。

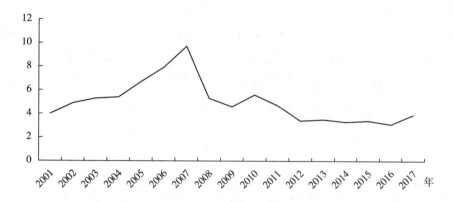

图 6 – 11　我国全要素生产率的变化

第三，2017 年我国经济增长总体平稳，经济结构不断优化，服务业对经济增长的贡献持续提升，消费需求仍是经济增长的主要拉动力，新动能为经济增长的重要动力，第二产业增速明显提高，经济增长质量不断提高。

从图 6 – 12 可以看出，我国第一、二、三产业的增速自 2011 年至 2015 年整体表现出下降趋势。2010 年之后第二产业的增速下了三个台阶：先是从 2010 年第一季度的 15.4% 逐渐下滑到 2011 年底和 2012 年初的 10% 左右，继之下降到 2012 年下半年和 2013 年的 8% 左右，最后下降至 2015 年的 1.61% 左右。2017 年我国经济保持平稳增长，增速比上年有所加快：第一产业增速为 2.82%，与 2016 年相比，回落 1.79%；第二产业增速为 12.96%，比上年增长 7.93%，增速显著；第三产业增速为 11.14%，比上年增长 0.14%。2017 年我国经济

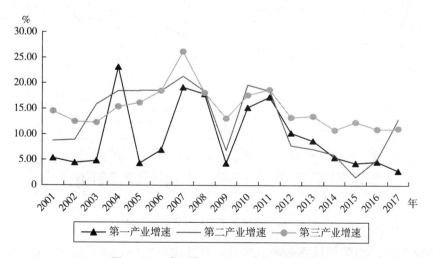

图 6 – 12　我国第一、二、三产业增速变化

延续了党的十八大以来稳中有进的发展态势。

二、中国债务问题陷入结构性矛盾，去杠杆已成中国经济当务之急

（一）2017 年全社会杠杆率进一步攀升，结构性矛盾凸显

如图 6 - 13 和图 6 - 14 所示，全社会杠杆率从 2011 年的 1.85 倍一路攀升至 2017 年的 2.70 倍，除此之外住户部门杠杆率、政府部门杠杆率、非金融企业部门杆杠率、金融部门杠杆率均不断上升。全社会居高不下的债务水平，成为我国经济运行中的又一重大安全隐患。

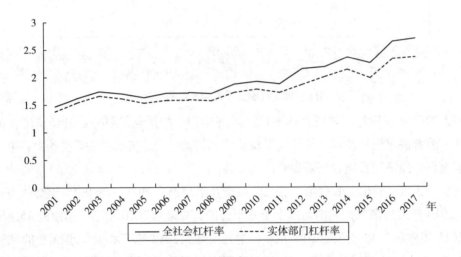

图 6 - 13　我国全社会及实体经济部门杠杆率变化趋势

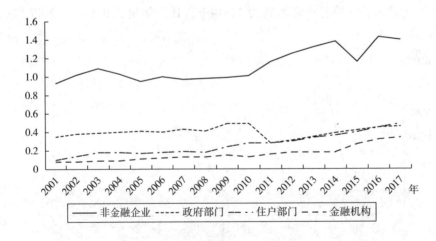

图 6 - 14　我国各部门杠杆率变化趋势

在债务结构上，2008 年国际金融危机后，全球需求疲弱，增长乏力，在"出口导向、

投资拉动"型经济增长模式下,大量企业陷入了通过大规模举债来维持产能和库存的恶性循环。从国际比较来看,中国债务问题的结构性矛盾较为突出。从规模总量来看,中国实体经济部门的债务杠杆率并不高,2017 年末中国对内债务总额 223 万亿元,总杠杆率为269.74%,略高于全球平均 246% 的债务杠杆率,但略低于发达国家平均 279% 的杠杆率。住户部门的杠杆率 48.98%,大幅低于国际平均水平,但是由于中国住户部门债务大部分来源于住房按揭贷款,中低收入家庭承担了大部分债务,整体偿债能力有限。政府部门的杠杆率为 46.31%,整体水平不高,但是其中地方政府杠杆率 30.01%,占整个政府部门债务的64.81%,地方政府债务风险依然严峻。近年来,非金融企业部门的杠杆率大幅提高,与GDP 的比值高达 140.08%,不但显著高于新兴市场 105.9% 的平均水平,也显著高于发达经济体 88.9% 的平均水平。

(二)公共部门赤字率进一步增加,地方政府债务累计、风险加剧

国际公认的警戒标准为赤字率 3% 和政府债务率 60%,就目前来看虽然我国的情况还没有超过这一警戒比率,但是近几年增长很快,正快速地接近这一标准。如图 6-15 所示,显性债务/GDP 的数值从 2011 年的 27.85 一路攀升 2017 年的 46.31,赤字率也是从 2007 年的-0.56 上升至 2017 年的 3.72,这表明公共部门的杠杆率正不断提高。

图 6-15 公共部门负债情况

2017 年政府部门债务持续上升,2011—2017 年,7 年间政府部门债务翻了 2.81 倍。截至 2017 年 12 月,中央政府部门负债约 13.47 万亿元,地方政府债务负债约 24.82 万亿元,地方政府债务累计,风险不断加剧。

截至 2017 年末,地方政府债务占政府部门总债务的比例为 64.81%,债务规模不断攀升。尽管近年来,国家层面出台了一系列的政策,如严禁政府实施隐性担保,但是就本书测算地方政府债务规模的结果来看,这些政策没有起到实质性的控制作用,地方债务累积扩大了结构性矛盾,地方政府负债整体上降低了社会投资效率和经济增长质量,扩大了经济发展的结构性矛盾。除此之外,高居不下的地方债务积累了巨大的金融风险,地方政府通过对控

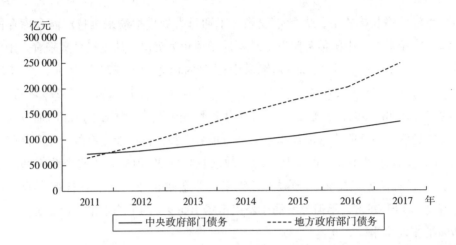

图 6 - 16 2011—2017 年中央政府与地方政府债务

股或全资的地方金融机构的行政干预，借款垫付地方债务是转轨时期各地普遍存在的现象，地方债务向金融机构转移导致地方金融机构财务状况恶化，金融风险累积。

　　化解地方政府债务风险的方式有多种，如从较为宏观的层面来看国家对银行通道类业务的限制；从微观手段上来看主要有新型的 PPP 模式、地方政府债务置换等。其中，关于国家对于银行通道类业务的监管力度和效果可以通过"银行影子"业务的体量规模来进行分析，通过图 6 - 17 "银行影子"规模可以发现从 2009 年开始中国商业银行的通道内业务开始激增，特别是从 2012 年国家先后发布了一系列关于地方政府融资平台贷款风险监管文件，对地方政府融资平台进行清理规范，要求银行对地方政府融资平台进行"名单制"管理，各金融机构不得向银行名单制管理系统以外的平台公司发放贷款，且对名单内监管类平台的贷款发放设定资产负债率要求并控制贷款规模。面对这一系列监管政策，房地产行业与地方政府融资平台从银行获得融资的渠道受到限制，银行和融资方均亟须寻找能突破监管限制的其他渠道。为绕过监管红线，银行开始通过信托公司等第三方通道向地方政府融资平台发放贷款，通道业务随之发展壮大。部分多层嵌套的通道业务逐渐成为规避投资范围、抬高杠杆率的工具。但是在 2017 年国家"去杠杆、去通道"的总基调下，国家出台一系列新规来限制银行通道业务的野蛮式生长，新规主要包括《关于规范金融机构资产管理业务的指导意见（征求意见稿）》以及银监会 2017 年 11 月 22 日出台的《关于规范银信类业务的通知》（银监发〔2017〕55 号）等。2017 年出台的一系列限制通道业务规定均明确要求银行不得利用信托通道规避监管要求或实现资产虚假出表、对信托公司实施名单制管理等，明确银信合作业务中不得将信托资金违规投向房地产、地方政府融资平台、股票市场、产能过剩等限制或禁止领域。由此银行影子这一通道化业务增速开始快速下滑，2017 年的规模基本持平于前一年，这说明政府在限制银行表外业务控制，这将对地方隐形债务的控制产生积极影响，但由于地方政府债务体量十分庞大，且部分隐形债务融资方式十分隐晦，所以短期内政府部门隐形债务以及隐形债务风险依然值得关注。

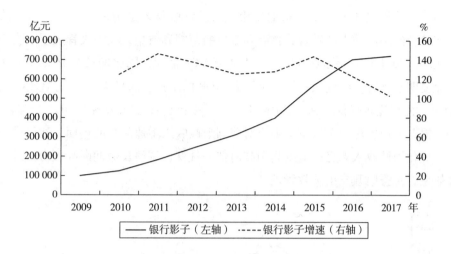

图 6–17　我国银行影子规模及增速

　　从微观手段来看，自 2014 年开展 PPP 模式改革以来，截至 2017 年 12 月末，全国政府和社会资本合作（PPP）综合信息平台收录管理库和储备清单 PPP 项目共 14 424 个，总投资额 18.2 万亿元，同比分别增加 3 164 个、4.7 万亿元，增幅分别为 28.1%、34.8%；其中，管理库项目 7 137 个，储备清单项目 7 287 个。

　　PPP 模式在基础设施建设方面确实能够缓解地方财政的债务压力，但是由于该新型政府融资模式各项政策框架体系落实不到位，项目在具体实施环节存在监管漏洞，部分急功近利的市场参与者只是将其作为基础设施项目"分期付款"的一种手段，PPP 演变成为地方政府的隐性债务。未来中央及地方政府需加快推动和配合 PPP 条例及配套政策体系的制定完善，大力支持融资创新，加快信息系统建设，为 PPP 项目全生命周期提供数据和信用支持，强化履约信用和规范运作，切实发挥 PPP 提质增效作用。

　　债务置换已于 2015 年正式实施，取得了一定的效果。2015 年，财政部下达了三批置换债券额度，共 3.2 万亿元，地方政府债务借此展期，转换成中长期债务。2016 年，地方债务置换 4.9 万亿元，2017 年债务置换 2.77 万亿元。通过债务置换，一是可以降低当下利息负担，在一定程度上延长了地方政府偿还债务的周期，有效解决了短期流动性问题；二是有利于优化债务结构，延长久期，改善债务可持续性；三是债务置换可提高存量债务的透明度，便于对地方政府存量债务进行监督，也有利于向规范透明的预算管理制度转变，推动我国财税体制改革。然而，债务置换也有弊。所有到期的债务都通过置换而展期，虽然降低了利息支出，将当下的压力分摊给了未来，但这只是变更了债务形式，并未减少债务余额。这必然给未来带来巨大的偿还压力和风险，也极大地挤压了未来举债的空间。进行债务置换，只能分摊风险，不能降低风险，地方政府债务风险的累积仍值得警惕。

　　决定公共部门风险水平的一个重要指标是财政收入。财政收入表现为政府部门在一定时期内（一般为一个财政年度）所取得的货币收入。财政收入是衡量一国政府财力的重要指标，政府在社会经济活动中提供公共物品和服务的范围和数量，在很大程度上取决于财政收入的充裕状况。2017 年，全国财政收入为 172 567.02 亿元，同比增长 8.16%。近 6 年财政收入增长速度明显下降，财政收入增速远不及 GDP 的增速。2011 年，全国财政收入环比增长率为 25%，此后逐年降低，到了 2016 年，增长率已经跌至 4.78%，2017 年虽然较 2016 年有显著的提升，但依然处于低位。为应对我国财政收入增速放缓的局面，建议进一步推动税制改革，优化财政收入渠道；适度利用政府债务杠杆，调整长短期财政压力；进一步完善财政预算体系，加强财政支出绩效管理。

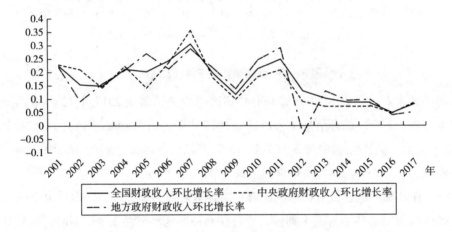

图 6-18 我国财政收入环比增长百分比

（三）住户部门债务水平持续上升，居民偿债能力下降

与 2015 年相比住户部门债务水平不断升高，截至 2016 年末住户部门债务余额超过 33 万亿元，较 2015 年上升超过 20%，与此同时 GDP 增速仅为 6.7%，住户部门可支配收入增

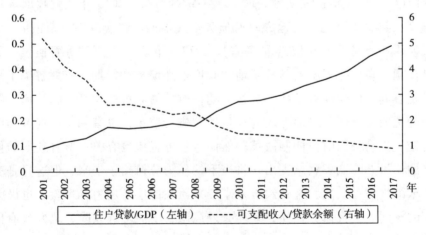

图 6-19 住户部门风险指数

速仅为 9.1%，这使得住户部门的杠杆率进一步升高，偿债能力大幅减弱。

2001—2017 年，住户部门偿债能力不断下降，杠杆率不断攀升。在住户部门的债务余额中消费性贷款占比达到 77%，其中大部分来自住房按揭贷款，而住房按揭贷款最主要的承担对象为中低收入家庭，这部分债务的累计严重增加了住户部门的生活压力，使得偿债风险增加。如图 6-20 所示，我国居民贷款与国民生产总值的比值低于美国、日本及英国，但在 2008 年国际金融危机之后，居民贷款与国民生产总值的比值不断攀升，从 2008 年的 17.87% 上升至 2017 年的 48.98%。总体看来，我国住户部门负债率为全球较低水平，存在一定的债务扩展空间（见图 6-20）。

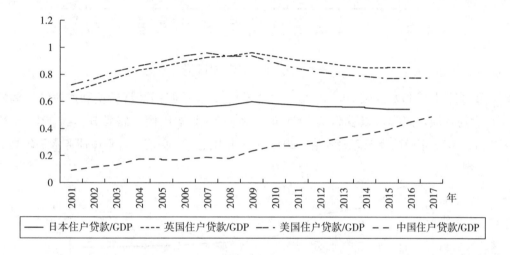

图 6-20 其他国家住户部门负债情况

（四）非金融企业杠杆率过大，整体盈利水平不容乐观

2008 年国际金融危机爆发之后，为抵抗危机传染，稳定经济增速，我国采取了大规模的投资刺激政策，由此进入了以高负债为主要特征的加杠杆周期。其中我国非金融企业负债水平的提升甚为明显，近几年来非金融企业部门杠杆率的攀升速度相当惊人。非金融企业的高杠杆，不仅导致企业深陷债务泥潭，容易引发系统性风险，同时也抑制了企业的盈利能力与发展潜力。

1. 非金融企业高杠杆率风险居高不下；债务/股本比例整体上升。通过提高杠杆率发展经济的基本条件是借债的成本小于资金投入的产出，然而如图 6-21 所示，自 2010 年起，非金融企业债务占 GDP 比重较之前有明显增加，2017 年非金融企业债务占 GDP 比重同 2016 年的 140.84% 基本持平，保持在 140.80%，近三年非金融企业部门杠杆率一直处于历史高位，潜在的违约风险不容小觑。此外，近年来，相比于全球新兴市场非金融企业部门 105.9% 的平均杠杆率水平，我国非金融部门的杠杆率较高，也显著高于发达经济体 88.9% 的平均水平。

如图 6-22 所示，自 2001 年起，非金融企业杠杆率指数一路走低，杠杆率不断提高，

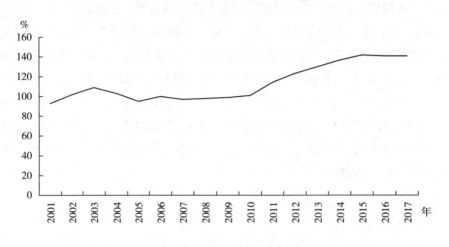

图 6 - 21　非金融企业杠杆率

2008 年以来杠杆率指数跌破 70，进入"危险区域"，这给我国经济转型和产业结构调整带来了巨大的麻烦。同时可以看到从 2001 年以来债务/股本比例一路攀升，到 2015 年达到 29.10 倍，2016 年底微降至 28.88 倍，2017 年又上升至 30.39 倍，且整体债务水平较高。

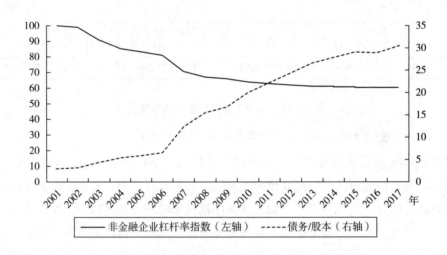

———— 非金融企业杠杆率指数（左轴）　-------- 债务/股本（右轴）

图 6 - 22　非金融企业杠杆率指数与债务水平

2. 工业企业盈利水平下降，且整体水平不高。非金融企业的债务问题主要存在于工业企业。企业高质量的利润增长可以降低高债务带来的潜在违约风险，但如图 6 - 23 所示，自 2010 年起，工业企业主营业务收入同比增速持续走低，在 2013 年以后跌破 10%，2016 年出现一定程度的好转，同比增速从 2015 年的 0.79% 上升至 2016 年的 4.38%，但 2017 年又迅速下降至 1.13%，且工业企业整体盈利水平依然处于较低水平，长期来看，企业的盈利状况不容乐观，企业的偿债压力逐渐增大。

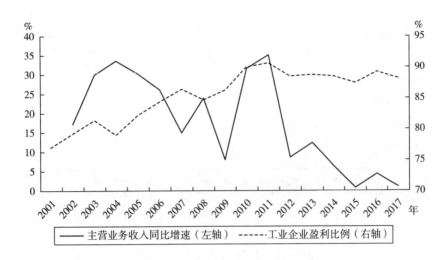

图 6 – 23　工业企业盈利情况

三、人民币运行风险有所好转，但风险依然存在

（一）中美贸易顺差再创历史新高，贸易摩擦不断

美国和中国的商品贸易总额从 2005 年起开始增长，到了 2017 年，已从中国经济改革开始时的 20 亿美元增长到 6 360 亿美元，目前中国是美国最大的商品贸易伙伴，第三大出口市场，及其最大的进口来源。2017 年，中国是美国商品进口额最大的国家，达 5 060 亿美元，比上年增长 9.3%。中国在美国商品进口总额中所占的份额从 2000 年的 8.2% 上升到 2017 年的 21.6%。中国作为美国进口来源的重要性（排名）从 1990 年的第八上升到 2000 年的第四，2004—2006 年继续上升，并在 2007 年至今成为第一。

2017 年世界经济温和复苏，国内经济稳中向好，"一带一路"倡议稳步推进，外贸稳增长政策效应显现等多方面因素共同推动了我国外贸进出口结束两年负增长的态势，实现了两位数的恢复性增长。对外贸易保持了回稳向好的发展态势，具体来看主要有以下几方面的原因：一是世界经济温和复苏，外部需求有所回暖；二是国内经济稳中向好，为进口增长奠定基础，2017 年，随着供给侧结构性改革深入推进，国内经济保持了稳中向好的发展态势；三是大宗商品价格同比上涨，推动进口值快速增长，2017 年，国际市场大宗商品价格整体呈现同比上涨态势，带动我国进口价格指数上升至 109.4，价格对进口增长的贡献率为 52.6%，同时进口原材料价格上涨影响传导至出口制成品，2017 年我国出口价格指数为 103.9，价格对出口增长的贡献率为 37.3%；四是国家一系列促进外贸稳增长政策措施效应持续显现，放管服改革逐步深入，国内营商环境不断改善，减负助力取得实效，企业创新能力增强，外贸发展内生动力增强，也是 2017 年外贸继续回稳向好的重要原因。

（二）我国外汇占款波动加剧，三连涨后外汇占款再次回落

随着美国经济的逐渐复苏，我国外贸经济于 2013 年回稳，但 2014 年外汇占款增速

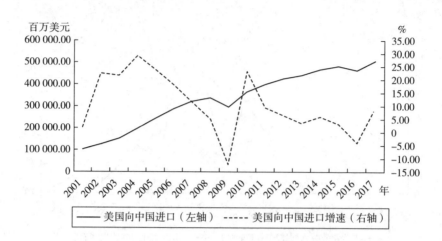

图 6 – 24 美国向中国进口额及增速

在动态波动中快速下滑，2016 年增速更是跌至 – 17.47% 。2017 年外汇占款增速由负转正，9—11 月外汇占款持续小幅增加，下半年人民币对美元汇率整体上升，同期贸易顺差及中美利差走扩等均有助于外汇占款的回升。12 月末，外汇占款减少 363 亿元，结束此前连续三个月的微幅正增长。由图 6 – 25 可知，2017 年外汇占款低增，在零附近波动。央行外汇占款增量较小意味着对流动性的贡献较弱，也意味着美联储缩表对中国央行资产负债表的影响弱化。虽然美联储已宣布自 2017 年 10 月起启动渐进式缩表，且 12 月再次加息概率也较大，但中国央行已于 9 月 11 日将持续两年的境内金融机构代客远期售汇业务所需提取的外汇风险准备金率由 20% 下调为零，央行对未来人民币汇率保持平稳持有信心。结合当前美国的经济和政治形势，未来人民币兑美元汇率将大概率呈双向波动。

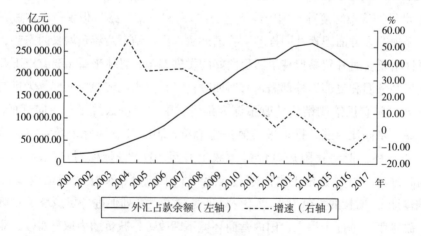

图 6 – 25 我国外汇占款及增速

图 6 – 26 外汇占款安全指数在 2004 年达到最大值 100 之后开始骤跌，2016 年的安全指数跌至 15 年来的最低值 60，2017 年有所回升。2012—2017 年外汇占款安全指数呈现出倒 N

形走势。外汇占款与通货膨胀之间存在着正相关的关系，央行近年通过多次降准等其他手段投放流动性使国内通胀水平维持在一个相对温和的水平。中国央行总资产快速扩张时期与美联储四轮量化宽松政策的时间高度一致。2014年10月美联储停止量化宽松政策，2015年2月中国央行资产负债表触及历史高点。此后，随着美联储停止资产再购买计划，央行外汇占款的余额快速下滑，央行资产负债表也出现了收缩。至2016年央行开始通过各种货币政策工具组合供给流动性，增加基础货币供给，央行资产负债表重新扩张，至2017年1月才恢复至2015年2月水平。2017年国内外汇市场供求弱平衡，年内人民币兑美元汇率窄幅"双向波动"，而非单边的升值或者贬值。

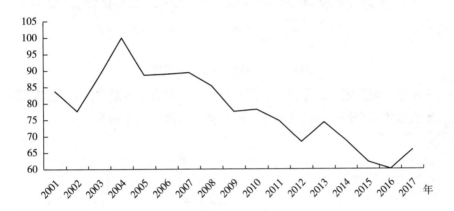

图6-26 我国外汇占款安全指数

（三）我国近年来热钱大量流出，2017年外流速度降低

1. 热钱规模及增速。我们采用统计局国际统计信息中心（2006）的方法测算热钱。[1]热钱＝外汇储备增加额－外商直接投资－贸易顺差。尽管唐旭、梁猛（2007），刘莉亚（2008）指出这一方法可能会低估真实热钱的规模，但我们从严谨性角度考虑，通过对可能低估的热钱规模进行研究，以此分析热钱对我国宏观经济的影响。我们通过计算外商直接投资与贸易差额的月累计值来得到每年总的热钱规模。

如图6-27所示，在2014—2015年，热钱大量流出，2016—2017年热钱的流出有所减缓。近年来，由于美国经济的逐步企稳复苏，美联储连续加息，国内经济下行压力的不断增大以及我国股市表现低迷等问题，导致全球资金流出新兴市场。

2. 热钱安全指数。热钱的快速流动对我国资本市场、房地产市场等有着十分显著的影响。由于热钱的高度投机性质，热钱的规模过大对中国经济的破坏非常严重，据此我们构建出热钱的金融安全指数。2001—2017年，热钱安全指数波动较大。热钱快速涌入虚增了货

---

① 刘莉亚（2008）认为该方法存在几个问题：（1）外汇储备增加量可能由于汇率的变化与外汇投资收益贡献；（2）这一方法假定外商直接投资和贸易顺差中没有热钱；（3）假定国际收支平衡表中除了经常项目中的贸易项目和外商直接投资外的项目都作为热钱；（4）没有考虑非正常渠道（黑市）流入的热钱。

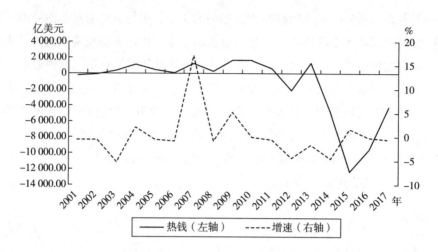

图 6 - 27 我国热钱规模及增速

币供给，对人民币币值稳定、通胀压力、资本市场泡沫都有严重影响。近几年随着美国经济的趋稳，大量资金流出中国，中国资本市场的价格波动剧烈（见图 6 - 28）。

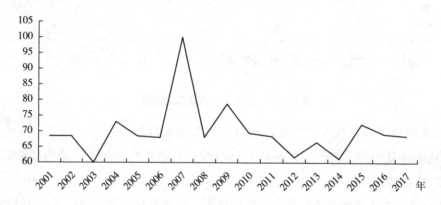

图 6 - 28 我国热钱安全指数

第四节 结论与展望

一、主要结论

（一）经济增长态势改善

2017 年中国 GDP 增速为 6.9%，较 2016 年上升 0.2 个百分点，第四季度 GDP 增速 6.8%，与第三季度持平。中国宏观经济增速结束了 2011 年以来持续下滑的态势，转而出现了小幅回升。从生产法的角度来看，由工业与建筑业组成的第二产业于 2017 年小幅走弱，但第三产业（服务业）发展形势较好，对 GDP 增速起到较强的支撑作用。从需求端来看，

2017 年最终消费支出将 GDP 同比增速拉动 4.1 个百分点，较 2016 年小幅下滑 0.2 个百分点，资本形成总额与净出口对 GDP 的拉动并未公布，但从固定投资增速走势与进出口额增速走势层面来看，净出口很可能是推升 2017 年 GDP 增速的主要边际动力来源，从四个季度的数据来看是资本形成总额拉动力减弱、净出口拉动力大幅增强。

（二）结构性供给收缩和传统重工业需求走弱

2017 年是中国经济转型的关键年，受重工业投资下降的影响，中国工业生产增速维持在 6% 的水平。同时，2017 年全年 PPI 高达 6.3%，这从侧面反映出工业产成品价格有所上升，一定程度上弥补了工业企业的利润。回顾 2017 年，供给收缩是经济变化一大特点。从 GDP 增速来看，2017 年 GDP 增速 6.9%，虽然比 2016 年的 6.7% 高，但其实幅度不大。而 PPI 却从 -1.4% 大幅回升至 6.3%，这就说明供给收缩导致了价格大涨，因此商品价格涨幅远高于经济增速。去产能有望提前完成，而且未来去产能将由量化目标转向环保质量的约束，供给面的收缩必定会将影响传导至需求面。应当警惕需求萎缩对投资带来的影响。

（三）对外贸易情况好转，人民币运行风险不容忽视

2015—2016 年中国出口连续两年下降，但 2017 年中国外贸随着对外开放进入新阶段，"一带一路"倡议大力实施，外贸企业积极转型，国内市场需求向好，我国外贸发展整体上扭转了近两年连续下跌的局面，呈现企稳回升走势。2017 年中国出口增速达到 7.9%，且贸易发展质量不断提升，我国外贸"优进优出"取得积极进展，出口主导产业从轻工、纺织等传统产业向装备制造业、高新技术业等资本、技术密集型产业转变；贸易新模式新业态发展较快，跨境电子商务、一站式仓储运输、市场采购贸易等对外贸易新业态、新模式蓬勃发展。总的来看，2017 年以来世界经济复苏态势好于预期，经济增长动力不断累积。美国经济保持稳健增长，劳动力市场改善，私人消费扩张，制造业企稳回升；欧元区经济增长稳固，经济景气指数上升，通缩势头得以遏制，消费者信心增强；日本经济温和增长，外需增长强劲，就业形势良好。在经济复苏的带动下，全球市场需求回暖，贸易增长动力增强。

人民币正式纳入 SDR，占比达到 10.92%，使得人民币在国际上的影响力提升，热钱安全指数提高。整体而言人民币风险依然存在，目前美联储加息预期依然存在，人民币汇率波动和中国资本的外逃是决定汇率最重要的因素，汇率决定因素从长远来讲是经常项目。我国有相当大的经常项目顺差，且有相当高的经济增长速度作为支撑。因此，从长期来看，人民币不应该是贬值货币，相反，它可能是"强势货币"。但是短期内的贬值压力、贬值预期是既定事实，但它不一定会导致经济或者金融危机，重要的是采取正确的政策来应对。所以汇率以及人民币运行风险不容小觑。

（四）去杠杆给经济带来的下行压力

2017 年金融机构的监管主要集中在债务方面，超储率位于历史低位，央行在公开市场持续缩进银根。12 月 M_2 货币供应创下历史新低，去杠杆压缩宏观债务将缩小债务融资口径，令经济增速趋于放缓。来自广义货币的压力导致金融市场资金持续紧张，利率大幅上

升，货币增速大幅下降。压缩杠杆率将对宏观经济产生不利影响，经济增长面临下行风险。经济增长是在债务积累的过程中实现的，不是居民借债，就是企业或者政府借债，现在货币供应的总闸门收紧，整体的可借贷资金下降，无论是哪一方，其流动性都将逐渐紧张起来。在此过程中，伴随着宏观经济杠杆率的下降，经济增速也趋于放缓。但从 2016 年到 2017年，社会融资总额增速仅从 12.9% 降至 12%，而广义货币 M_2 增速从 11.3% 降至 8.2%，已经远低于当前 10% 左右的 GDP 名义增速，可以看出金融市场经历了大幅去杠杆，而实体经济还在加杠杆。虽然 2017 年基础货币呈现下降趋势，但货币乘数却创下 5.4 的历史新高。主要原因就在于实体经济还在加杆，与此同时银行表外的信托贷款等大幅高速增长。监管部门全面规范银行信托、委托贷款，这将导致政府和居民举债将受到限制，融资增速下降意味着经济去杠杆的真正开始，而货币增速放缓意味着央行将维持金融市场稳定，货币利率有望企稳。

二、未来展望

2017 年，尽管国内外形势错综复杂，但国内经济总体上实现了超预期的平稳增长。国际上美英加息、特朗普税改等事件对全球经济增长以及流动性产生冲击，但市场对此已有较为充分的预期，总体影响趋于平缓。2018 年，中国经济虽仍有下行压力但相对可控，焦点从增长速度转向增长质量。世界经济复苏进程仍在延续给中国经济的稳健增长提供了一个较好的外部环境。国内供给侧改革与环保限产仍将持续推进，GDP 增速可能小幅降至 6.6%，但增长质量有所提高，经济结构持续优化。但需要清醒地认识到，推动当前经济增长的动能没有发生根本变化，新周期、新动能仍需等待。供给侧改革从 2016 年推进至今效果明显，过去两年主要侧重于去除无效供给做减法，但未来或将着眼于增加有效供给做加法。在防风险重要性进一步提升的背景下，货币政策整体中性略紧的操作思路或将贯穿于 2018 年，紧平衡或将延续。既要配合做好去杠杆工作，又要稳定市场预期，不至于引致流动性风险，就需要在总量上精准拿捏，央行调控的难度加大。

（一）人民币汇率风险加大

一方面，美联储加息和美元作为避险货币走强，致使人民币对美元贬值压力增强。2017年美国的 GDP 增速为 2.2%，再加上特朗普政府可能对基础设施进行建设、减税、贸易保护、放松金融监管等措施拉动经济增长促进就业，导致通货膨胀继续上升，加大美联储加息的可能性。此外，英国启动脱欧程序的不稳定性增加也将推升美元走强。另一方面，尽管人民币对美元存在很强贬值预期，但仍不能排除升值的可能。第一，人民币仍具备较大的需求；第二，特朗普政府可能以人民币汇率被低估为由强迫人民币升值；第三，美联储加息频率可能低于预期；第四，特朗普政府认为强势美元不利于美国出口而且增加美国债务负担，美元预期升值的幅度可能受限。

（二）供给侧结构性改革深化推进

供给侧结构性改革从 2016 年推进至今效果明显，过去两年主要侧重于去除无效供给做减法，但未来或将着眼于增加有效供给做加法。从 2016—2020 年的目标任务来看，2018—2020 年在规模上远低于前两年，对原材料与工业品价格的推动作用减弱，但是边际效应不容忽视，同时去产能范围将扩至水泥、玻璃、电解铝和船舶等多个行业，有利于中上游价格的稳定。当前从去杠杆或者控制宏观杠杆率的情况看，我国取得了一些阶段性成果。但也要清楚地看到企业债务水平相比国际上其他主要国家还是过高。同时，在近几年监管政策频出并趋严的大环境下，金融市场杠杆率较峰值有所回落，但仍然存在监管风暴过后加杠杆再度卷土重来的可能。因此，未来可能是实体企业去杠杆与金融领域阶段性稳杠杆之后再度去杠杆。

（三）经济金融领域主题词：防风险与严监管

2018 年的重点是防控金融风险，要服务于供给侧结构性改革这条主线，促进形成金融和实体经济、金融和房地产、金融体系内部的良性循环，做好重点领域风险防范和处置，坚决打击违法违规金融活动，加强薄弱环节监管制度建设。第一，将防风险的范围扩大至所有可能对经济与金融产生重大影响的风险；第二，要充分考虑到化解风险的艰巨性，当前经济活动、金融交易、金融工具的复杂性使得防风险工作面临的困难加大；第三，要充分考虑到化解风险的长期性，风险并非一朝一夕形成，一瞬间全部释放并化解的可能性也不大，因此，化解风险是一项长期工作；第四，还要在化解风险的基础上促进形成金融和实体经济、金融和房地产、金融体系内部的良性循环，目标是打造良好的金融生态环境，这需要金融、实体经济与房地产领域的共同配合。监管趋严仍将是 2018 年的主基调之一。近几年来，金融乱象严重影响了金融行业的长期健康发展，扰乱了金融业发展的原有生态平衡，长此以往，不仅将严重影响金融业的健康发展，更有可能引发系统性金融风险，进而严重影响社会的稳定。预计 2018 年严监管和防风险仍将是金融领域的重中之重。此外，监管部门也提出防止传统的金融乱象以科技名义卷土重来，监管理念要进一步的创新。

（四）货币政策与流动性：价升＋量稳，利率中枢易上难下

美联储在 2017 年以前加息两次，2017 年也已加息三次。此外，2017 年 10 月美联储启动缩表。美联储紧缩的底气在于美国经济恢复情况良好，就业市场持续复苏，同时通过加息与减税可以使得美元回流本国，促进美国经济进一步增长。从目前市场对美联储加息的一致预期来看，其 2018 年或将加息 2～3 次，但最终还要根据美国经济增长、就业与核心通胀等指标的情况来实施。考虑到当前国内通胀仍属温和，经济韧性增强但下行压力并未消失，中美利差较高，国内存贷款市场利率大体实现市场化（浮动较为自由），企业实际融资成本上升较快（尤其是民企），中国人民银行短期没有提高基准利率的必要和可能，但继续随行就市调整稍显滞后的公开市场操作（OMO）政策利率概率较大。适时上调政策利率（不排除调整存贷款基准利率的可能）可以发挥好央行—金融机构—金融市场—实体企业的实际传导及信号作用，利率中枢易上难下。既要配合做好去杠杆工作，又要稳定市场预期，不至于

引致流动性风险，可能就需要在总量上精准拿捏，央行调控的难度加大。此外，考虑到2018 年到期中期借贷便利（MLF）高达 4.42 万亿元，抵押补充贷款（PSL）余额同比增速持续下降，不排除缩减 MLF 操作的同时，央行再度用定向降准或全面降准的方式来稳定资金面。综上，初步预计 2018 年 M_2 同比增长 9.5%，新增人民币信贷 14.96 万亿元，对应 12.5% 的贷款余额增速。

第七章 全球主要经济体对我国金融安全溢出效应评估

2007 年美国次贷危机爆发并迅速波及全球金融市场，给许多国家造成了严重的影响，世界经济瞬间陷入低迷之势。此次危机爆发的传染速度快、影响范围广，从中我们可以发现随着经济全球化进一步发展，各类要素的流动不再受国界的制约，一国经济或单一经济体的发展势必会受到其他国家、经济体乃至全球性经济波动的影响。因此，在中国对外开放进程不断推进的历史背景下，研究我国的金融安全需要结合外部经济环境的溢出效应及其对国内经济的影响路径。

本章将针对国际经济形势及主要经济体发展状况对我国金融安全产生的溢出效应进行分析。其中，指标的研究区间为 2001—2017 年。

第一节 评估体系和指数构建

本节将针对世界主要经济体的发展状况进行指标筛选和设计。通常来说，世界经济发展的大体走势可以通过几个重要经济体的表现进行判断，如美国、欧盟、日本等。基于我国经济发展实际情况和金融安全的考虑，对我国经济产生溢出效应的经济体应该能代表世界经济发展方向，同时也应是我国的重要经济贸易伙伴，其经济运行的状况会通过贸易和资本流动等途径对我国经济产生影响。因此，本章将在世界范围内的经济体中选取在全球金融市场中具有重要地位、拥有较大话语权并且对我国经济作用力较强的主要经济体——美国、日本和欧元区的相应指标进行讨论。

一、评估体系及各级指标详情

通过构建总体指数用以衡量国际间的溢出效应，其中编制总体指数时，考虑经济体基本面指标和金融市场指标，各项均以环比增速方式呈现以反映经济体的动态发展。

经济体基本面指标包括 OECD 领先指数，各国的国内生产总值（GDP）、就业率、对华进口、投资以及主权信用评级债券利率指数，其中主权信用评级债券利率指数利用三个国家和地区的 10 年期国债利率来进行衡量，分别用各指标的增速来衡量国际经济基本面的溢出效应。

金融市场指标分为货币市场和资本市场两部分。货币市场选取美国联邦基金利率（FFR）、日本东京同业拆借利率（Tibor）、欧元银行同业拆借利率（Euribor），将这三个利率分别与我国的市场基准利率代表——上海银行间同业拆放利率（Shibor）进行比较，用利差绝对值衡量资本流动的风险；资本市场选取美国道琼斯指数、日本日经 225 指数、德国 DAX 指数、英国 FTSE100 指数和法国 CAC40 指数用以评估美国、日本及欧元区的股票市场对我国金融安全的溢出效应。

各级指标详情及数据说明见表 7 - 1。

表 7 - 1 指标及数据说明

二级指标	三级指标	指标含义	数据来源
基本面指标	OECD 领先指数增速	指标越高，金融安全程度越高	Wind 资讯
	GDP 增速	指标越高，金融安全程度越高	Wind 资讯
	就业率增速	指标越高，金融安全程度越高	Wind 资讯
	对华进口增速	指标越高，金融安全程度越高	Wind 资讯
	投资增速	指标越高，金融安全程度越高	Wind 资讯
	10 年期国债利率安全程度增速	指数越高，金融安全程度越高	Wind 资讯
金融市场指标	中美基准利差绝对值增速	指数越高，金融安全程度越低	Wind 资讯
	中日基准利差绝对值增速	指数越高，金融安全程度越低	Wind 资讯
	中欧基准利差绝对值增速	指数越高，金融安全程度越低	Wind 资讯
	道琼斯指数增速	指数越高，金融安全程度越高	Wind 资讯
	日经 225 指数增速	指数越高，金融安全程度越高	Wind 资讯
	德国 DAX 指数增速	指数越高，金融安全程度越高	Wind 资讯
	英国 FTSE100 指数增速	指数越高，金融安全程度越高	Wind 资讯
	法国 CAC40 指数增速	指数越高，金融安全程度越高	Wind 资讯

注：所有数据均为 2001—2017 年数据，其中欧元区国债利率自 2004 年起；Shibor 数据自 2007 年起。其余数据均以各国最后更新时间为准。

二、国际间溢出效应下金融安全指数构建

（一）总体指数构建

本节中，国际间溢出效应由基本面溢出效应和金融市场溢出效应两部分构成。在完成两个部分的指数化构建后，假设两类指数对于金融安全本身同等重要，因此在总体指数构建中，对两类指数赋予一样的权重。此外，根据前文对样本指标设计的介绍，相关指标越大，则代表中国金融市场的安全性越高。

（二）指标计算方法

1. 经济基本面指标设计。如表 7 - 1 所示，选取 OECD 领先指数、GDP 增速、就业率、

进口增速、投资增速、主权信用评级债券利率指数六类宏观经济指标作为经济基本面的评估指标，每类指标对经济基本面的溢出效应影响等同，因此赋予同等的权重。而对美国、日本和欧元区三个经济体在各个指标内的权重设置，我们采用标准差权重法予以分配，即在计算获得六类指标增速的标准差后，以三个经济体在每个指标标准差之和中的贡献度，作为其在指标中的权重。

2. 金融市场指标设计。如前文所述，我们将金融市场分为货币市场和资本市场。针对货币市场选取利率指标：美国联邦基金利率、日本东京同业拆借利率、欧元同业拆借利率三个指标；资本市场指标选取道琼斯指数、日经 225 指数、德国 DAX 指数、英国 FTSE100 指数、法国 CAC40 指数五个指标。以货币市场的三个指标和资本市场的 5 个指标作为国际金融市场的评估指标，每个经济体指标的权重同样采用标准差权重法进行，方法如前所述。同时认为货币市场和资本市场对金融市场的溢出效应影响相同，同样赋予同等权重。

3. 指标的无量纲化处理。为了方便最后指标的加总、比较和评价，我们还需要对每类指标进行无量纲化处理。本文采取的是功效系数法，即在确定第 j 类样本数据中的满意值 M_j 和不容许值 m_j 后，利用公式 $60 + \dfrac{x_{ij} - m_j}{M_j - m_j} \times 40$ 进行计算，其中 x_{ij} 为第 j 类数据中第 i 年的值。这样的处理方法可以将评价系数固定在 60 ~ 100 分，方便我们进行观测。对于满意值 M_j 和不容许值 m_j，本文以相应数据中的最大值和最小值作为代替。其中，由于货币市场的三个利差增速指标越小越安全，故对其进行无量纲化处理时，先用 100 减去按上述方法计算出来的指数再加上 60，以便于比较。计算值越高，意味着我国金融市场安全程度越高。

第二节 评估结果与分析

在本节中，国际间溢出效应对我国金融安全的影响主要来自美国、日本和欧元区经济基本面和金融市场两个方面，其中选取的相关研究变量已经在表 7-1 中予以列出。

一、国际间总体溢出效应对我国金融安全的影响

基于以上介绍，本部分对相关指数进行了计算，计算结果如表 7-2 所示。

表 7-2　　国际间总体溢出效应对我国金融安全指数的影响（2001—2017 年）

年份	国际经济基本面溢出效应指数	国际金融市场溢出效应指数	总体指数
2001	84.87	71.74	78.31
2002	84.37	66.08	75.23
2003	88.6	96.6	92.6
2004	90.13	86.43	88.28
2005	90.44	96.18	93.31
2006	88.02	91.04	89.53

续表

年份	国际经济基本面溢出效应指数	国际金融市场溢出效应指数	总体指数
2007	87.1	85.72	86.41
2008	80.25	66.07	73.16
2009	64.16	77.41	70.78
2010	93.6	92.87	93.24
2011	86.44	79.32	82.88
2012	86.45	78.91	82.68
2013	83.21	85.04	84.12
2014	88.18	75.2	81.69
2015	89.27	74.56	81.91
2016	84.44	75.43	79.93
2017	85.81	81.93	83.87

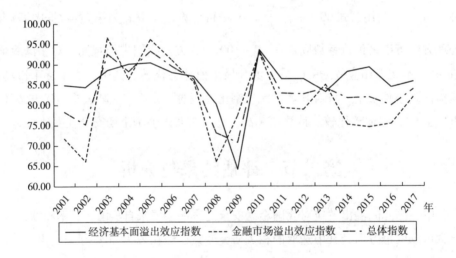

图7-1　三类指数走势变动图（2001—2017年）

结合表7-2和图7-1可以发现，三类指数的变动趋势比较接近，金融市场作为先行指标，其状况的恶化和改善都要领先于经济基本面，这与对金融和实体经济间基本关系的认知相一致。而总体指数的走势很明显分为两个部分：

第一部分为2008年之前，显然次贷危机对我国金融安全产生了巨大的影响，金融安全指数从2003—2007年的85以上骤降到2008年的73.16，并在2009年持续下跌至70.78，达到评估期间的最低值，这意味着次贷危机在海外产生的负面冲击对我国经济造成巨大影响，溢出效应恶化了我国金融市场的总体风险水平；第二部分为2009年之后，随着各国强刺激措施的出台，美日欧等经济体逐渐复苏，特别是在2010年我国金融安全指数重回90以上的水平，说明各国应对危机的政策有了一定的效果，这对于稳定世界经济预期产生了积极作用，同时也改善了我国周边的国际环境，虽然总体指数在 2011 年又有所回落，但之后保持在 80 左右的水平，金融安全指数逐渐趋于稳定。

在 2016 年金融安全指数有所下滑的情况下，2017 年金融安全指数又有所回升且高于 2014—2015 年的水平，原因在于世界其他经济体的经济复苏与繁荣，尤其是美国和欧元区对于中国金融安全状况的推动作用。自 2017 年特朗普上台后，美国的经济有了明显的复苏。首先，美国进行了税收改革，这次改革是美国 30 年来最大的减税，推动了就业、经济增长、货币增长以及资本市场的发展，税改法案通过后，华尔街各大投行开始上调 2018 年企业盈余和股市展望，最明显的例子是瑞士信贷，该投行已将标普 500 大企业的每股盈余由 139 美元上调为 155 美元，并将标普指数由 2 875 点上调至 3 000 点；其次，特朗普上任后，外交内政的施政主轴都以"买美国货、雇美国人"为原则，加上取消繁杂的规定，提高行政效率以及推动减税政策，提高美国劳工薪资、增加就业机会，并且保障美国劳工的经济利益，打造吸引投资的商业环境，国内外多家大型企业宣布在美国投资，多项经济数据打破历史纪录；最后，经济好转最明显的表现在于美国股市的上涨，特朗普上任前，许多分析师预测 2017 年美国股市将陷入停滞，然而，三大股指涨势如虹，一年内打破历史新高纪录的次数超过 50 次，为 20 多年来首见，股市市值增加 5.5 万亿美元。许多分析师认为 2018 年美股仍将维持牛市冲劲，甚至预测道琼斯指数或将突破 3 万点。以道指为例，创新高的次数超过 60 次。道指从 2016 年 11 月 22 日到 2017 年 1 月 25 日，仅花了 30 多天的时间，就由 19 000 点站上 2 万点，3 月 1 日突破 21 000 点，8 月 2 日冲破 22 000 点，10 月 17 日上午冲破 23 000点，11 月 30 日站上 24 000 点，11 月 30 日，道指站上 24 000 点。在欧元区，欧元涨势迅猛，欧洲央行针对宽松货币政策辅以月度购债规模削减。2017 年，欧元区经济快速强劲增长，多家投行一致看好欧元后市。2017 年以来，欧元兑美元汇率累计上涨超过 13%。巴克莱和高盛在对欧元展望中均表示，虽然短期内欧元涨势受到了欧盟成员国内部事务上的负面影响，但是看好欧元的未来表现。欧洲央行保持利率政策不变，履行了其缓步退出欧元区货币刺激的承诺。在 2017 年最后一次货币政策会议上，欧洲央行决策者重申，将会从 2018 年 1 月开始将资产收购规模减半至每个月 300 亿欧元（350 亿美元），并会至少持续到 9 月底。行长德拉吉称，欧洲央行利率在较长一段时间内都不会变动。分析认为，欧洲央行 2018 年会谨慎跟随美联储的加息步伐，但与美国不同的是，尽管德国经济强劲增长，欧洲央行一直在对抗通货膨胀的显著减弱趋势。执委会的鹰派成员 2018 年将开始加大收紧政策的力度。

从上述的分析可以看出国际金融市场环境有了质的改善。虽然经济转型压力和 2015 年股灾对金融市场改革带来的不确定性恶化了我国整体金融的安全状况，使得 2016 年我国金融安全指数有所下降，但是 2017 年全球经济状况的繁荣给我国创造了良好的国际金融市场环境，有利于提高我国整体金融安全状况，总而言之相较 2016 年，我国金融安全形势有所改善。

二、国际基本面溢出效应

（一）基本面溢出效应总体概述

从国际经济基本面的溢出效应来看，国际经济总体已经克服了 2008 年国际金融危机带来的冲击，虽平均而言仍低于危机爆发前的经济发展水平，但在一定程度上实现了复苏。从图 7 - 2 的基本面溢出效应指数结果中可以发现，强刺激政策之后，2010 年指数有了质的提高，但此复苏形势没能延续下去，在 2011—2016 年中都维持在 85 左右的水平，基本面情况相对稳定；指数在 2017 年上升约 2 个点，这是由衡量基本面的六类指标增速都有所提高引起的，说明 2017 年美国、日本、欧元区的宏观经济发展动力有所提高，国际经济形势有所改善。

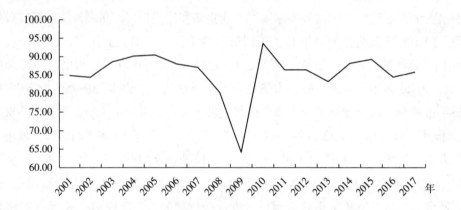

图 7 - 2　国际经济基本面溢出效应指数（2001—2017 年）

（二）基本面六类指标溢出效应具体分析

表 7 - 3 中具体展示了六类基本面经济指标分别对我国金融安全的溢出效应指数，可以看到在危机之后，投资和就业率两个指标基本恢复到危机之前的水平，甚至在一定程度上小幅超过危机前水平；而 OECD 领先指数、GDP 增速、进口、10 年期国债利率安全程度增速有所回升，但相比危机之前依然处于艰难的恢复阶段，尤其是进口指标。这种现象可能是因为相比于其他四类指标，主要经济体更倾向于通过加大投资和创造就业机会的方法拉动国内需求、稳定市场情绪从而复苏经济。值得注意的是，这六类指标中除了主权信用评级债券利率指数以外其他五类指标在 2017 年都有所提高，其中进口增速涨幅最大，但是主权信用评级债券利率指数却有了大幅下降，从宏观经济上看，国债收益率高说明市场经济走势好，稳定增长，投资回报稳定，投向国债的资金少，利率低说明宏观经济开始波动，市场对经济前景不看好，大量资金涌向国债。因此主权信用评级债券利率指数大幅下降是由于国债利率的提高，反映市场经济走势好，经济稳定增长，这与美国及欧元区经济大复苏有密不可分的联系。

表 7－3   国际基本面溢出效应对我国金融安全指数的影响（2001—2017 年）

年份	OECD 领先指数增速	GDP 增速	就业率增速	进口增速	投资增速	10 年期国债利率安全程度增速
2001	63.70	95.81	87.59	77.98	86.64	97.49
2002	77.08	88.66	82.32	91.58	85.07	81.54
2003	77.45	92.35	87.44	93.63	92.89	87.85
2004	86.91	100.00	93.15	99.59	99.21	61.95
2005	76.07	97.94	94.10	94.57	100.00	79.94
2006	83.62	99.28	96.33	89.45	99.45	60.00
2007	79.51	98.94	94.51	86.44	93.24	69.95
2008	62.70	83.11	83.22	80.97	83.76	87.72
2009	60.00	60.00	60.00	60.00	60.00	84.94
2010	100.00	94.82	86.27	100.00	97.33	83.20
2011	77.33	87.27	94.83	84.13	95.45	79.62
2012	71.91	88.18	90.79	75.81	92.01	100.00
2013	82.09	89.72	92.29	71.52	94.22	69.42
2014	79.97	95.10	100.00	77.92	98.00	78.06
2015	74.56	99.52	99.46	76.27	96.41	89.41
2016	72.56	90.97	96.98	70.58	90.56	84.97
2017	80.75	95.28	98.13	80.80	96.99	62.92

如上文所介绍的，OECD 领先指数是对 OECD 国家经济社会发展状况的总体评估，指标增速的变动可以反映相关经济体经济扩张和收缩的情况。从图 7－3 中我们可以清楚地发现，在 2009 年三大经济体的 OECD 领先指数增速跌到最低点；2010 年达到最高点后又迅速降

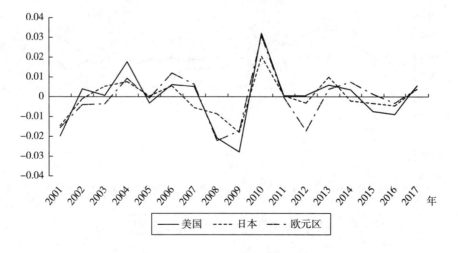

图 7－3   不同经济体 OECD 领先指数增速变动（2001—2017 年）

低，2011—2016 年增速放缓、小幅波动并在之后几年出现负增长的情况，在 2017 年又有所回升，这意味着部分经济体实质上进入通缩通道，欧元区的欧债危机冲击和日本的长期通缩是两个经济体出现负增长的原因，而美国这一指标在 2015 年也变为负数且在 2016 年进一步下跌表明美国虽然宣布退出量化宽松政策，但货币宽松政策的影响仍在持续，该指标在 2017 年有所回升，说明美国正在真正完全退出量化宽松政策的路上，这对世界经济的整体预期带来有利的影响。

基于图 7-4 至图 7-6，美国和欧元区的 GDP 增速要高于日本，这说明从经济复苏程度上来说，美、欧的表现较好，这与美欧本身积存的经济实力及在危机前的经济表现有一定关系。具体而言，三大经济体在 2017 年 GDP 增速、就业率增速和投资增速都上升了，其中投资增速波动较大。美国 2017 年 GDP 增速为 4.1%，较上年增长了 1.8 个百分点；欧元区 2017 年 GDP 增速为 3.4%，较上年增加 0.8 个百分点；日本 2017 年 GDP 为 546.5 万亿日元，增速为 1.5%，较上年上升了 0.3 个百分点。就业方面，美国 2017 年就业率为 95.65%，较 2016 年有略微提高，就业增速 0.54%，较上年提高了 0.12 个百分点，基本符合充分就业率的区间范围。综上，美国劳动力市场依然表现强劲，并且由于各项政策的出台，充分促进了就业，就业改善程度不断提高。2017 年 12 月日本失业率为 2.6%，相比于美国（4.1%）、德国（3.5%）、法国（9.0%）、英国（4.4%），为主要发达国家中最低的，就业率增速在 2017 年为 0.32%，较上年增加了 0.05 个百分点。欧元区失业率虽然仍处在高位但在 2017 年下降至 8.6%，就业率增速小幅上升，由 2016 年的 0.95% 上升至 1.06%。投资方面，三大经济体的增速都有所提高，尤其是美国和日本经济体，美国投资增速由 2016 年的 -0.94% 迅速提升至 4.6%，上升了近 6 个百分点，日本投资增速也由 0.25% 上升至 3.5%，增加了 3 个百分点，欧元区增速保持稳定，由 4.4% 上升至 5.8%。这说明三大经济体在经济复苏过程中，美国和日本刺激投资的能力有了很大的提升，而欧元区

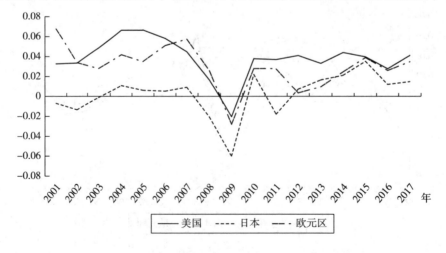

图 7-4　不同经济体 GDP 增速（2001—2017 年）

仍有待提高，光靠政府投资以拉动需求及经济发展的路径并不持久；同时欧元区总体而言创造就业的能力较弱。这三类指标的上升对美日欧及国际经济持续复苏预期具有积极的影响，意味着各主要经济体所采取的经济振兴政策取得了不错的效果。

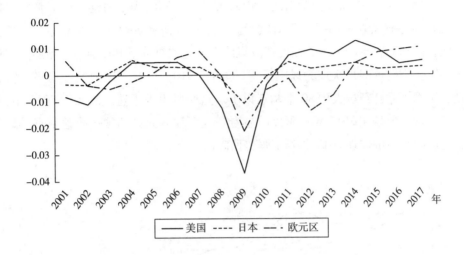

图 7 − 5　不同经济体就业率增速（2001—2017 年）

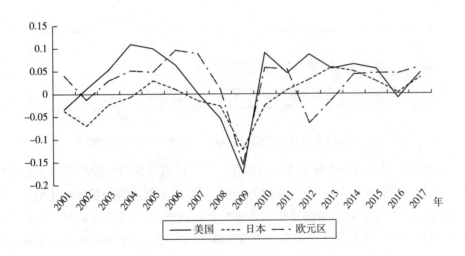

图 7 − 6　不同经济体投资增速（2001—2017 年）

从国际金融危机爆发后的长债收益率变动看，10 年期美国国债收益率曾有过两次急涨过程。一次是 2010 年 10 月至 12 月，一次是 2013 年 4 月至 7 月。第一次期间的收益率飙涨部分源于以爱尔兰、西班牙和葡萄牙为代表的欧洲国家债务危机开始显现。当时美联储于 11 月议息会议上退出第二轮量化宽松政策；第二次期间的收益率飙升很大程度上受市场关于放缓购债（Tapering）政策讨论的影响，美联储于 12 月议息会议开始缩减购债规模。2016 年 11 月以来的这一次国债收益率上行趋势，主要是由于特朗普当选美国总统后市场对其大规模基建开支政策预期的反应。而日本和欧元这个指标的长期疲弱一方面是两个经济体量化宽松、进入负利率时代的结果，另一方面也与较低的通胀预期有关，从长期来看，市场并不看好两个经济体的经济增长。具体而言，日本在维持负利率和量化宽松政策基础上，其央行于 2016 年 9 月引入收益率曲线作为新的货币政策目标，同时表示将继续购买日本国债直至 10 年期国债收益率保持在零附近。而对欧元区来说，经济复苏显示出严重分化，事实上加剧了欧元区各国国际收支的失衡，新的债务风险在分化的复苏下开始累积，希腊主权债务问题和意大利银行问题可能再次成为风险事件；同时，2017 年欧元区的大选局势加剧了欧元区的恐慌，法德利差已经拉大到 80 个基点以上。这些风险因素造成欧元区 2016 年 10 年期国债利率的下跌。但是在 2017 年，可以明显看到美国和欧元区的国债收益率有了显著的提升，这也是这两大经济体在 2017 年经济强势回暖的一个表现（见图 7 - 7）。

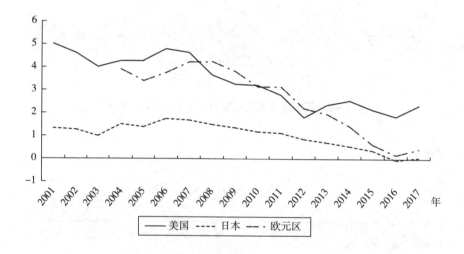

图 7 - 7　不同经济体 10 年期国债收益率变动情况（2001—2017 年）

　　图 7 - 8 显示了三个经济体对华进口的增速，作为最直接的对我国经济的溢出指标，我们可以发现在次贷危机前，美国、日本、欧元区都保持着对我国进口数额的正增长。尽管在 2009 年为负增长，但危机后三个经济体对华进口都迅速恢复了增长的局面，但是增速都难以回到危机前的水平，欧元区甚至还再度出现负增长的局面，表明我国的外需情况并没有得到足够的改善，这与各国主要着重于刺激国内产业、需求发展及有意缩减贸易逆差有关。同时应该注意到，在 2016 年三个经济体对华进口增速都为负值，美国为 - 3.96%，日本为 - 12.42%，欧元区为 - 1.76%，但是在 2017 年三个经济体对华进口增速重回正值，并且都有高于之前的增速。以美国为例，2017 年美国出口总额 2.3 万亿美元，进口总额 2.9 万亿美元，贸易逆差 5 684 亿美元，逆差自 2010 年以来持续收窄在 5 000 亿美元左右，大幅低于 2006 年历史峰值 7 617 亿美元，但仍保持上升的趋势，就考察期间的趋势而言，对我国经济环境仍然有利。结合之前相关经济基本面指标的分析，我国经济目前所处的国际金融市场环境较为乐观，这也对金融安全有积极的推动作用。

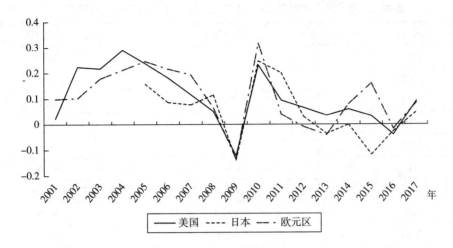

图 7 – 8　不同经济体对华进口增速（2001—2017 年）

三、国际金融市场溢出效应

（一）金融市场溢出效应总体概述

从国际金融市场的溢出效应指数来看，近年来指数本身的波动较大，标准差达到 9.49。相比于 2016 年，金融市场溢出效应指数在 2017 年大幅上升且与基本面溢出效应指数变化方向相一致，但幅度更大，该上升主要是由于货币市场指数和资本市场指数上升的共同效应，这表明与国际基本面经济情况相比，金融市场的发展态势更好。尽管我国 A 股市场与国际金融市场的联动效应并不明显，但国际金融市场的大幅波动很容易导致国际热钱在全球范围内的快速转移，这对于逐步开放的我国资本市场而言，会有一定的影响，给我国金融市场的调控增加更多的不稳定因素（见图 7 –9 和表 7 –4）。

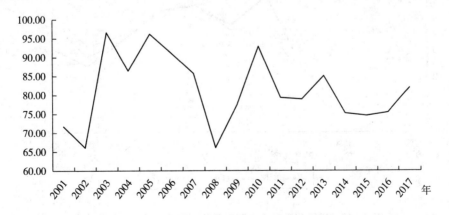

图 7 –9　国际金融市场溢出效应指数（2001—2017 年）

表 7 - 4   国际金融市场溢出效应对我国金融安全指数的影响（2001—2017 年）

年份	货币市场	资本市场
2001	—	71.74
2002	—	66.08
2003	—	96.60
2004	—	86.43
2005	—	96.18
2006	—	91.04
2007	86.34	85.10
2008	72.14	60.00
2009	60.00	94.82
2010	100.00	85.74
2011	82.61	76.02
2012	65.01	92.81
2013	70.08	100.00
2014	66.12	84.29
2015	63.62	85.49
2016	64.27	86.59
2017	72.81	91.05

（二）货币市场指标溢出效应分析

国际货币市场主要利率差额变动如图 7 - 10 所示。

图 7 - 10   国际货币市场主要利率差额变动（2007—2017 年）

结合表 7 - 4 和图 7 - 10 可以看出，在危机后的 2009 年和 2010 年，美国、日本、欧元区的银行间同业拆借利率与我国银行间同业拆借利率的差额处于统计时间段的最低阶段，这一阶段的资本频繁流动风险相对较低。但 2010 年之后，三大经济体与我国利差逐步扩大，这是由于次贷危机后美日欧分别先后实行量化宽松政策，进入全面降息进程；同时日本和欧元区也宣布将实行负利率的货币政策。相反，我国的 Shibor 一直保持在大体稳定的水平，所以在 2010 年之后，我国与三大经济体的利差额基本在扩大。同时，可以注意到，在 2014 年后，利差额有小幅缩小的趋势，这得益于美国逐步结束量化宽松政策、进入加息通道并于 2017 年大幅上调联邦基金利率，由 0.39% 上升至 1.0%；我国 2017 年 Shibor 由 2.83% 上调至 4.10%。美国与中国同时加息，但是中国的加息幅度更大，使得利差略微增幅，而日本与欧元区的银行间同业拆借利率有所下降，日本与欧元区的同业拆借利率下调与中国提高同业拆借利率的双重效应使利差扩大，日本最为明显。

所以，在利差有扩大趋势的局面下，国际资本频繁流入、流出的风险相对于其他国际经济因素波动，带给我国经济震动的压力可能会增大，金融危机后大量"热钱"、国际游资涌入我国的现象频现。

（三）资本市场指标溢出效应分析

如图 7-11 所示，就我们选取的五类指数来看，从 2001 年到 2016 年，道琼斯指数、日经 225 指数、德国 DAX 指数、英国 FTSE100 指数和法国 CAC40 指数的涨幅的标准差分别为 15.63%、24.33%、23.77%、14.2986% 和 19.55%。而 2008 年国际金融危机之后，标准差水平分别为 9.46%、20.82%、13.51%、9.60% 和 12.09%，这意味着长期来讲，这些主要金融市场指数的波动性实质上一直保持在一个较高的水平，这也是国际金融市场溢出效应指数波动较高的原因之一。这使得我国的外部金融环境的不确定性较高。而 2013 年以来，金融市场溢出效应出现明显的下降，这意味着量化宽松给资本市场带来的流动性正在逐步减少，由于货币变动引发的指数飙升趋势明显转变，主要资本市场面临着较大的增长阻力，这

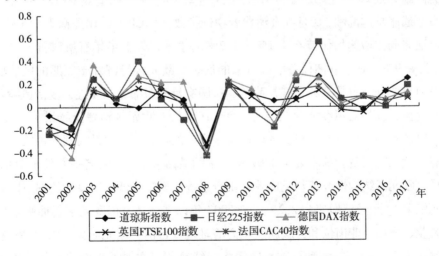

图 7-11　国际资本市场主要指数涨幅（2001—2017 年）

与 2015 年股灾之后国内股市的百废待兴一起对我国未来金融安全提出了巨大的挑战，但较 2016 年而言，2017 年的指数涨幅有了明显的提升，这为我国迎接挑战增强了信心。

四、主要结论

（一）国际经济基本面发展态势有所改善

如前所述，基本面安全指数较之 2016 年小幅上升 1.4 个点，六类指标（OECD 领先指数、GDP 增速、就业率、进口增速、投资增速、主权信用评级债券利率指数）除主权信用评级债券利率指数以外其他五类指标在 2017 年都有所提高，其中进口增速涨幅最大，说明 2017 年经济基本面发展状况总的来说还是不断向好。

纵观 2017 年，全球经济延续复苏态势，经济持续扩张，通胀总体温和。美国经济复苏态势强劲，欧元区经济继续改善，英国经济总体稳定，通胀压力加大，日本经济温和复苏。新兴市场经济体总体增长较快，但仍面临调整与转型压力。

美国经济保持较强劲增长，2017 年第三季度实际 GDP 环比折年率初值为 3.0%，维持近两年高位水平。私人投资提速以及贸易赤字减少成为经济增长的主要驱动力，其中第三季度私人投资环比折年率升至 6.0%，增速较第二季度提高了 2.1 个百分点。受飓风影响，个人消费支出环比折年率较第二季度下降 0.9 个百分点至 2.4%。通胀率略有抬升，9 月 CPI 同比上涨 2.2%，较 6 月上升 0.3 个百分点，而美联储较为关注的核心个人消费支出（PEC）物价指数环比折年率初值为 1.3%，较第二季度回升 0.4 个百分点。劳动力市场略有波动，9 月失业率为 4.2%，为近 16 年以来新低，薪资数据也超过预期，但受飓风等因素影响，新增非农就业人数下降较多，劳动参与率保持在 63% 左右，比金融危机前低约 3 个百分点。

欧元区经济保持复苏态势，各经济体普遍出现较强增长，内需尤其是投资成为经济复苏的主要动力。欧元区 2017 年第三季度 GDP 增速为 2.5%。9 月制造业 PMI 终值为 58.1，创近 7 年新高。通胀总体温和，9 月综合消费者物价指数（HICP）同比涨幅为 1.5%，第三季度各月核心通胀同比增速均保持在 1.1%～1.2% 的水平，较上半年有所改善。失业率持续下降，9 月为 8.9%，处于欧洲债务危机以来的低位。欧元区经济好于预期的主要原因，一是全球经济前景向好，贸易复苏；二是荷兰、法国支持欧盟的党派获胜，政治风险降低，市场信心得到提振；三是宏观经济政策得当，OECD 认为，欧元区消费持续增长、投资趋稳、出口扩张，以及良好的经济增长势头主要得益于宽松的金融环境以及有利的税收和公共支出政策。目前，欧元区消费者信心处于 2001 年以来的最高水平，投资者信心处于 2007 年以来的最高水平。欧元区结构性改革初见成效，银行系统性风险降低，不良贷款率下降。欧洲央行预计欧元区 2017 年经济增速为 2.2%，创 2007 年以来新高。但欧元区仍面临如何有效解决结构性失业、增加就业岗位和舒缓就业压力的难题。目前，欧元区失业率为 9% 左右，消费物价指数在 1.3%～1.5% 波动。欧元区经济持续复苏，增加了货币政策的回旋余地。欧洲央行决定，从 2018 年 1 月开始，将每月量化宽松规模从 600 亿欧元降至 300 亿欧元，持续 9 个月，如有必要将持续更长时间。

日本 2017 年以来经济增长加速，最近一轮经济增长势头自 2016 年起已持续了六个季度，成为 2006 年以来持续时间最长的一轮经济扩张。全球需求尤其是科技产品需求回升、国内家庭支出增加，推动第一季度 GDP 环比折年率增长 2.2%，第二季度增速进一步提高至 2.5%，其中个人消费贡献最大。日本内阁府速报值显示，2017 年上半年，剔除价格因素后，日本实际 GDP 较 2016 年同期增长 1.5%。内阁府预计，日本经济仍将延续缓慢复苏的基本趋势。虽然企业收益增加、经济形势好转、宽松货币政策提振，但日本经济仍受到薪资增长停滞制约消费支出增长的困扰。

展望 2018 年，世界经济回暖基础不稳固、特朗普政府执政政策的变动、资产价格泡沫、全球债务水平过高、反全球化趋势、英国脱欧进程以及地缘政治冲突等问题都使得全球金融市场的发展有很多不确定因素，整体发展趋势有待观察。

（二）国际金融市场发展态势明显好转

相比于基本面指数的小幅上升，金融市场安全指数上升约 6.5 个点，其中货币市场与资本市场状况都有一定好转。具体而言，2017 年国际金融市场呈现两大主要特征：一是全球股市大幅上扬，二是美元持续贬值。截至 2017 年 11 月 27 日，以摩根士丹利资本国际公司编制的明晟指数（MSCI 指数）来衡量，全球股指从年初以来上涨 19.32%，其中新兴市场股市指数上涨 33.86%，发达市场股市指数上涨 17.61%。在 24 个新兴市场国家指数中，只有卡塔尔和阿联酋股指负增长，另有四个国家的股指涨幅在 10% 以内，其余 18 个国家的股指涨幅在 10% ~ 55%。在 23 个发达市场的国家指数中，只有新西兰和以色列出现了负增长，其余 21 个国家的股指均有 10% 以上的涨幅。全球股票价格上涨与世界经济增速回升有关，但也与全球低利率和宽松的货币环境关系密切，但是全球股市快速上涨也隐含较大的泡沫风险。

2017 年美联储已经数次加息，欧洲中央银行和日本银行仍然维持低利率甚至负利率环境，但是美元并没有相应地出现升值现象，而是总体上出现了一定的贬值。这种情况在很大程度上是由欧洲和日本超预期经济增长以及美国政策的不确定性带来的。2017 年 9 月相对于 2016 年 12 月，名义美元指数贬值 7.5%，实际美元指数贬值 7.9%。美元贬值导致世界其他主要货币相对于美元均有不同程度的升值。从 2017 年初到 11 月 17 日，欧元兑美元汇率升值了 12.1%，英镑升值了 6.9%，日元升值了 4.3%，人民币升值了 4.7%。美元贬值也使得新兴经济体的货币在 2017 年几乎没有发生大幅度贬值现象。但是美元贬值引起的新兴经济体货币升值会恶化部分经济体的经常账户，给未来的货币价值稳定埋下隐患。

股票市场上，道琼斯指数继 2015 年的负增长转为 2016 年的正增长之后，在 2017 年持续保持上扬趋势，并且增长率提升约 12 个百分点，这与美国经济复苏态势加强，各项经济指标逐渐好转有一定联系。美国股票市场的好转也间接影响着国际上其他国家的股票市场，日经 225 指数增速上涨近 20 个百分点，德国 DAX 指数上涨近 7 个百分点，法国 CAC40 指数上涨近 5 个百分点；但英国 FTSE100 指数继 2015 年的负增长转为正增长之后 2017 年有所下降，这可能受英国脱欧影响使投资者对欧元区未来发展前景不看好而美国发展强势，投资者一定程度上退出欧洲股市进入美股市场。再看我国，对比 2015 年，2016 年上证综指下跌 12%、沪深 300 指数下跌 11%、深证成指下跌 20%，但是较 2016 年而言，2017 年上证指数年内上涨 6.56%、沪深 300 指数上涨 21.78%、深证成指上涨 8.48%，表明 2015 年股灾对于 2017 年股市发展的影响转弱，国内金融市场环境有所好转。

第三节　全球金融市场风险隐患

一、美日欧经济体风险隐患

（一）美国

特朗普始终倡导"美国优先"，并乐此不疲地努力捍卫自身利益。这是 2017 年世界强调宣传消除贸易保护以来，没有办法减弱的一个重要因素，也是 2017 年世界经济最大的一个隐患。2017 年，全球贸易增长逐渐回升至 4%，带动全球增长加快，但新的贸易措施不利于全球贸易的回暖。

其次就是 2017 年美国的货币政策，美国货币正常化接近两年了，然而 2017 年下半年，主要的发达经济体放宽了货币政策，或是带来较强的宽松货币的信号。而美国货币政策并不明朗，全球金融环境面对不佳处境，将对较脆弱的经济体产生不利影响。那些与美元挂钩、具有高杠杆和存在资产负债表错配的经济体可能遭受更大压力。

美国政府决策的不确定性仍是企业面临的最大风险因素。特朗普所承诺的改革仍在进行过程中，不少政策尚未出台，对于已经被国会通过的税改措施，可能带来的财政、经济和社会影响仍待明确。

（二）日本

首先，日本的通胀水平仍然是个问题。数据显示，日本 2017 年 6 月除生鲜食品外的核心消费价格指数（核心 CPI）同比上升 0.4%，这与日本政府定下的 2% 的通胀目标显然还有差距。对于这个老大难问题，日本政府可谓使出浑身解数，但收效甚微。以至于日本央行在货币政策方面相当谨慎，不敢轻易出手，生怕对通胀产生负面影响。

其次，安倍上台后，提出要提高消费税，2013 年 10 月，安倍政府宣布将消费税从 5% 上调到 8%，提高消费税对日本经济产生了重大冲击，2014 年日本经济增速仅为 0.34%，较 2013 年的 2% 下降 1.66 个百分点，2016 年 6 月，由于经济增速一直处于低位，安倍将提高消费税的计划推迟至 2019 年 10 月。日本作为全球第三大经济体，如果因消费税政策造成本国经济衰退，极有可能冲击全球经济复苏。日本负利率政策已持续多年，十年期国债收益率为零，何时结束量化宽松政策也值得关注。此外，近期日本制造业代表企业频现违规、造假、瞒报、谎报等丑闻，钢铁、汽车、飞机、高铁、军工等多个领域均被波及，"日本制造"的光环正在褪色，将可能对日本经济产生深远影响，未来安倍将何时结束量化宽松、启动缩表减债以及调高消费税还需关注，日本经济未来具有较大不确定性，对于全球经济的影响也存在较大的不确定性。

（三）欧元区

欧洲的政治格局从地图上看，分得稀碎，现如今，欧盟最大的问题是各国都要闹独立，而且是经济比较强的地方要求独立。英国强势退欧，在1 000亿欧元的退欧费用上和欧盟僵持不下。德国政府把500多吨在海外的黄金储备运回国，准备摆脱美元的霸权地位，也暗示准备货币独立。西班牙的加泰罗尼亚宣布独立，中央政府随即武力干预，直接接管加泰罗尼亚，取消自治，驱逐反对党。意大利的伦巴第和威尼托地区也效仿要求独立，只有马卡龙当选法国总统一事，暂时缓和了欧盟的解体风险，没有让"黑天鹅"飞出。

欧洲的地缘政治，在2017年，为欧洲经济复苏蒙上了阴影。可以看出欧洲的经济虽然在复苏，但是整体仍然非常脆弱。因此从2017年来看，欧洲更急切与中国合作，在全球经济面临高度不确定性的今天，中欧关系却更加紧密也是2017年全球瞩目的焦点。当然也给中欧双方的企业吃下了定心丸，未来中国经济很多领域需要和欧洲建立坚定的合作关系，而现在的欧洲更需要与以中国为首的亚洲新型经济体互惠互利，开拓更多的合作实现大宗品交易。

二、全球经济风险隐患

（一）世界经济回暖的基础不稳固

对于这一轮世界经济回暖，一般认为是一种周期性复苏。当一个经济体偏离其长期发展趋势一段时间后，总是要回归其原本趋势的。这是市场经济自动调整所产生的周期性波动结果。但是这一轮周期的长度要远远高于平均值，不能理解为一种简单的、一般意义上的周期性复苏。

金融危机通过以下三条传导渠道对经济造成负面影响：第一，金融中介资产价值受损，信贷扩张能力下降，从而削减信贷并导致经济收缩。第二，金融中介对风险的看法发生变化，更加倾向于追逐安全资产，减少对风险资产的贷款，或要求更高的风险回报，从而也会造成经济收缩。第三，居民和企业在衰退过程中受到损失，债务负担过重，从而降低了其消费和投资支出。目前，金融机构资产负债表的修复取得明显进步，但发达经济体长期低利率的环境没有根本改变，欧元区和日本还处于负利率环境，说明发达经济体金融中介偏好安全资产的局面还没有得到根本改观。另外，居民和企业的资产价值回升较快，但其负债水平还没有明显下降。因此，上述三个传导渠道虽在一定程度上得到了修复，但修复是不完全的。可见，世界经济虽然有一定程度的复苏，但还没有恢复到强劲、可持续的增长轨道上来。

（二）美国财政货币政策外溢效果不确定

美国财政货币政策未来将由两大因素主导：一是特朗普的财税方案，二是美联储的加息和缩表节奏。这两方面的政策均会对世界经济产生较大影响。

特朗普的财税方案有三个核心要素，分别是减税、降低政府开支以及增加国防和基建投资。减税主要是为了增强美国经济活力；降低政府开支主要是为了平衡预算，弥补减税可能带来的财政赤字；增加国防和基建投资主要是为了安全和使美国更伟大。这个方案试图在增强美国经济活力和使美国更伟大的同时，实现预算平衡，并降低政府债务水平。20世纪80年代，美国里根总统实施了与特朗普类似的政策，其结果显示，上述政策对促进经济增长有一定效果，但是很难实现预算平衡和控制政府债务增长。

特朗普财税方案的实施，政策后果很可能是小幅的GDP增长率提升，大幅度的财政赤字和政府债务增长。美国GDP增长率提升，会给世界经济带来正面的外溢效果。但是财政赤字和政府债务增长会给世界经济带来负面的外溢效果。其中政府债务的增长，会对利率产生上行压力，吸引外国资本流入美国，美元升值，并可能给世界其他地区带来经济动荡。

美联储加息和缩表节奏是另一个会对世界经济产生较大外溢效果的因素。美联储已经在2015年和2016年各加息一次，2017年上半年加息两次，并已经宣称要启动缩表计划。所谓缩表，就是美联储减少其持有的国债和抵押贷款支持证券。美联储在金融危机期间为了给市场提供流动性和维持金融稳定，购买了大量金融机构的抵押贷款支持证券，在危机后为了刺激经济增长，大幅度降低联邦基金利率并用量化宽松政策降低长期利率，量化宽松政策实际上就是美联储不断购买中长期政府债务和抵押贷款支持证券。截至2017年10月底，美联储持有的美国中长期国债相对于2008年9月初，增加了约2.0万亿美元，抵押贷款支持证券增加了约1.8万亿美元，导致美联储资产总额高达4.5万亿美元，是2008年9月初的4.9倍。

美联储减持中长期国债和抵押贷款支持证券的缩表行为，将对中长期利率造成上行压力，加上美联储提高联邦基金利率和特朗普财税政策对中长期利率的上行压力，美国未来的利率水平很可能快速大幅度提高，这一方面会抑制美国经济增长，另一方面会引导资本流入美国使得美元升值，造成其他货币贬值尤其是造成新兴市场货币不稳定。当然，这种影响的程度取决于美联储加息和缩表的节奏。

（三）全球债务水平持续积累

各经济体债务水平和杠杆率上升表现在不同的部门，其中发达经济体主要是政府债务水平偏高，新兴经济体主要是居民和企业债务水平在不断上升。

主要发达经济体虽然为政府债务设立了一些人为的财政规则，如美国设债务上限，欧盟设赤字和债务超标的惩罚机制，但都没有阻止其债务的膨胀。政府债务的膨胀史，实际上是约束政府债务的机制一层一层被打破的历史和政府支出一项一项增加的历史。这些约束机制包括预算平衡机制、债务与偿债税源直接挂钩机制以及外部平衡机制。政府支出引起的债务融资包括战争融资、财政流动性融资、宏观稳定融资和福利融资等。今天的世界，已经严重缺乏约束各国财政赤字和债务增长的有效机制，而债务融资的理由却越来越多。发达经济体的政府债务，还会继续膨胀下去。

在政府债务得不到约束的情况下，唯一能够有效降低债务负担的途径，就是高速经济增长加上一定程度的通货膨胀。然而，过高的债务反而会妨碍增速提高。如果没有实体经济的加快增长，发达经济体政府债务继续膨胀的结果，要么是债务货币化和高通胀，要么是违约。这两种情况都会带来经济衰退。

（四）资产泡沫风险加剧

发达经济体的低利率和宽松货币环境催生了资产价格的不断高涨。美国标准普尔 500 指数、道琼斯工业平均指数和纳斯达克综合指数月度收盘价在 2007 年 10 月达到金融危机以前的最高值，当时的三大指数分别为 1 549 点、13 930 点和 2 859 点。危机后三大指数大幅下挫，此后逐渐上升，并于 2013 年前后超过危机以前的最高值，至 2017 年 10 月，三大指数的月度收盘价分别已达 2 575 点、23 377 点和 6 728 点，分别是危机前最高值的 1.66 倍、1.68 倍和 2.35 倍。美国房地产市场价格走势也与股票市场类似。美国 20 个大中城市的标准普尔/CS 房价指数于 2006 年 7 月达到危机以前的最高点，即 207 点（2000 年 1 月房价为 100）。2006 年 7 月后房价逐渐下跌，并引发次贷危机和国际金融危机。2012 年初，美国房价重新开始上涨，至 2017 年 8 月，20 个大中城市的标准普尔房价指数已达 203 点，即美国房价已经非常接近次贷危机以前的最高水平。欧元区、日本等发达经济体也存在类似的资产价格持续快速上涨现象。

欧洲和日本的负利率和量化宽松政策将继续催生资产泡沫。美联储加息和缩表政策则有刺破资产泡沫的风险。加息对资产价格的抑制作用往往有滞后效应，一般需要连续多次累计较大幅度的加息才会突然导致资产价格的崩溃。一旦美国资产泡沫破裂，刚刚有所复苏的世界经济，可能再一次陷入低迷之中。即使美国的加息和缩表暂时没有导致其资产泡沫破裂，但有可能引起美国利率尤其是中长期利率飙升，并引起资本流入和其他市场的资本流出，可能刺破其他市场的资产价格泡沫。可见，当前世界各国的资产泡沫已经成为威胁世界经济稳定的一个重要因素。而且，资产价格上涨持续时间越长，泡沫破裂造成的危害将会越大。

第八章　中国金融自主权评估

维基百科对自主权的介绍是，"自主权（希腊语：$\nu \acute{o} \mu o \varsigma$；$\alpha \dot{\upsilon} \tau o \nu o \mu \acute{\iota} \alpha$；$\alpha \dot{\upsilon} \tau \acute{o} \nu o \mu o \varsigma$，英语：Autonomy，直译为'法''自我设置并约束自我的法律'），也称自治权、自决权，它往往指的是一个理性个人有能力作出成熟的、不被胁迫的决定。政治意义上，它也用来指人民的自主统治。"这个定义有一点值得强调，即它强调了决策和行动的自主性和独立性，它不能受到外部力量的影响或支配。由此，我们认为从国家层面来谈金融自主权也应强调国家或政策制定者决策、行动的自主性和独立性。

货币主权作为一国金融主权的重要组成部分，是谈论较早也较多的一个。在民族国家占主导地位的时期曾被视为当然的权利，形成了"一个国家，一种货币"的国际货币格局。20世纪后半期，经济全球化和金融一体化的大环境使货币与国家的历史联系表现出了新的特征，呈现出"一个市场，一种货币"的发展趋势，传统的货币主权被削弱。但这并未从根本上改变国家货币主权的性质，无论是国家货币还是市场货币，其出发点和归宿都是为国家的利益服务。

现有的国际货币体系建立在以美元作为主要储备货币的基础上，形成了以美元为核心的国际金融秩序。国际货币基金组织的数据显示，美元占全球外汇储备的比例从2001年以来基本维持在60%以上，大部分外汇交易和外币贷款是以美元标价；国际贸易中的重要商品，如石油、重要的大宗初级产品和原材料，甚至是黄金，基本都是以美元进行计价和结算；各国政府或者货币当局在稳定本国货币汇率时所使用的干预货币主要是美元。美元的强势地位决定了美国可以通过发行不兑现的纸币来剥夺其他国家获得国际铸币税的权利、通过美元持续贬值将金融危机和贸易逆差的成本转嫁给别国、通过维护自身利益的美元政策来损伤其他国家货币政策的独立性。美元霸权体现的是美国损害他国货币主权以强化自身利益的过程。

经济全球化提高了资源的全球配置效率，为一国经济的发展提供了更多契机。而随着金融市场和金融产品的不断创新和发展，货币主权之外还有许多体现金融自主权的方面，如大宗商品定价权、在国际金融组织中的投票权等。对于中国来说，要想成为经济强国，就必须在参与经济全球化的同时，打破金融强国的金融霸权，将我国金融自主权的维护放在重中之重的位置。此外，随着我国经济对外开放的持续扩大，在我国金融市场发展尚不完善的情况下，人民币国际化在提高我国国际金融话语权的同时，也增加了金融危机加速传染和资产价格异常波动等可能削弱我国货币信用的风险。

金融自主权的维护关系到国家的核心经济利益，国际政治经济的日趋复杂加大了其维护的难度。尤其是金融自主权本身具有一定的抽象性，本章试图提出量化的安全评价分析框架，识别金融全球化背景下我国金融自主权维护面临的潜在风险，建立及时反映我国金融主权的动态评估机制，这对于维护我国的经济主权和金融安全具有重大意义。

第一节　全球化背景下的金融自主权的界定

目前学术上并未有规范的金融自主权定义，相对成熟的、也是最早出现的有关金融自主权概念是货币主权，这也是源于货币是金融系统中有关主权的最早期表现形式。而随着金融市场和金融产品的不断创新，国际货币金融体系的不断变化，我们认为除了货币主权外，还至少要包含大宗商品定价权，一国在国际金融体系中的话语权。下面我们将分别来进行阐述。

一、货币自主权

货币主权在历史上曾被视为国家当然的权利。1929 年，国际常设法院在塞尔维亚和巴西贷款一案的判词中指出，国家有权对其货币进行规制是普遍承认的法则。国际常设法院的上述判词曾在有关货币主权的国际法研究中被广泛引用，并被普遍认为是对国家货币主权的内涵的界定。

Zimmermann（2013）认为国际法院的上述界定已经成为一种仅仅具有象征意义的宣言，货币主权在不同的时代背景下具有不同内涵，其概念本身是动态的。金融全球化时代，传统货币主权的内容发生了一定的改变。比如《国际基金协定》对成员国的货币主权进行了约束和限制，要求成员国逐步放弃对经常项目的外汇管制。国家通过转移或者让渡一部分货币主权来参与到国际金融事务中，但这并未从根本上改变国家货币主权的性质①。

刘音（2006）认为货币主权对内包括确立本国的货币制度和名称、指定货币管理机构，颁布货币法律和法规、建立币制、保护货币价值和正常流通、禁止伪造和走私货币；对外包括建立外汇行市、维持币值稳定、进行正常的外汇交易、协调货币的国际流通、决定是否实施外汇管制和对外经济交往政策的权利。金融全球化削弱了货币主权对外的平等性。韩龙（2009）指出，一国的货币主权主要包含发行货币的权利，决定和改变币值的权利，调整一国货币或其他货币在其境内使用的权利。这三项权利在经济全球化的国际法下都受到了不同程度的限制。

总体来说，货币主权是一个随时代的变化而不断演进的概念。在经济全球化背景下，

---

① 张洪午．金融全球化时代的国家货币主权［J］．贵州大学学报（社会科学版），2009, 27（1）: 35 - 37.

国家通过让渡一部分货币主权来获得其他经济利益，货币主权的核心始终是国家通过货币来实现的国家利益。金融全球化主要表现为外部冲击对本国货币发行和调控自主性的影响，更进一步的还有本国货币对外部的影响，因此本报告从人民币的发行权、使用权（不受外部干扰而调控本国经济波动的独立性）以及国际影响力方面来说明当前人民币主权的概况。

二、大宗商品定价权

大宗商品主要指用于工农业生产与消费的大批量买卖的物质商品，是一国经济发展所必备的物质基础，一般可以分为能源商品、基础原材料、大宗农产品及贵金属四个类别。而所谓大宗商品定价权，就是指由谁来确定大宗商品国际贸易的交易价格，包括商品贸易中潜在的或普遍认可的定价规则和贸易双方所确定的或参考的基准价格（黄先明，2006）。

伴随着中国经济的快速发展与对外开放规模的不断扩大，中国大宗商品的消费规模已经跃居世界首位，进口对外依存度居高不下。目前中国已成为世界上最大的大宗商品消费国和进口国，在大宗商品交易市场占据重要地位。据汤珂（2014）报道，中国的铁矿石需求量占世界铁矿石需求量的 66%，铜占 46%，小麦占 18%，大豆占一半左右。对于铅和锌的需求量，整个世界基本呈平稳的态势，但中国的需求量却上升很快。2009—2011 年，中国用于工业的大宗商品，随着中国城镇化建设和房地产开发建设步伐的加快，使用量翻了一番。因此，掌握大宗商品定价权对于我国经济发展来说至关重要。但是目前在国际大宗商品的定价权上，我国几乎没有发言权，这与我国贸易大国的地位极不相符。

三、国际金融事务的话语权

随着国际性金融组织作用的显现，对外平等地参与国际金融事务是一国金融自主权的重要体现。在金融全球化背景下，各国的金融自主权，尤其是货币主权都受到了一定程度的限制并被削弱，但并非是同等程度的。主要的经济强国通常也是金融强国，作为国际规则的制定者和优势竞争者，这些国家强化了他们在国际金融事务中的决策权。

国际货币基金组织的份额确定了各成员国在国际社会的地位和拥有的投票权。美国在 2010 年 IMF 投票权改革后占有 16.47% 的投票权，对许多国际重大事项的决定具有一票否决权，而"金砖五国"的投票权加起来只有 14.1%，其中中国的投票权为 6.068%（见表 8 – 1）。由 IMF 投票权决定的话语权并不能充分体现世界经济的发展趋势和各国经济实力，尽管美国和日本在世界 GDP 中具有较高比重，但对世界经济的贡献在 2007—2013 年却呈下降趋势，"金砖国家"对世界经济增长贡献显著，特别是中国近年来 GDP 占世界经济总规模的比重上升明显。对中国来说，未来人民币国际化程度的加深将有助于提升中国在全球地缘政治中的话语权。

表 8 - 1	美国、日本和金砖五国在 IMF 的投票权		单位:%
国家	2008 年改革生效前	2008 年改革生效后	2010 年改革生效后
美国	16.732	16.727	16.470
日本	6.000	6.225	6.135
中国	3.651	3.806	6.068
俄罗斯	2.686	2.386	2.585
印度	1.882	2.337	2.627
巴西	1.377	1.714	2.217
南非	0.852	0.770	0.634

数据来源:国际货币基金组织（2012）。

第二节 金融自主权评估体系和指数构建

通过对金融自主权概念的分析，兼顾数据的可获得性，我们将主要从以下几个方面进行评估体系的构建：一是货币自主权，这包括三方面：其一是与人民币发行权相关的货币政策独立性问题；其二是中国人民银行能否基于我国宏观经济调控的需要，独立自主地对货币供给或利率进行调节的能力；其三是人民币在全球的影响，体现在人民币国际化进程上。二是大宗商品定价权，这一点在国际大宗商品金融市场发展越深，我国经济对外依存度越高的情况下越发重要。三是我国在国际金融体系中处理金融事务的话语权。

一、指标选择

(一) 货币自主权

这里的货币自主权主要是指，人民币货币政策的制定和实施不受外国经济金融形势和他国货币政策"外溢效应"或"外部效应"的冲击和影响。结合我国当前经济金融现实，我们将货币自主权从货币发行、货币调控、货币的国际影响力三个角度进行阐述。

1. 货币发行自主权指标——货币替代。所谓货币替代是指在货币可自由兑换的条件下，当一国货币存在贬值预期时，由于国内公众对本币币值的稳定失去信心或者本币收益率较低时，公众减持本币增持外币的现象（Chetty，1969）。国外的早期研究（Hilbert，1964；Bergsten，1975；Frankel，1991；等等）基本证实和支持货币替代会对一国的货币政策造成影响。

在当前美元霸权和我国对外开放程度日益加深的背景下，刑天才（2011）、李成等（2011）证实了我国货币政策和美国货币政策存在较高的联动效应，美元输入造成的货币替代会影响中国货币政策的独立性和执行效果。姜波克和李丹心（1998）、范从来和卞志村（2002）等指出我国货币政策独立性会因本国居民持有外币而受到影响。货币替代指标通常使用国内金融体系中的外币存款/国内广义货币的存量来表示。

2. 货币调控自主权指标——货币政策独立性指标。通常认为一国货币政策是政府用来宏观调控、熨平经济波动的主要工具，这也意味着货币政策主要是依据国内经济形势来对货币供给或者利率进行调整。但现实中，很少有国家的中央银行能不考虑国际金融形势，尤其是不考虑发行国际储备货币的美联储的行动而完全独立执行本国货币政策。对于 2008 年这轮次贷危机爆发前广泛存在于欧洲和美国的房地产泡沫，Taylor（2009）就指出，美联储过低的利率，以及欧洲各大央行因为要兼顾美联储的影响，也不得不执行过低的利率，是造成这轮发达国家普遍房地产泡沫的主要原因。Edwards（2012）则发现美国非常规货币政策对四个拉丁美洲国家和三个亚洲国家确实存在利率渗透的效果，并且资本账户管制也不能有效地将新兴经济体从国际利率波动中隔离开来。

事实上，有关货币政策相对国外的独立性，克鲁格曼提出的著名的三元悖论就指出：一国不可能同时实现货币政策独立性、汇率稳定以及资本自由流动三大金融目标，只能同时选择其中的两个。中国正在进入一个"三元悖论"的时期，同时控制汇率并实行独立的国内货币政策正在变得越来越难。由于我国实行强制结售汇制度，自 2000 年以来，我国迅速增长的贸易顺差导致的国内基础货币的被动投放就被诸多学者（李斌，伍戈，2013；谭小波，张丹，2010；郝雁，2008）认为是我国货币供给内生性和通货膨胀的主要原因。随着近年来国际收支格局的改变，外汇顺差减少，我国基础货币的被动投放在减弱。

考虑到我国自 1996 年以来就在开始不断走向利率自由化，汇率干预和资本管制不断减少的道路，而货币调控作用到实体经济最终还是要依靠利率的变化，兼顾与别国的可比较性，我们采用 Aizenman、Chinn 和 Ito（2008）提出的货币独立性指标来衡量独立性。该指标主要是使用母国与基准国货币市场利率的年度相关性的倒数来刻画，值越高，表示独立性越强。

$$MI = 1 - \frac{corr(i_i, i_j) - (-1)}{1 - (-1)} \tag{8.1}$$

以上公式中的 i_i 和 i_j 分别是本国和基准国的货币市场基准利率。本国选择的是上海银行间同业市场拆借利率，一般基准国选择的是美国联邦基金有效利率。

3. 货币国际影响力指标——人民币国际化指数。人民币国际化，反映的是人民币在国际货币体系中发挥国际货币职能的程度。当前国家间竞争的最高形式表现为货币的竞争，人民币国际影响力的上升，将有利于中国获得一定程度上的世界货币发行权和调节权，改变在国际货币体系中被动的地位，减少汇价风险，促进国际贸易发展，并获得一定的铸币税收入，因此人民币在国际贸易和金融结算领域的使用程度，一定程度上反映了人民币使用权和我国对外金融事务话语权的状况。

根据中国人民银行发布的《人民币国际化报告》，贸易、投资、外汇储备以及国际债务是一国货币国际化广度和深度考察的主要方面。该报告中从跨境人民币收付、人民币对外直接投资、人民币外汇储备以及人民币国际债券等几个方面阐述人民币国际化的进程。因此，本文借鉴《人民币国际化报告》发布的人民币国际化指数以及人民币结算占全球支付的比重来描述人民币国际化的动态发展。

（二）大宗商品定价权

在国际贸易中，期货价格往往被认为是一个定价基准，对于大宗商品来说更是这样。期货市场或者其他市场规则的制定者拥有大宗商品的定价权。如果大宗商品价格能够反映合理的需求，我们就认为这一大宗商品的价格是合理的，这样就不存在定价权问题。汤珂（2011，2012，2014）的研究都认为大宗商品期货定价从2004年以后，并没有真正反映实体经济的供给和需求。所以，争夺大宗商品的定价权很有意义。

同时，目前欧美国家的期货市场价格发现功能又是存在缺失的。在欧美期货市场之外，庞大的柜台交易市场（OTC市场）占到交易量的80%，而OTC交易信息是不透明的。考虑到数据的可获得性，我们使用基于现货价格方面的数据来衡量我国的大宗商品定价权。

$$R = (PM_t/PM_{t-1}) / (PW_t/PW_{t-1}) \tag{8.2}$$

指标释义：PM_t 和 PM_{t-1} 分别表示某一商品当年和上一年度的进口平均价格，PW_t 和 PW_{t-1} 分别表示该种商品当年和上一年度的国际权威价格。

经济学含义：白明（2006）从消费者剩余最大化的角度出发，把符合一国消费者剩余最大化目标的进口定价称为理想价格，高于理想价格的为劣权定价，低于理想价格的为优权定价。所谓国际定价权，是指一国究竟在多大程度上有能力可以使进口大宗商品价格接近理想价格。这种理想价格用世界权威价格来表示。动态比价 R 大于1表明中国进口价格呈现劣权化趋势，R 越大劣权化越明显；动态比价 R 小于1表明中国的进口价格呈现优权化趋势，R 越小优权化越明显。且动态比价波动越大，越有可能说明中国的定价权微弱从而无法维持进口价格的稳定。

评价：该指标从一国大宗商品的进口价格变化与世界市场市场价格变化的接近度出发，较为简单直观。但该指标只能反映一种对定价权的推测，而不一定是定价权本身，例如当国内进口价格被动接近世界平均价格时，动态比价 R 接近于1，但其后的定价权含义并不明显。

（三）国际金融事务的话语权

1. 国际金融组织投票权。当前三大国际性金融组织，国际货币基金组织（IMF）、世界银行（World Bank）和国际清算银行（BIS）在国际金融秩序和货币金融框架，包括危机救助、贫困救助、金融监管方面都发挥着重要的角色。虽然经历了数次改革，以便让新兴国家在国际组织中拥有更大发言权，但目前这些国际组织的投票权或决策权大多体现的仍是成立初期的利益格局，如传统上由美国主导的 IMF 和 World Bank 更多体现了发达国家，尤其是美国的利益诉求，而传统上由欧洲主导的 BIS 在规则制定方面也往往更多考虑的是欧美银行体系的形势。

2. 政治全球化指数。一国在国际金融事务中的话语权，除了体现在以上主要组织中的投票或决策权，还与其政治影响力高度相关。因此，我们将引入 Dreber（2006）提出的政治全球化指数来衡量政治影响力。瑞士经济分析局每年跟踪改进该指数。截至目前，该指数是三项分指数的加权，分别是驻外使馆数量（35.7%）、参与联合国维和任务（27.3%）、参与国际组织数量（37%）[①]。

3. 本国持有美国国债占全部美国国债份额。美国国债作为目前世界头号强国的国家债券，同时美国国债市场也是全球最大的国债市场。虽然众多新兴国家的储备中持有美国国债，也有部分迫不得已的原因，如美国拥有目前最强的国际储备货币的地位，但因为美国政府的高负债，持有美国国债份额也在一定程度上间接地增强了本国对美国的话语权。

将上述指标总结如表 8 - 2 所示，即我们提出的金融自主权评估体系。

表 8 - 2　　　　　　　　　　　金融自主权指标体系

一级指标	二级指标	三级指标
金融自主权	货币自主权	货币替代率、货币政策独立性、货币国际化
	大宗商品定价	现货市场动态比价指标
	国际话语权	国际金融组织投票权、政治全球化指数、持有美国国债占比

二、货币主权风险指数构建及说明

（一）数据来源和指标说明

我国金融自主权指数编制面临的较大难题为数据来源方面的限制。在指标的选取方面，舍弃了某些有重要经济含义但缺少数据的指标，如外资股权在我国金融机构中的占比、离岸人民币外汇市场交易规模占境内人民币外汇交易规模的比重、外资进入股市规模占股市规模比重等能揭示我国金融自主权风险的指标。在指标时间长度的选择上，尽可能地选择了那些时间跨度相对长的指标。表 8 - 3 总结了相关指标对货币主权维护风险的影响方向、指标数据的来源、起始时间和可计算的最低频度以及相关处理说明。数据的计算起始时间都是2000 年，最终指标可得数据的时间大多是在 2000 年之后。由于一部分指标只有年度值，因此最终指数的编制将基于年度数据，指数编制的时间区间为 2000—2017 年。

表 8 - 3　　　　　　　　　　　指标及数据说明

指标	影响方向	数据来源、指标起始时间、指标最低频度	指标说明
货币替代率	-	中国人民银行，CEIC 数据库，2000 年，月度	外币存款/M_2
货币政策独立性	+	CEIC 数据库，2009 年，年度	前文公式（8.1）

[①]　自 1945 年以来与他国签署的并被各国最高立法机构批准的条约。也包括存放在联合国秘书长办公室的已签署和批准的条约。

续表

指标	影响方向	数据来源、指标起始时间、指标最低频度	指标说明
人民币国际化	+	中国人民大学《人民币国际化指数报告》，2010 年，季度	按人民币在全球范围里贸易计价、金融交易和外汇储备三个方面人民币所占份额加权
现货市场动态比价	−	中国海关总署，国际货币基金组织，2004 年，年度	前文公式 (8.2)，R 大于 1 表明中国进口价格呈现劣权化趋势，R 越大劣权化越明显；小于 1 表明中国的进口价格呈现优权化趋势，R 越小优权化越明显
国际金融组织投票权	+	IMF，世界银行，BIS	我国在 IMF、世界银行和 BIS 三大金融组织的投票份额占比
政治全球化	+	Dreher, Axel (2014)，1970 年，年度	三项分指数的加权，分别是驻外使馆数量（35.7%），参与联合国维和任务（27.3%），参与国际组织数量（37%）
我国持有美国国债份额	+	美国财政部，2000 年，月度	我国持有美国国债/全部美国国债

（二）指数构建方法

以上数据均先同向化处理后，再用功效系数法进行标准化。

第三节　中国金融自主权评估与分析

自 2001 年以来，随着我国的经济发展规模的逐步增大和国际地位的稳步提升，我国金融自主权总体呈现上升趋势。这主要从三个方面体现，首先由于人民币国际化程度的不断深入，增强了世界各国对人民币的信心，人民币的货币自主权较 2000 年增加了 2.82 分；其次，我国大宗商品定价权一直以来波动剧烈，这主要源于国内期货市场不完善，但是从 2011 年至今，我国大宗商品定价权逐年增加，一方面是进口价格与世界平均价格的偏离逐渐减小，另一方面是大部分大宗商品的世界平均价格有所降低；最后是我国国际金融话语权的平缓上升，其中在三大组织中中国的投票权在增加，持有美国国债份额也从 2000 年的 5.9% 上涨到 2017 年的 18.9%。

金融自主权总指数在 2017 年较 2016 年降低 0.1 个基点，比 2015 年降低 11.77 个基点。从 2016 年开始的货币独立性政策指标大幅下降导致货币自主权指数下跌；选取的七种大宗商品的定价权均值在 2017 年有所增长，但七项大宗商品定价权有增有减，总的来看，大宗商品定价权指标持续稳步上升；我国在三大国际组织中的投票权与 2016 年相比没有发生变化，我国持有美国国债份额自 2010 年持续减少，2017 年有小幅回升，但是因为政治全球化指数的上升，综合指标国际金融事务话语权也自 2011 年以来保持稳定。随着人民币开放性和独立性的不断深化，人民币的稳定性必将受到严峻的考验。

一、货币自主权评估与分析

（一）货币发行自主权

按前文所述，我们构建的货币替代指标（外币存款/M_2）如图 8-1 所示。

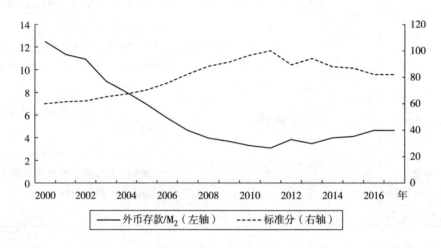

图例：——外币存款/M_2（左轴）　------标准分（右轴）

图 8-1　货币替代指标

从图 8-1 中可以看出，我国境内外币存款占准货币的比例从 2000 年以来大致呈现出下降的趋势，最高点出现在 2000 年约为 12.5%，而最低点出现在 2011 年，为 3.1%。此后，外币存款占比小幅攀升，到 2017 年达到 4.56%，与 2016 年的 4.64% 基本持平。考虑到从 2000 年起我国就存在着较高的人民币升值预期，直至 2008 年次贷危机后，尤其是近两年，单边升值预期已不存在，而是转为双向波动，可以看到我国货币替代指标的变化趋势背后不仅体现了我国居民和企业对持有本币的信心，也体现了强烈的投资动机。自 2015 年以来由于美联储频繁加息导致美元持续走强，我国外币存款稳步增加，其增长速度大于国内货币存量增长速度，导致近几年来货币自主权指数小幅下降。但就央行对于人民币发行的自主权来看，在拉美曾经出现的因高通胀而导致本国居民丧失持有本币的信心而改为持有美元的"货币替代"的风险在我国还不显著。相反自 2000 年以来，指数走势体现了境内居民和企业对人民币持有的信心。对其进行同向化处理后，用功效系数法得到的评分如图 8-1 虚线所示，自 2000 年以来，均分为 80 分，2017 年为 82.5 分。

（二）货币调控自主权——货币政策独立性指标

我们使用美国的联邦基金有效利率来表示美国的货币政策立场，使用上海银行间同业拆借利率代表中国的货币政策立场，依据前文介绍的公式（8.1）进行计算，得到货币政策独立性指标如图 8-2 所示。

从图 8-2 中可以看到，我国货币独立性指数自 2009 年以来呈现震荡波动的格局，在 2013 年达到最高点，而在 2010 年和 2017 年独立性最低，这大致体现了自 2004 年以来，

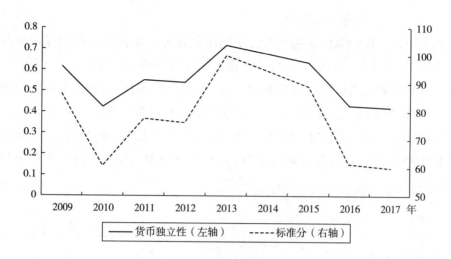

图 8 – 2　货币独立性指标

两国货币当局都进入了紧缩周期，美国的货币政策自金融危机以来将名义利率降至零边界附近后，实行了量化宽松货币政策，一直到 2014 年才停止了大规模购买计划，并在 2015 年末开始加息。我国虽然在 2008 年也实行了宽松政策，但自 2009 年以来，因为"四万亿"计划带来的市场过热，我国货币政策立场实质上进入了紧缩期，这表现为独立性指数在 2009—2013 年的波动上升。随着美国于 2014 年实质上开始退出宽松立场，我国也逐渐步入宏观政策调整的敏感期，从盯住美元转型为盯住一篮子货币，力求从与美元涨幅挂钩的被动角色转为货币独立性更高的立场。在货币国际化水平由低而高的变化中，首先面临的挑战就是汇率的波动。自 2015 年美联储接连几次大幅上调利率，美元逐渐走强，2016 年，美联储加息一次，2017 年，美联储加息三次，联邦基金利率从 2015 年首次加息前 0. 25% ~ 0. 5% 的水平快速上升至 2017 年底 1. 25% ~ 1. 5% 的水平。包括人民币在内的各国货币受到美元上涨影响，在此期间的政策独立性指数大幅降低。虽然货币政策独立性指标大幅降低，但并不能说明人民币独立性降低，是否跟随美联储脚步对基准利率进行调节还值得商榷，但可以明确的是，人民币政策在走向独立的进程中势必经受十分严峻的考验。

（三）货币国际影响力指标——人民币国际化指数

按照 Swift 的数据统计，人民币结算占全球支付货币的比重自 2011 年的 0. 29% 上升到 2014 年的 2. 17%，其排名在 2014 年 11 月取代加元及澳元，紧随美元、欧元、英镑和日元成为全球第五大支付货币，到 2015 年，人民币占全球支付货币的比例继续小幅上升至 2. 31%。由于中国经济发展减速、人民币贬值等原因导致 2016 年人民币全球支付额持续下滑至 1. 68%，被加元超越，退居第六。2017 年，人民币在国际支付中的占比为 1. 61%，与 2016 年基本持平，仍是第六大支付货币。但是，受中国移动支付的迅猛发展，人民币在数字平台上的增长势头强劲。通过"一带一路"倡议增进亚洲、非洲和欧洲之间的联系，也会提高人民币在全球贸易中的国际化。

　　我们选用中国人民大学出版的《人民币国际化报告》中的人民币国际化指数作为评分标准，由于2017年最终数值并未发布，因此采用其公布的2017年人民币国际化预测值来计算。在用功效系数法进行标准化时，我们选择中国的进出口占全球贸易的比重作为最优值（据WTO的数据，2013年中国的进出口贸易占全球比重为10.04%），其实这是一种保守的估计，例如美国在2013年的全球贸易中占比为10.7%，而美元在全球支付货币占比已超过50%。最低值我们使用0。计算得到的人民币国际化指数的标准分如图8-3所示。

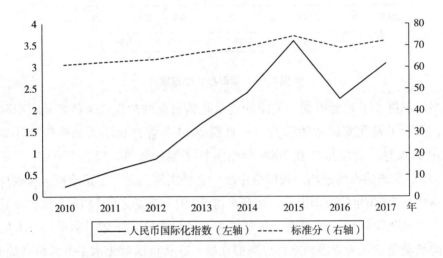

图8-3　人民币国际化指数

　　自2010年至2015年人民币国际化总体呈现上涨趋势，人民币国际化指数稳步上升，2016年美元走强人民币贬值导致人民币国际化出现下滑趋势，至此，人民币国际化从快速发展阶段迈入2017年的调整巩固期。2011年至2015年，虽然人民币作为全球贸易结算货币的占比总体在提高，但从2016年开始受到美元持续走强的影响，在全球贸易结算货币的占比出现了下降。说明货币的国际化更体现在作为外汇市场交易的广度和深度，而人民币在这方面的国际化程度还非常低。结合我国国际综合实力的分析与国际金融环境的形势分析，未来人民币国际化的进程并不是一帆风顺的，在波动中呈上升趋势。

　　将以上三个指标进行加权平均后，得到我国货币自主权指标的标准分如图8-4所示。可以看出，我国货币自主权自2000年以来，总体来说呈现出先平稳上升后剧烈下降的趋势，从21世纪初的68.8分先稳步上升至2009年的79.3分，然后震荡上升至2013年的86.9分达到2000年以来的最高分。得分从2014年开始大幅下降，其中2016年下降最多，从2015年的83.4分快速下降至2016年的70.8分，2017年稳定在71.6分。美联储从2016年连续两年上调基准利率致使美元持续走强是我国货币自主权相较2015年大幅下降的主要原因，2017年美元仍处加息周期，对我国货币政策独立性有一定影响。尽管加息使得货币政策独立性指标得分较低，但加息并不一定影响我国货币政策独立性，我国的货币政策独立性并不取决于是否完全跟随美联储加息的步伐，而是结合我国经济发展现状而制定的。但可以肯定的是，美元持续走强对我国货币政策的制定有一定影响。

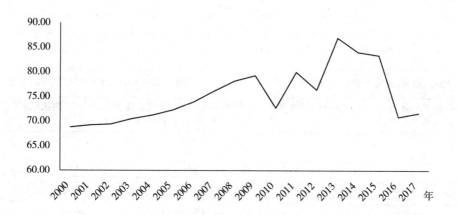

图 8-4 货币自主权指数

二、大宗商品定价权评估与分析

我们首先使用白明（2006）提出的动态比价指标来衡量 2004—2017 年我国几种重要大宗商品优劣权的变化趋势，并推测其可能反映的定价权变化轨迹（见图 8-5）。

如图 8-5 所示，我国进口原油动态比价在 2004—2017 年整体呈现一种围绕等权化水平线（动态比价等于 1 的水平线）周期性波动的趋势，最大偏离度仅为 9%。这表明在 2004—2017 年，我国进口原油价格变动一直趋近于世界价格变动趋势，没有长期偏离世界价格的情况发生。

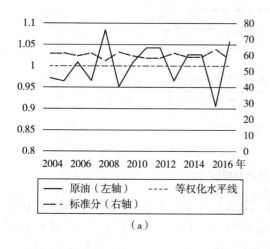

（a）

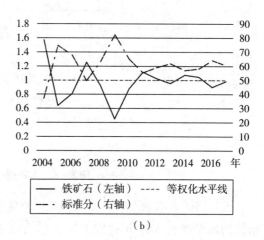

（b）

图 8-5 大宗商品动态比价指数

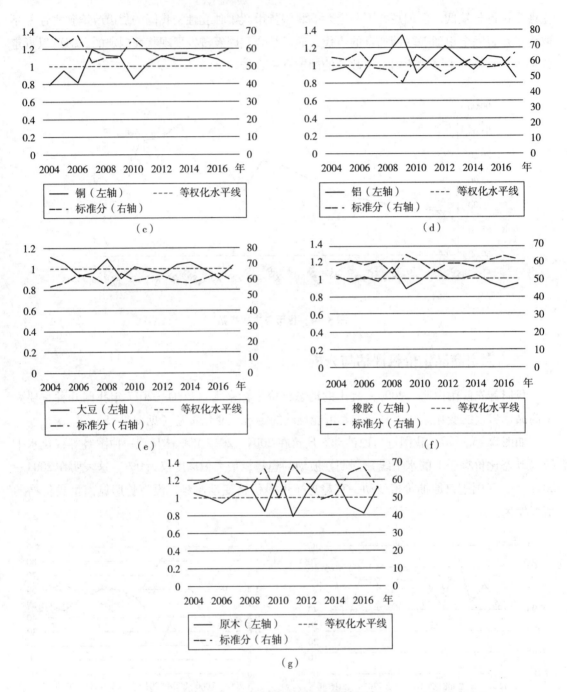

图8-5 大宗商品动态比价指数（续）

　　进口铁矿石的动态比价波动明显，整体呈现出先大幅波动后小幅波动的趋势。动态比价指标的最高点在2004年达到1.57，然后在下一年骤降至0.64。从2011年开始，铁矿石的动态比价逐渐趋于平稳。这说明我国进口铁矿石价格相较于世界平均价格而言在2011年之前呈现出一种较为剧烈的波动趋势，我国铁矿石定价权较弱，无法保障国内进口铁矿石价格的稳定，世界铁矿石价格被三大矿商牢牢掌握。2017 年相对 2016 年而言，比价有所上升，定价权得分降低了 3.5 分，这说明我国对铁矿石的定价话语权有所上升。

进口铜的动态比价在 2006 年至 2007 年波动较为明显，但从 2010 年开始趋于平稳，波动幅度基本维持在等权化水平线 2% 的水平内。

进口铝动态比价的波动特点是不停的小幅波动。2007 年至 2013 年铝的比价波动较其他年份剧烈，除 2010 年外均高于等权线，2013 年以来指标趋于平稳但是数值持续高于 1，在 2017 年下降为 0.85，从以往的劣权化转变为优权化。

进口大豆动态比价的波动幅度较小，最大偏离度为 2008 年的 23%。从 2009 年进口大豆动态比价开始围绕等权线作幅度小于 10% 的上下摆动。相较于 2016 年 0.91 的优权化，2017 年指标持续上升至 1.03。我国对大豆的动态比价不断波动，较难判断定价话语权。

进口橡胶动态比价在 2008 年以前小幅波动，在 2009 年达到最低 0.87，此后在 2011 年达到 1.11，大部分年份都在等权线附近，偏离较小。在 2011 年到 2016 年一直缓慢下降，2016 年降至 0.89，2017 年小幅上升至 0.94。这说明我国对橡胶有一定的定价话语权。

进口原木动态比价总体呈现先平稳后剧烈波动的态势。最高点出现在 2013 年达 1.27，此后逐步下降至 2016 年的 0.82，2017 年上升至 1.12。如此剧烈波动的动态比价说明我国对原木的定价话语权处于劣势地位。

将以上七个指标进行平均后，得到我国大宗商品自主权指标的标准分如图 8-6 所示。可以看出，我国大宗商品定价权总体来说自 2004 年以来，呈现震荡态势且波动幅度较大，自 2009 年以来表现出下行趋势，2013 年后稳步上升，但整体分数徘徊在 60 分左右，形式较为稳定。其中 2017 年相对 2016 年降低了 2.2 分，除了铜材和铝材的定价权有小幅上升外，其他大宗商品的定价权都出现了下降。由于未来美元仍处于加息周期，全球经济复苏面临新的不确定性，特别是新兴经济体复苏较为不力，未来大宗商品价格缺乏持续上涨的基本面支撑，我国对大宗商品的定价权还都很弱。

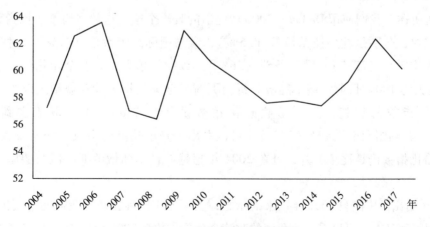

图 8-6　大宗商品定价权指数

三、国际金融事务话语权评估与分析

（一）国际金融组织投票权

在三大国际金融组织中，IMF 和世界银行有明确的投票份额（voting share）。我们认为合理的份额应与一国经济在世界经济中所占份额相当，如美国在 IMF 和世界银行的投票份额在 2014 年分别为 16.5% 和 15.85%，这与美国的经济份额占全球约 16% 是相符的。因此在用功效系数法打分时，我们选择中国自 2000 年以来 GDP 占全球份额最低值（2000 年为 7.35%）作为最差值，而最高值作为最优值。可以看到，我国在 IMF 和世界银行的投票权相比我国经济实力而言，还非常低。即使两大组织在过去的几次改革中，均提高了中国的份额，但标准分均不及格。这表明我国在 IMF 和世界银行的投票权过低，两大组织仍然是以美国为主导的机构。

而 BIS 则在其官方文件中说明，其决策和投票权不依据成员国的出资份额，而是由委员会决定。BIS 的委员会由 1 名主席、6 名核心董事，以及其他最多不超过 13 个人的董事组成。6 名核心董事由比利时、法国、德国、意大利、英国和美国六国的央行进行任命。由于没有明确的投票份额，我们将投票权划分为四个等级，若进入 BIS 的成员国，赋级为 1，若进入董事，赋级为 2，若成为核心董事，赋级为 3，若主席由本国任命，赋级为 4。我国于 2006 年首次出现在董事会成员中，周小川为代表。在用功效系数法打分时，将 1 作为最差值，而 4 作为最优值。最后得分见图 8-7。三大组织中中国的投票额总体来说都呈现稳步上升走势，但是近几年来，增幅不明显，这与我国的经济体量和国际影响力并不相符。在 2016 年中，除了 IMF 将中国的投票份额提升至 6.394% 之外，中国在世界银行和国际清算银行的投票份额没有发生重大改变，故加入 2016 年数据后，IMF 投票额有小幅上升，其他两个组织投票份额的图形更加趋于平稳。

（二）政治全球化指数

依前文所述，我们使用 Dreber（2006）提出的政治全球化指数来衡量。该指数是四项分指数的加权，分别是驻外使馆数量（25%），参与国际组织数量（27%），对联合国安理事会的人均贡献（22%），国际条约（26%）。该指数越大，表明全球化程度越高。最小为 0，最大为 100。目前，瑞士经济分析局更新了全球化指数计算规则。政治化指数变更为三项分指数的加权，分别是驻外使馆数量（35.7%），参与联合国维和任务（27.3%），参与国际组织数量（37%）。可以看出，修正政治化指数的变量及其权重后，中国的政治化指数仍是逐年上升，且在 2004 年超越了日本和俄罗斯。但与德国、美国仍有一定差距。

图 8-8 给出了中国自 2001 年以来的指数，为了便于国际比较，我们同时画出了美国、俄罗斯、德国和日本。可以看出，我国的政治全球化指数自 2001 年以来，从 85 逐步上升至 2015 年的 91，这一变化与我国过去十几年来的经济影响力与日俱增相关。但与一些发达国

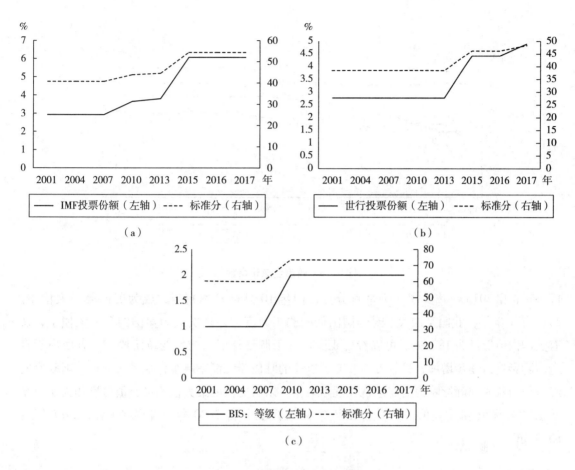

图 8-7 国际金融组织投票权

家相比，还有一定差距，如美国、德国在 2001 年以来均达到 95 以上。[①]

（三）中国持有美国国债占全部美国国债份额

图 8-9 给出了我国自 2000 年以来，持有美国国债的份额。可以看出，我国持有的美国国债份额占美国全部国债的比重在 2000 年为 5.9%，之后的 10 年显著上升至 26.2%，最近五年则呈小幅下跌趋势。这一倒 V 形走势与我国过去十几年的经济增长方式（尤其是 2000—2008 年已出口拉动为主）、外汇制度与资本账户管制情况是一致的。2008 年次贷危机以来，国际上对美元储备货币地位的质疑声渐大，2010 年以来持有美国国债份额的下降也可以看作我国主动改变外汇持有结构，减小对美元依赖的一种方式。但本指数旨在说明从通过持有的美国国债产生的对美国政府进而对国际金融事务的影响力，因而仍以份额的变动来近似表示。可以看出，自 2010 年至今我国持有美国国债份额逐步减少，其中 2016 年为

---

① 该指数最新公布到 2015 年，但与 2014 年的版本比较，变量个数与权重出现了一些变化，俄罗斯和日本的历史值出现了一些变化，我们此次以最新公布的版本为准。在涉及对中国的指数进行评分时，中国的数值有一定变化，当总体趋势不变，因此对最终指数的影响较小。

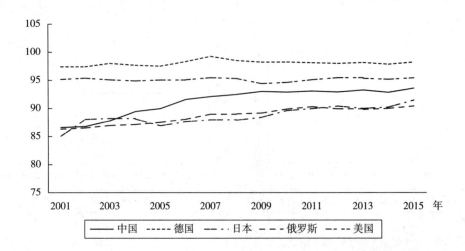

图 8-8 政治全球化指数

17.6%，比 2015 年减少了 2.7 个百分点，同年 10 月被日本超越，成为美国第二大债主。2017 年下半年，我国又加大了对美国国债的购买力度，并再次成为美国的第一大债主，持有美国国债份额为 18.9%。可以看出我国正处于调整外汇结构的变革阶段，一方面由于自身国际影响力逐步增加，另一方面改变了以往的盯住美元汇率政策，我国对通过美国政府的经济压力获取国际影响力的需求也在逐渐减少。以历史值的最大值和最小值分别作为功效系数法的最优值和最差值，计算得出该指标的标准分自 2000 年以来为 60 分，2017 年为 85.3 分。

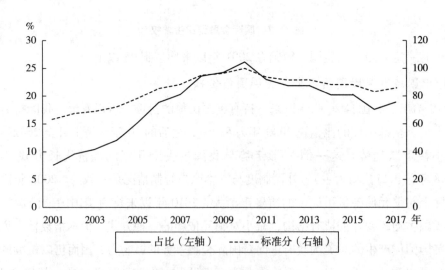

图 8-9 持有美国国债份额

将以上 5 个指标进行加权平均后，得到我国国际金融事务话语权指标的标准分如图 8-10 所示。可以看出，自 2000 年以来，标准分总体呈现出上升的趋势，自 2010 年以来稳定在 71 分左右。这与我国在三大国际金融组织的投票权以及政治全球化指数的提高相关，但与我国经济实力相比，话语权还偏低。

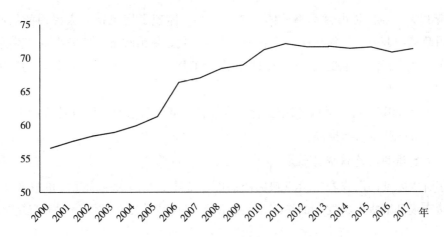

图 8 - 10　国际金融事务自主权指数

第四节　结论与展望

一、主要结论

将三大类指标综合起来，我国总体金融自主权得分如图 8 - 11 所示。应该看到，在过去 17 年里，货币自主权呈现先大幅上升后急剧下降的趋势，大宗商品定价权一直在震荡徘徊，国际金融事务自主权缓步上升。总的来看，金融自主权呈现缓慢上升趋势，从 2000 年的 60.8 分上升到 2017 年的 66.2 分，但与我国经济总体实力相比，仍然有很大的提升空间。

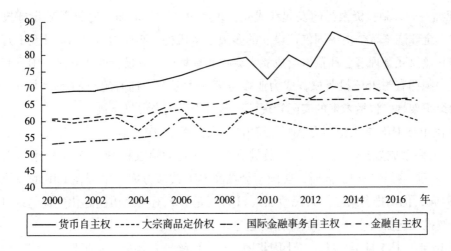

图 8 - 11　金融自主权得分

分指标来看，主要可以总结为以下三点。

（一）当前我国货币主权风险总体可控

2000 年以来，我国货币替代率整体上不断减小，体现了居民持有人民币的信心增加，近年来货币政策在调控上的独立性不断下降，体现了我国货币政策调控仍然能以我国宏观经济形势为主要依据，但是也受到一些美国货币政策的影响。人民币的国际影响力有所提高，但国际化程度仍不足。

2017 年相比 2016 年，外币替代率指标基本保持不变，货币政策独立性维持小幅降低趋势，人民币国际化指数有所提高。

（二）大宗商品定价权仍然较弱

我国多种大宗商品面临着定价权缺失的局面，整体上我国大宗商品定价权现状不容乐观。而现货市场和期货市场发展的诸多不足也制约着我国增强自身国际大宗商品定价权的步伐。

从动态比价指标上看，自 2000 年以来我国大宗商品定价权得分呈现周期性波动，但波动幅度放缓，2017 年比 2016 年降低了 2.2 分，这主要源于市场的不景气，国际大宗商品价格的下跌，说明我国的定价权仍然较弱。

（三）国际金融话语权继续提升但与我国经济整体实力严重不符

我国 2017 年国际金融话语权得分与 2016 年相比几乎没有变化。虽然按照 2017 年的 GDP 购买力平价计算，我国已排名世界第一，也是全球第二大经济体，并且政治影响力也在提升，但我国在国际金融事务中的话语权并不多。尤其是在三大国际金融组织中，我国的话语权得分都不高。IMF 和世界银行基本上还是以美国为主导的机构，美国在两个组织中都拥有一票否决权，而我国的利益诉求还无法从现有的投票权中得到体现。

但可以看到，我国在 2017 年中有诸多推进国际金融话语权的行动。主要体现在：

1. 亚洲基础设施投资银行的发起和成立。2015 年 12 月 25 日，亚洲基础设施投资银行正式成立，全球迎来首个由中国倡议设立的多边金融机构，2016 年 1 月 16 日至 1 月 18 日，亚投行的开业仪式暨理事会和董事会成立大会在北京举行。亚投行的成立对中国具有重要战略意义，中国拥有约 26% 投票权，成为亚投行第一大股东，拥有绝对的主导力量。但目前亚投行的组织架构，包括未来的实际管理、运营对于中国来说仍是挑战。

2. 人民币被 IMF 纳入特别提款权（SDR）。人民币于 2016 年 10 月 1 日加入 SDR（特别提款权），人民币成为与美元、欧元、英镑和日元并列的第五种 SDR 篮子货币。人民币占 10.92% 的权重，排第三位。同时，美国国会批准 IMF 改革方案，中国在 IMF 的投票权份额升至 6.394%，仍旧排名第三。人民币加入 SDR 既是 IMF 对人民币国际化进程的认可，也是中国对继续推动包括资本账户开放在内的金融改革的承诺。

3. 2016 年 9 月 4 日至 5 日，二十国集团（G20）领导人峰会在杭州举行。G20 成立的宗旨是为推动已工业化的发达国家和新兴市场国家之间就实质性问题进行开放及有建设性的讨论和研究，以寻求合作并促进国际金融稳定和经济的持续增长。

4. 2017 年 9 月 3 日至 5 日，金砖峰会在厦门举行。中国邀请墨西哥、埃及、泰国、几内亚、塔吉克斯坦五国领导人参与新兴市场国家与发展中国家对话，探索"金砖 + "的拓展模式，成为此次金砖国家领导人厦门会晤的一大亮点。会晤在金砖经济务实合作、全球经济治理、国际和平与安全、加强人文交流合作等方面达成共识。为加强金砖伙伴关系、深化各领域务实合作规划了新蓝图。

二、未来展望

虽然目前我国金融自主权总体在提高，但在当前全球经济金融一体化逐步加深的背景下，仍面临着很多挑战，未来随着人民币国际化进程的推进，我国资本项目的进一步开放，我国经济金融开放程度将得到持续提升。金融自主权的维护必然会面临更多来自国际合作框架和自身利益方面的冲突。

（一）适应市场化的调控机制，增强货币政策自主性

长期以来，我国基于外汇占款的货币发行机制是一种被动的货币发行机制，货币供给具有较强的内生性。随着美联储逐步退出量化宽松而引发的货币政策变化将会影响包括中国在内的全球货币金融周期的变化，人民币资产和货币扩张的内外环境正在发生趋势性的变化，利用中美利差、人民币即期远期汇率测算的无风险套利空间显著收窄，外汇占款在未来可能会持续下降。如今美联储为资金回流频繁加息，必定会导致国内货币利率被动抬升，外汇储备减少。若要走出被美元左右的困境，如果没有长效的基础货币发行方式，货币当局将缺乏调节流动性进而调节通胀和经济增长等货币政策的工具。因此，必须扭转我国货币发行的机制，完善货币政策工具体系，特别是完善公开市场操作，建立常规手段和非常规手段相结合的公开市场操作工具体系，目前存贷款基准利率已放开，传统的信贷规模调控方式也在逐步转向以公开市场操作为主的市场化调控方式，但是面对商业银行的不断创新以及监管套利的动机，如何提高我国货币政策调控的自主性、有效性仍面临诸多挑战。在对外汇储备管理机制进行调整的同时还需与其他金融改革协调推进，提高我国货币政策的自主性。

（二）审慎有序推进人民币国际化，维护金融体系安全

货币国际化是维护我国货币主权的必然选择，人民币国际化最终要实现人民币的自由进出，尤其是目前人民币已纳入 SDR，这意味着我国在人民币国际化的道路上已经没有回头路。而目前中国的汇率仍未实现完全的市场化，在金融体系逐步开放的过程中也将面临一系列风险。随着对外开放的广度和深度不断提高，金融危机加速传染和资产价格的波动将因海外大规模流转的人民币而增大风险。因此货币的国际化应有序推进，注重我国金融体系安全的维护，完善金融调控和监管，建立和健全危机和资产价格异常波动的早期预警信息系统，并加强与其他国际货币发行国的合作，建立外部金融安全网，保障我国货币主权安全。

（三）加快推进我国期货市场的建设进程

我国期货市场国际定价权缺失是导致我国大宗商品定价权缺失的核心原因。要提升我国

大宗商品定价权，必须加快推进我国期货市场的建设进程。首先，应当注重对国内期货交易所交易规则的改进，完善制度设计，更加注重公平、公正和公开性，充分发挥市场功能，减少行政干预色彩；其次，应当加深国内期货市场的对外开放程度，逐步允许更多的国际投资者进入国内市场，同时开放国内机构参与国际市场的期货交易；再次，加快新期货品种上市的速度，逐步完善期货结构；最后，还要注重培养机构投资者和各类期货人才，增强国内参与者参与国际期货交易的实力，保障国内期货市场在开放程度扩大后的自主权。

（四）改善国际金融组织格局，继续提升国际话语权

经济全球化折射出的国家货币主权与限制问题值得关注。在美元霸权的国际货币体系，美国作为主要货币发行者本应增强美元的货币责任意识，防止滥用货币发行权。但按照习惯国际法，美国一般情况下不需要因其币值改变而承担国际法的国家责任。当前的 IMF 条约未能对作为国际储备货币发行国的货币行为建立有效约束，加大了对别国货币主权的损害。美国在国际货币基金组织占有最大份额，对许多国际重大事务具有一票否决权，直接阻碍了国际货币基金组织的改革，中国应充分发挥自身影响力，积极推动国际货币基金组织改革，争取更多的国际话语权来维护自身利益。值得注意的是，我国已牵头成立亚投行，试图打破美国主导的国际金融格局，但是如何有效利用，并避免风险是值得进一步深入研究的。

主要参考文献

[1] 费兆奇. 国际股市一体化与传染的时变研究 [J]. 世界经济, 2014 (9): 173-192.

[2] 宫晓琳. 宏观金融风险联动综合传染机制 [J]. 金融研究, 2012 (5): 56-69.

[3] 何国华, 袁仕陈. 货币替代和反替代对我国货币政策独立性的影响 [J]. 国际金融研究, 2011 (7): 4-10.

[4] 贺晓博, 张笑梅. 境内外人民币外汇市场价格引导关系的实证研究——基于香港、境内和 NDF 市场的数据 [J]. 国际金融研究, 2012 (6): 58-66.

[5] 黄聪, 贾彦东. 金融网络视角下的宏观审慎管理——基于银行间支付结算数据的实证分析 [J]. 金融研究, 2010 (4): 1-14.

[6] 贾彦东. 金融机构的系统重要性分析——金融网络中的系统风险衡量与成本分担 [J]. 金融研究, 2011 (10): 17-33.

[7] 金融安全协同创新中心, 西南财经大学中国金融研究中心. 中国金融安全报告 2014 [M]. 北京: 中国金融出版社, 2015.

[8] 金融安全协同创新中心, 西南财经大学中国金融研究中心. 中国金融安全报告 2015 [M]. 北京: 中国金融出版社, 2016.

[9] 金融安全协同创新中心, 西南财经大学中国金融研究中心. 中国金融安全报告 2016 [M]. 北京: 中国金融出版社, 2017.

[10] 黎友焕, 王凯. 热钱流入对中国经济的影响及其对策 [J]. 财经科学, 2011 (3): 34-40.

[11] 李岸, 夏越, 乔海曙. 国际股票市场联动的影响路径与机制研究 [J]. 南京社会科学, 2016 (7): 23-29.

[12] 李海海, 曹阳. 外汇占款的通货膨胀效应——基于 1998—2005 年的实证分析 [J]. 中央财经大学学报, 2006 (11): 38-42.

[13] 李红权, 洪永淼, 汪寿阳. 我国 A 股市场与美股、港股的互动关系研究: 基于信息溢出视角 [J]. 经济研究, 2011 (8): 15-25.

[14] 李扬等. 中国国家资产负债表 2013 [M]. 北京: 中国社会科学出版社, 2013.

[15] 李扬等. 中国国家资产负债表 2015 [M]. 北京: 中国社会科学出版社, 2015.

[16] 李志辉, 王颖. 中国金融市场间风险传染效应分析——基于 VEC 模型分析的视角 [J]. 天津财经大学学报, 2012 (7): 20-27.

[17] 刘莉亚. 境外"热钱"是否推动了股市、房市的上涨?——来自中国市场的证据 [J]. 金融研究, 2008 (10): 48-70.

[18] 刘锡良等. 中国金融国际化中的风险防范与金融安全研究 [M]. 北京: 经济科学出版社, 2012.

[19] 刘湘云, 陈洋阳. 金砖国家金融市场极端风险的净传染效应: 基于空间计量分析 [J]. 国际经贸探索, 2015 (3): 106 – 118.

[20] 马君潞, 范小云, 曹元涛. 中国银行间市场双边传染的风险估测及其系统性特征分析 [J]. 经济研究, 2007 (1): 68 – 78.

[21] 牛晓健, 陶川. 外汇占款对我国货币政策调控影响的实证研究 [J]. 统计研究, 2011, 28 (4): 11 – 16.

[22] 孙华妤. 中国货币政策独立性和有效性检验——基于 1994—2004 年数据 [J]. 当代财经, 2006 (7): 26 – 32.

[23] 谭小波, 张丹. 我国货币供给内生性的实证分析——基于外汇储备对基础货币的影响 [J]. 经济研究导刊, 2010 (14): 74 – 76.

[24] 汤珂. 积极争取国际大宗商品定价权 [J]. 红旗文稿, 2014 (18): 18 – 20.

[25] 唐旭, 梁猛. 中国贸易顺差中是否有热钱? 有多少? [J]. 金融研究, 2007 (9): 1 – 19.

[26] 童牧, 何奕. 复杂金融网络中的系统性风险与流动性救助——基于中国大额支付系统的研究 [J]. 金融研究, 2012 (9): 20 – 33.

[27] 童牧, 何奕. 系统外部效应与流动性救助策略: 大额支付系统中的系统风险 [J]. 系统管理学报, 2013, 22 (5): 619 – 628.

[28] 王晓枫. 商业银行同业业务风险传染特征及因素分析 [J]. 东北财经大学学报, 2017 (2): 67 – 74.

[29] 吴志成, 龚苗子. 从国家货币到市场货币——货币与国家关系的解读 [J]. 经济社会体制比较, 2005 (6): 59 – 64.

[30] 伍戈, 李斌. 成本冲击、通胀容忍度与宏观政策 [M]. 北京: 中国金融出版社, 2013.

[31] 夏园园, 宋晓玲. 境内银行间外汇市场人民币汇率定价权研究 [J]. 金融论坛, 2014 (3): 45 – 52.

[32] 殷剑锋. 金融大变革 [M]. 北京: 社会科学文献出版社, 2014.

[33] 袁晨, 傅强. 我国金融市场间投资转移和市场传染的阶段时变特征——股票与债券、黄金间关联性的实证分析 [J]. 系统工程, 2010 (5): 1 – 7.

[34] 张兵, 范致镇, 李心丹. 中美股票市场的联动性研究 [J]. 经济研究, 2010 (11): 141 – 151.

[35] 赵进文, 张敬忠. 人民币国际化、资产选择行为与货币政策独立性 [J]. 经济与管理评论, 2013 (6): 78 – 86.

[36] 孙国峰, 贾君怡. 中国影子银行界定及其规模测算——基于信用货币创造的视角 [J]. 中国社会科学, 2015 (11): 92 – 110.

[37] 赵胜民, 谢晓闻, 方意. 人民币汇率定价权归属问题研究: 兼论境内外人民币远期外汇市场有效性 [J]. 经济科学, 2013 (4): 79 – 92.

[38] 黄先明, 孙阿妞. "三位一体" 争取大宗商品进口的国际定价权 [J]. 价格理论与实践, 2006 (4): 21 – 22.

[39] Aizenman, Joshua, Menzie D. Chinn, and Hiro Ito. Assessing the Emerging Global Financial Architecture: Measuring the Trilemma's Configurations over Time, NBER Working Paper Series, December 2008.

[40] Allen, F. and D. Gale. Financial Contagion [J]. Journal of Political Economy, 2000, 108 (1): 1 – 33.

[41] Ashcraft A. , et al. Precautionary Reserves and the Interbank Market [J] . Journal of Money, Credit & Banking, 2011, 43 (52): 311 – 348.

[42] Atalay E. and M. L. Bech. The Topology of the Federal Funds Market [J] . Physica A: Statistical Mechanics and its Applications, 2010, 389 (22): 5223 – 5246.

[43] Baxter M. , and R. G. King. Measuring Business Cycles: Approximate Band – Pass Filters for Economic Time Series [J] . Review of Economics and Statistics, 1999, 81 (4): 575 – 593.

[44] Bech M. L. and K. Bonde. The Topology of Danish Interbank Money Flows [J] . Banks and Bank Systems, 2009, 4 (4): 48 – 65.

[45] Beyeler W. E. , R. J. Glass, M. Bech, et al. Congestion and Cascades in Payment Systems [J] . Physica A: Statistical Mechanics and its Applications, 2007, 384 (2): 693 – 718.

[46] Claus D. , Zimmermann. The Concept of Monetary Sovereignty Revisited [J] . The European Journal of International Law, 2013, 24 (3): 797 – 818.

[47] Cohen, Benjamin J. The International Monetary System: Diffusion and Ambiguity [J] . Orfalea Center for Global & International Studies, 2008, 2.

[48] David E. Altig, Owen F. Humpage. Dollarization and Monetary Sovereignty: The Case of Argentina [R] . Federal Reserve Bank of Cleveland, 1999, 9.

[49] Degryse H. and G. Nguyen. Interbank Exposures: an Empirical Examination of Systemic Risk in the Belgian Banking System [J] . International Journal of Central Banking, 2004, 4 (2): 123 – 171.

[50] Docherty P. and Wang G. Using Synthetic Data to Evaluate the Impact of RTGS on Systemic Risk in the Australian Payments Systems [J] . Journal of Financial Stability, 2010, 6 (2): 103 – 117.

[51] Dreher, Axel. "Does Globalization Affect Growth? Evidence from a new Index of Globalization" [J] . Applied Economics, 2006, 38 (10): 1091 – 1110.

[52] Dreher, Axel. Noel Gaston and Pim Martens. Measuring Globalisation – Gauging its Consequences [M] . March 5, 2015 Version.

[53] Engle R. F. , K. Sheppard. Theoretical and Empiri cal Properties of Dynamic Conditional Correlation Multivariate GARCH [Z] . UCSD Working Paper, 2001.

[54] Gai P. and S. Kapadia. Contagion in financial networks [J] . Proceedings of the Royal Society A: Mathematical, Physical and Engineering Sciences, 2010, 466 (2120): 2401 – 2423.

[55] Giglio S. , Kelly B. , Pruitt S. Systemic risk and the macroeconomy: An empirical evaluation [J] . Journal of Financial Economics, 2016, 119 (3): 457 – 471.

[56] King M . , and S . Wadhwani. Transmission of Volatility between Stock Markets [J] . Review of Financial Studies, 1990, 3 (1): 5 – 33.

[57] Nier E. , J. Yang, T. Yorulmazer and A. Alentorn. Network Models and Financial Stability [J] . Journal of Economic Dynamics and Control, 2007, 31 (6): 2033 – 2060.

[58] Obstfeld, Maurice, Shambaugh, Jay C. , Taylor, Alan M. Monetary Sovereignty, Exchange Rates, and Capital Controls: The Trilemma in the Interwar Period [J] . Center for International and Development Economics Research, 2004, 51 (1): 75 – 108.

[59] Ronald I. , McKinnon. Association Currency Substitution and Instability in the World Dollar Standard [J] . The American Economic Review, 1982, 72 (3): 320 – 333.

[60] Rosa M. Lastra, Legal Foundations of International Monetary Stability [M] . Oxford: Oxford University Press, 2006.

[61] Soramäki K. and S. Cook. SinkRank: An Algorithm for Identifying Systemically Important Banks in Payment System [J] . Economics: the Open – Access, Open – Assessment E – Journal, 2013, 7 (2013 – 28): 1 – 27.

[62] Soramäki K. et. al. The Topology of Interbank Payment Flows [J] . Physica A: Statistical Mechanics and its Applications, 2007, 379 (1): 317 – 333.

[63] Peng Liu, Tang Ke, The Stochastic Behavior of Commodity Prices with Heteroskedasticity in the Convenience Yield [J] . Journal of Empirical Finance, 2011, 18 (2): 211 – 224.

[64] Tang Ke, Time – varying Long Run Mean of Commodity Prices and the Modelling of Futures Term Structure [J] . Quantitative Finance, 2012, 12 (5): 781 – 790.

[65] Upper C. Simulation Methods to Assess the Danger of Contagion in Interbank Markets [J] . Journal of Financial Stability, 2011, 7 (3): 111 – 125.